マーク・ウィルソン
マジック大百科

【クロースアップ・マジック編】

Mark Wilson
マーク・ウィルソン［著］

TON・おのさか［監修］

東京堂出版

マーク・ウィルソン
マジック大百科

【クロースアップ・マジック編】

東京堂出版

感謝のことば

本書を、愛らしく美しい2人の女性に捧げます。
慈しみ、励まし続けてくれた私の美しい母、Teta（ティタ）。
新しい小道具やイリュージョンの制作、数々のショーの成功に
献身的な努力を払ってくれた私の美しい妻、Nani（ナニ）。
そして、私たちの2人の息子、
Mike（マイク）とGreg（グレッグ）を素敵な青年に育ててくれた。
彼女たちに感謝します。

本書は監修者TON・おのさかが、Mark Wilsonから翻訳の許可を得て出版したものです。

読者の皆さんようこそ、素敵なマジックの世界に！

読者の皆さん
ようこそ、素敵なマジックの世界に！

　慎重に厳選した数々のマジック・アートを、やさしく、簡単に理解できるように挿画を中心に解説しました。挿画は、全作品のすべての動きを撮影した5,000点以上の写真の中から、最も重要な2,000点を抽出し、線画で描写したものです。楽しく習得に励んでください！

解説のほとんどは、次のような項目に分けてあります。
　効果＝観客が見て感じている、マジシャンが演じている奇跡のような不思議現象。
　秘密と準備＝演技に必要な小道具と秘密（タネ・仕掛け）の説明。多くのものは、日用品か手作り可能なものです。
　方法＝実演して観客に見せるための技術と手順の説明。
　コメント＝それぞれのトリックを、さらに不思議で楽しいものにするのに役立つヒントやアイデア等の助言。

　本書によって、マジック・アートの大切な秘密を習得するにあたり、次の4つのことを守ってください。
（1）トリックの秘密を決して説明しないこと。観客が秘密を知ってしまうと、神秘さや魔力、そしてマジックの魅力ある芸は失われてしまいます。
（2）事前に演技の内容を決して説明しないこと。観客が何が行なわれるのかを知らなければ、不思議を満喫する可能性がより高くなります。
（3）同一の観客に、決して同じトリックを繰り返して演じないこと。演技を繰り返すことで秘密を知る「チャンス」がはるかに高くなります。
（4）最も大切なこと：実践練習を重ねたうえで演技すること。解説に従って小道具を使って練習を積み、可能であれば鏡の前でチェックをしてください。躊躇せずスムーズに実行できるようになった時が、上演の準備が整った時です。

マーク・ウィルソン（Mark Wilson）

もくじ

読者の皆さんようこそ、素敵なマジックの世界に！ ....(5)

カード・マジック————1
カード用語 2
カードの操作と技巧 13
リフル・シャフル 13
テーブル・リフル・シャフル 15
カードを配る 17
リテイン・オーダー・カウント 19
リバース・オーダー・カウント 21
両手の間にカードを広げる 24

セルフワーク・カード・トリック————25
オートマチック・カード 26
超オートマチック・カード 28
ファンタスティック・ファイブ 29
ひっくり返すカード 33
表向きになって現われる2枚 36
ダブルＸミステリー 42
ペンのすり換え 44
いつでも、ダブルＸミステリー 44
財布に飛行するカード 45
破ったカードの復活 50
私と同じように！ 56

ヒンズー・シャフルについて————60
ヒンズー・シャフル 61
ヒンズー・シャフルの使い方 63
ヒンズー・グリンプス 64
ヒンズー・キー・カード・ロケーション 65
名前を綴る 67
カードの名を綴る 70
カードの名を綴る・2 71
ヒンズー・フラッシュ・フォース 73
ヒンズー・カラー・チェンジ 75

もくじ

2組のデックでカラー・チェンジ 78
ボトムを変えないヒンズー・シャフル 81
フォールス・カット 83
ピックアップ・コントロール 85
ヒンズー・エーセス 88
カウント・トリック 91

オーバーハンド・シャフル─────93

オーバーハンド・シャフルの仕方 93
オーバーハンド・リバース・シャフル 96
インジョグ・コントロール 96
カード・ケースから抽出 100
オーバーハンド・シャフル・グリンプス 103
キー・カードをコントロール 103
オーバーハンド・シャフルでトップをボトムに 104
思考の伝達 106
オーバーハンド・スリップ・シャフル 109
ハンカチーフを通り抜けるカード 110
ハンカチーフを通り抜けるカード・補足 115
オーバーハンド・シャフルでボトムをトップに 116
ボトムをトップに移す別法 116
トップを変えないオーバーハンド・シャフル 117
マグネット・カード 118
特定の場所にカードを置く 120
突然 121

フォーシング─────123

スリップ・フォース 124
スリップ・フォース・第2の方法 126
10〜20までのカウント・フォース 127
ロールオーバー・フォース 129
カウント・フォース 133
サイコロで選ぶ 135

ダブル・リフト─────138

小指のブレイク 138
ダブル・リフト 141
エレベーター・カード 143
意外な結末 146
スナップで 149

(7)

カーラー・チェンジ・エーセス・1 152
デックの中で表向き 155
エーセスでサンドイッチ 159
予知・予感 166
組み合わせ 170

グライド――――171
グライドについて 171
グライドの別法 175
カラー・チェンジ・エーセス・2 175
水と油 179
水と油でドゥ・アズ・アイ・ドゥ 182
類は友を呼ぶ 183

ダブルバック・カード――――187
頑固なカード 188
背中合わせ 190
完璧なカード・フォース 194
2枚のカードのフォース 196
置き換わり 199
完璧な捜索 204
同じようにはできません 207

ダブルフェイス・カード――――210
ツー・カード・モンテ 210
新しいカード・モンテ 214
ひっくり返るカード 219
不可能な予言 224
集合する4枚のカード 229

ショート・カード――――232
ショート・カードをリフルでトップ 233
ショート・カードをボトム 234
ロケーターとしてのショート・カード 236
ショート・カードのロケーター・1　驚きの発見 239
ショート・カードのロケーター・2　熟考・熟思 240
ショート・カードのロケーター・3 240
ショート・カードのフォース 241
神秘の指先 243
カッティング・4A 246

もくじ

ジャンボ・カード────249

選んだカードは大きいカード.............................250
共鳴するカード...252
拍手カード...259
2重のメッセージ...263
2段おち・1...263
2段おち・2...264
神秘のボード...265

特殊なカード・トリック────271

スロップ・シャフル..272
スロップ・シャフルでカード当て........................275
三重のミステリー..277

フラリッシュ────283

ワンハンド・カット・基本形..............................283
ワンハンド・カット・変形型・1..........................286
ワンハンド・カット・変形型・2..........................289
ワンハンド・カットの別法................................291
リボン・スプレッド..294
リボン・スプレッド・タンノーバー......................295
逆・タンノーバー..298
タンノーバー・コントロール.............................299
タンノーバー・ピックアップ.............................300
プレッシャー・ファン.....................................301
ファンを閉じる...303
ファンを片手で閉じる.....................................304
片手でファン...305
スプリング・ザ・カード...................................307
アーム・スプレッド・キャッチ...........................310
ウォーター・フォール.....................................312
カード投げ...314
ブーメラン・カード..316

ジニー・カード────318

魔法のランプ...319
ジニーの数の予言..322
ジニーの予言...325
サンドイッチ・ジニー.....................................328
ジニーの救援...332

(9)

ジニーの黙読..334

マネー・マジック————341

包んだコイン..342
ハンカチーフを通り抜けるコイン..345
ハンカチーフを通り抜けるコイン・2..349
倍増するコイン..353
集合する4枚のコイン..356

コイン・マジックの技法————363

フレンチ・ドロップ..364
フィンガー・パーム・バニッシュ..367
ピンチ・バニッシュまたはドロップ・バニッシュ..........................371
クラシック・パーム..374

楽しいコイン・マジック————376

ハンカチーフの中から消えるコイン..376
ハンカチーフの中から消えるコイン・第2の方法..........................379
グラントのコイン消失用のハンカチーフ......................................381
万能バニッシャー..382
脚を通り抜けるコイン..385
消失技法に一工夫..388
コイン・ア・ゴーゴー..390
とぎれなく現われるコイン..396
ハンカチーフに飛び込むコイン..401
縮むコイン..405
移動するコイン..410
プルーオフ・ラッピング..416
毛糸玉の中に飛び込むコイン..418
シェル・コイン..425
ハーフ・ダラーとクォーター..425
ハーフ・ダラーと半分のドル..430
テーブルを通り抜けるコイン..432
テーブルを通り抜けるコイン　4枚目の貫通の別法......................440
コイン・ロール..442
ロール・ダウン..445

紙幣を使ったマジック————448

上下逆転するお札..448
どこからか現われる札束・1..451

| もくじ |

どこからか現われる札束・2	453
破いたお札が元通り	455
インフレーション	461
6枚はいつでも6枚	464
レモンに飛び込む紙幣	469
追記：マジシャンズ・チョイス	478

───── 続刊のご案内 ─────

マーク・ウィルソン　マジック大百科
【ステージ・マジック・他編】

★ロープ・マジック──18種　★シルクとハンカチーフ・マジック──16種
★即席マジック──18種　★メンタル・マジック──13種　★マジック・パズル──6種
★アット・ホーム・マジック──32種　★スポンジ・ボール・マジック──12種
★ビリヤード・ボール・マジック──7種　★カップとボール──5種
★イリュージョン・マジック──12種

カード・マジック

　プレイング・カードを使ったトリックは、数あるマジックの中の1つですが、他のマジックに比べてカード・マジックには、この分野特有の技法や技術が多数あり、カード操作能力も必須です。しかし、ある程度の操作能力は自然に身に付いてきます。このコースに従って、デックを手に取り、カットして、揃えて、シャッフルして、1枚ずつ配ったりする単なる行為だけでもある種の技能は身に付きます。また、表向きのデックに目を通してトリックに必要な特別なカードを素早く探し出したりするときにもまた技能は身に付きます。更にコースを進めて、お気に入りの装飾的なカットやフラリッシュ（華麗なカード捌き）を実行するようになってくると、知らず知らずにカード・エキスパートの道に進んでいるでしょう。

　このコースでは、観客が選んだカードの発見をはじめ、多くのトリックを収載してあります。これらのトリックは多種多様な方法によって成り立っており、このことによって、疑り深い観客の厳しい目をうまくかわすことができます。基本的に選ばれたカードを探知する方法は3つあります。1つは「フォース」です。観客が選ぶカードを事前に知っているので、そのカードを予言しておいたり、同じ表のカードをもう1枚用意して、意外な場所から現わすことなどもできます。第2の方法は「ロケイト（位置の探知）」です。キーカードによってデックのどこにあるかを探知したり、デックの表をさっと見て探知したりして、好きなやり方で当てることができます。第3の方法は「コントロール（操作）」です。選ばれたカードを、シャッフルやカット、または他の操作で好みの位置にコントロールしておいて、いつでも公開できるようにすることです。

　上記の3つの方法は全てこの章で解説してあります。さらに、特別なトリック・カードについても取り上げました。その1つは、「ショート・カード」です。他のカードより1ミリ程短いカードで、指先の感覚だけで探知できるカードです。もう1つは、「ダブル・バック・カード」です。両面に裏模様が印刷されているカードで、デックの中での逆転効果を含む、いくつかの特殊効果を担当するカードです。これとは真逆の両面が表の「ダブル・フェイス・カード」もあります。これらのトリックカードは、見た目は全く普通のカードと同じです。普通のデックに追加して使用することで、普通のデックでは不可能な不思議を作り出すことができます。この章で解説してある数々の巧妙なトリックを楽しんでください。

カード用語

　カードマジックで使用する専門用語及び操作や動作のリストです。これらの用語の多くはこのコースの中で使用しています。

デック（1組）
　A、2、3……10、J、Q、Kの13枚が、（ダイヤ（◇）、クラブ（♣）、ハート（♡）、スペード（♠））4種類、52枚にジョーカーを加えた53枚1組のカード。

デックのトップ
　裏向きのデックの一番上の部分。

デックのボトム
　裏向きのデックの一番下の部分。

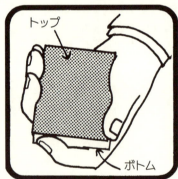

表（フェイス）
　スーツと数値が印刷してある面。

裏（バック）
　「表」の反対面で、模様や絵などが印刷してある面。デック全てのカードの裏は同じデザイン。

カード・マジック

スポット・カード（字札）
　A（エース）から10までの数のカード。

コート・カード（絵札）
　J（ジャック）、Q（クイーン）、K（キング）などの絵のあるカード。ピクチャー・カードとか、フェイス・カードと呼ぶこともある。

裏のデザイン
　大きく分けて、「幾何学的な模様」のものと犬や馬、風景など「写真や絵」を配したものがあります。中には、カード・ファン（扇状に広げる）に適した配色のものもありますが、通常のカード・マジックにはあまり適していません。

白い縁取りのある裏模様
　ほとんどの幾何学的裏模様のカードは、白い外縁で囲まれています（"Bee"デックのような例外もあります）。
　カード・トリックの多くは、この白縁のあるカードの使用が不可欠です。

ポーカー・サイズ・デック
　「標準サイズ」（6.3cm×8.8cm）のカードで、多くのカード・マジシャンは、このサイズのデックを使用しています。

ブリッジ・サイズ・デック
　ポーカー・サイズよりも6ミリ程幅の狭いサイズのデック。

ジャンボ・カード
　普通のカードの約4倍の大きさのカード。

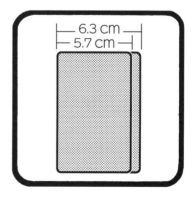

3

メカニック・グリップ

カードを配るときなど、デックを左手に次のように持ちます。左手の平の上にデックを置き、人差指を前端に、中指、薬指、小指を右端に当て、親指をデックのトップに置いて（図）、デックを包むように持ちます。デックをきちっと揃えて保持できる、優れたプロフェッショナルな持ち方です。カードを配ることを伴う、ほとんどのカード・トリックで使用します。また、「セカンド・ディール」や「ボトム・ディール」といった高度な技でもこの持ち方が必要です。

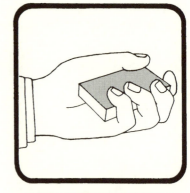

オーバーハンド・シャフル

93頁参照。

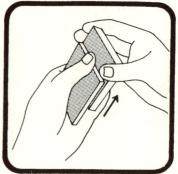

リフル・シャフル（または、ダブルテール・シャフル）

13頁参照。

デックのカット

シングル・カット：

(A)デックの上部をまとめて取り上げ、残っている下部の横に置きます（この行為をカットと言います）。そして(B)下部を、取り上げて上部の上に置いてカットを完成させます。(A)(B)をつづけて行う行為をコンプリート・カットと言います。

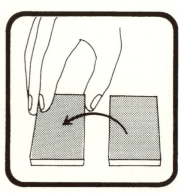

カード・マジック

マルチプル・カット
　デックを2つ以上に分けて、例えば図のように、上、中、下の3つに分けてから、下、中、上の順で重ねていって、カットを完成させます。

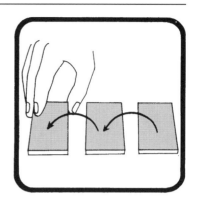

フォールス・カット
　デックの順序を崩さずに行う見せ掛けのカット。83頁参照

フォールス・シャフル
　デックの順序を崩さずに行う見せ掛けのシャフル。

カードを配る
　左手で持っているデックのトップから、カードを1枚ずつ右手で引き出して配ります。普通は両手で行いますが、図のように片手で行うこともあります。
　詳しくは、17頁参照。

ワン・ハンド・ディール

基本的なディーリング・ポジション
　デックからカードを配るときの基本的なデックの持ち方で、次のように持ちます。
　左手の平の上に置いたデックの右側に4本の指を当て、左側に当てた親指の付け根でデックを挟むように保持します。親指はデックのトップに軽く置いて、トップの1枚を右の方にずらして押し出せるようにしておきます。

基本的な配り方

　左手の親指でデックのトップ・カードを右の方にずらし、これを右手で引き取って、テーブルの上に裏向きのまま置きます。以上をつづけて、1枚ずつテーブルのカードの上に配っていくと、カードの順序は逆転します。

表向きに配る

　裏向きのデックのトップから1枚ずつ配りますが、そのとき、カードを表向きに返しながらテーブルに配ります。
　表向きに返しながら配ると、カードの順序は逆転することはありません。

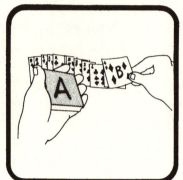

ワンウェイ・デック

　裏面のデザインが、絵や写真のデックは、通常、絵柄で上下が区別できます。このタイプのデックの裏の絵柄を、一方向にきちんと揃えておくことで、即席の「トリック・デック」として使うことができます。相手にカードを選ばせた後、デックの上下を反対にしてから、カードをデックに戻して貰うと、選ばれたカード1枚だけが裏の絵柄が逆向きになっていますので、いつでも好きなときに、簡単に見付け出すことができます。

フォース

　自由に選択していると思わせて、その実、特定のカードを選ばせる方法です。
　123頁のフォーシングの項参照。

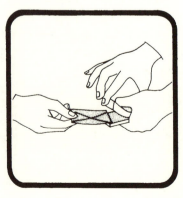

フォーシング・デック
1組全てが同じ表のカード、例えば♣6で構成されているデック（通常、ボトムの1枚だけを別の数値のカード、例えば♡3にしてあります）。

ツーウェイ・フォーシング・デック
例えば、上半分が全て♡4で、下半分が♠7の構成になっているデック。

1人目の観客に上半分から選択させ、2人目の観客に下半分から選択させることで、2人に異なるカードを「フォース」するときに使用します。

スリーウェイ・フォース
3種類の同じ表のカード（例えば、♣A、♢10、♡5）を、上、中、下と3つのグループに分けて構成したデックです。

50/50フォーシング・デック
上半分が全て同じ表のカードで、下半分はそれぞれ表の異なるカードで構成してあるデック。

デックを表向きにして、上部のカードを何気なく広げて見せることで、全てのカードが異なっている普通のデックのように示すことができます。デックを揃えて裏向きにしてから、上半分を広げて、フォース・カードを選択させます。

ロケーター・カード
　他のカードを見付けるために「キー」として使用するカード。
　例えば、ショート（短い）・カード（232頁参照）。

キー・カード
　「ロケーター」カードとして使用するカード。

カード・ロケーション
　選ばれたカードをデックに戻してもらった後、そのカードをマジシャンが「見つける」または「探し出す」ための方法。

ダブル・フェイス・カード
　「トリック」カードとして特別に印刷された両面が表のカード。

ダブル・バック・カード
　「トリック」カードとして特別に印刷された両面が裏のカード。

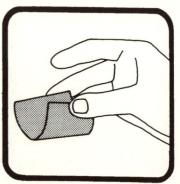

カード・マジック

セット・アップ
　ショーの前に（または演技中に）行う、特別な準備。

アレンジ・デック
　特別な順序でセット・アップしてあるデック。

スタック
　デックの特定の場所に、特別に準備した部分。

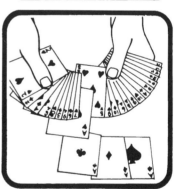

カードのカウント
　「カードを配る」17頁参照。

リバース・カウント
　21頁参照。

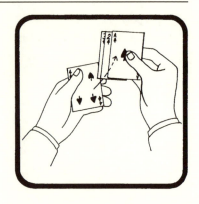

スライト
　観客には「秘密」の操作や手練の技。

ムーブ
　秘密裏に行う操作（スライト）や「堂々」と行うカットのような操作。

ブレイク
　デックのある場所に密かに分け目をつくる。138頁参照。

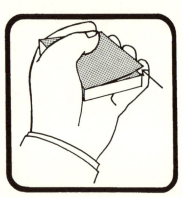

ダブル・リフト
　カードを2枚重ねて1枚のように見せる。138頁参照。

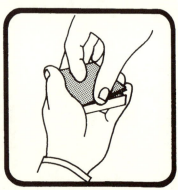

カード・マジック

グライド
　ボトムから2枚目のカードを引き出す。171頁参照。

グリンプス
　デックの中のカードを密かに見る。64頁参照。

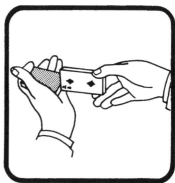

フラッシュ
　観客に、デックの中のカードの表を「ちらっ」と見せる。

コントロール
　演者が、デック内の特定のカードまたは複数枚のカードの位置を知る任意の方法（通常は観客は知らない）。ほとんどの場合、観客が選んだカードがデックに戻されたところで、デックのトップとかボトム、または、演者の好みの場所にコントロールします。

ギミック
　トリックを遂行するための「秘密」の仕掛け。

リバースド・カード

　デックの中で、他のカードとは逆向きのカード（裏向きのデックの中の表向き、表向きのデックの中の裏向きのカード）。

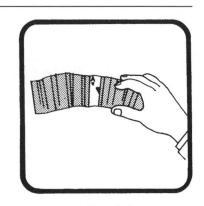

フラリッシュ

　カードを使った曲芸的な派手な手技。トリックの為の技ではないが、カードを扇形に開いたり（ファン）、等間隔でリボン状に広げたり（リボン・スプレッド）両手の間で飛行させたり（スプリング）して、トリックの効果を高める為に使います。

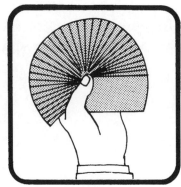

カードのファン

　手の中で扇状に広げた数枚から数十枚のカード。

マジック・ループ

　セロテープの名で呼ばれている透明な接着テープは、カード・トリックの秘密兵器として使い勝手の広いグッズです。特に、セロテープ小片の端と端とをくっ付けて輪にした即席の両面テープは非常に役に立ちます。本コースのさまざまな個所でも使われています。

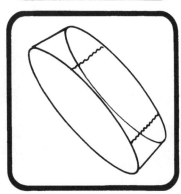

カード・マジック

カードの操作と技巧

　すべてのカード・マジックでは、トリックを実行する為に不可欠な基本的なカード操作の技術が必要です。これには、シャッフル、カウント、配る、広げるも含まれますが、これらの技術はすべてのカード・トリックに必要というわけではありません。しかしシャッフルだけは別物で、シャッフルを必要としないトリックはほとんどありません。おそらく、シャッフルのやり方1つ位は身に付けていると思いますが、カード・マジックでは多種多様なシャッフル・テクニックが有ります。それらの多くはカードの位置をコントロールするなどの特別な目的を持っています。同様に、カウンティング (数える) やディーリング (配る) にもカードをコントロールする為のさまざまな手法があります。次に解説する操作のすべてを、自信を持って、スムーズに躊躇せずに行えるようになるまで練習して下さい。
　自信に満ちたカードの捌きと、ほれぼれするような腕前によって、あなたのマジシャンとしての評価を一段と高めることを忘れないで下さい。

リフル・シャフル

　リフル・シャフルは、カードをよく混ぜる為の最も一般的な方法です。シャフリング自体はそれほど難しいことではないが、スムーズに演じられるようになる為には、それなりの練習が必要です。

方法
(1)デックの一方の端に右手の親指を、中指、薬指、小指を他の端に、人差指を曲げて指先をデックのトップに当ててデックを保持します。1図のように、親指を上にして、デックの表が左の方に向くようにします。

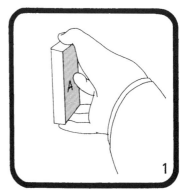

(2)左手の平を上に向けて、指先をデックの下端に近づけます。すぐに、右手のデックを外側に曲げ、親指で端をリフル (ぱらぱらと弾く) して、デックの半分位を、2図のように左手の指の上に倒します。

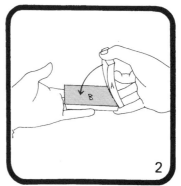

本文の ( ) 付数字とイラストの数字は対になっております (以下同じ)。

13

(3) 左手の親指の先を、倒れてきたパケット(B)の左端の上に当てます。そして、パケット(B)の右端（右手の指先にある端）を右手で押し上げてパケット(A)から離し、パケット(B)の右（上）端を左手の親指で支えます。

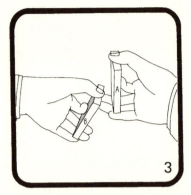

(4) 2つのパケットは、それぞれの手で同じように保持され、お互いに表が向き合っています。両手の親指はそれぞれのパケットの上端に、人差指はパケットの裏面、残りの指は下端に当てています。

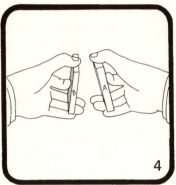

(5) 両方のパケットを裏向きになるように傾けて、両パケットの「親指の端」が出合うようにします。このとき、中指、薬指、小指の爪側を、テーブルの上に軽く置くようにします。

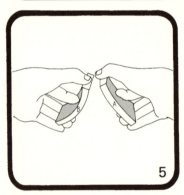

(6) 両方の親指の先端からカードを1～2枚ずつ弾き出し（リフル）て、両方のカードの端が重なり合うようにします。全てのカードの端が2センチ位ずつ重なり合うようにシャフルします。

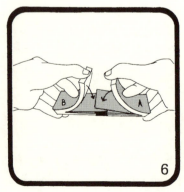

カード・マジック

(7)シャフルが終ったら、両方のパケットを両側から押し込んで、2つのパケットを併せ、デックをきちっと揃えてシャフルを完成します。

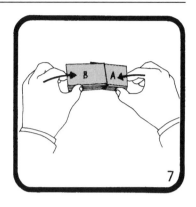

(8)方法(1)～(7)を繰り返して、カードを完全に混ぜ合わせます。

テーブル・リフル・シャフル

前述のリフル・シャフルより、かなりプロフェッショナルな匂いを持ったシャフルです。
　テーブルを前にして座り、デックを手にしたマジシャンが、すばやく、優雅なカード捌きでシャフルをしている。これから始まる素敵なカード・マジックへの期待感が大きく膨らむ瞬間です。
　すべてのカード・マジシャンはこのシャフルに精通している必要があります。あなたの演技に熟練した見た目を与え、単純なカード・トリックでさえも、素晴しい技量の結果であることを納得させることができることでしょう。

効果
　マジシャンは、テーブルの上にある裏向きのデックを2つに分けて左右に置き、両方のパケットの手前側を持ち上げてカードを連続してリリース（放す）し始めると、リリースされたカードの内隅は交互に重なり合います。その後、2つのパケットを両側から押し込んで揃えます。

方法
(1)裏向きのデックをテーブルに置き（自分の真ん前に置く）、両手で両側を図のように上から掴みます。親指でデックを半分位のところで分けて、上半分を持ち上げます。

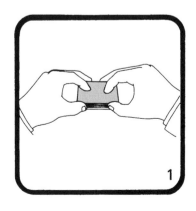

15

(2)持ち上げた上半分を、下半分の右横に並べて置き、親指を内側の縁に沿って当て、人差指をトップに置き、残りの指を外側の縁に当てて、それぞれのパケットを保持します。そして、両パケットを「ハ」の字になるように傾けて、内側の隅を密着させます。

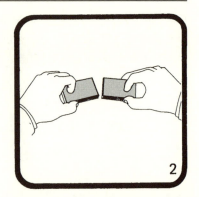

(3)親指で両パケットの内側を持ち上げ、両方の隅が少し重なるようにして、両方の親指でカードを1〜2枚ずつ弾き出し（リフル）て、両内隅を重ね合わせていきます。

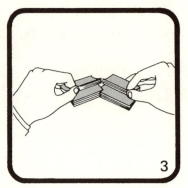

(4)この拡大図のように、隅の部分だけが重なり合うようにします。

(5)全てのカードをリフルし終えたら…

カード・マジック

(6)両方のパケットを押し込んで、シャフルを完成させます。

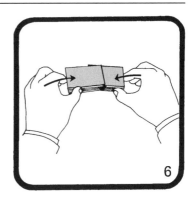

(7)シャフルを繰り返して、カードを良く混ぜ合わせます。

コメント
　「ダブティル・シャフル」とも呼ばれているこのタイプのシャフルは、ギャンブラーやプロの「ディーラー（カードの配り手）」が使っていることもあって、ギャンブルに係わるトリックを演ずるときなどでは最適のシャフルです。ギャンブラー達は、テーブル・リフル・シャフルを完了した後に、デックの下半分を引き出して上半部の上に置くカットをしています。これによって、あなたのカード・ワークにプロフェッショナルなタッチを加えることができます。

カードを配る

　デックのトップからカードを配ること自体は単純な作業ですが、ここでは、スムーズに、美しく、ときには迅速にカードを操作するための両手の動きについて触れておきます。

方法
(1)デックを左手に、ディーリング・ポジションで保持します。

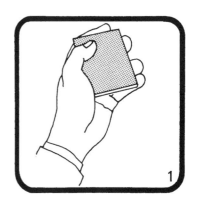

17

(2)左手の親指で、トップ・カードを1枚右斜め前方に1〜2cm位押し出します。同時に、右手をそのカードに近づけます。

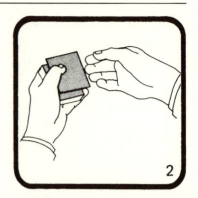

(3)右手でトップ・カードの右側を図のように摘みます。

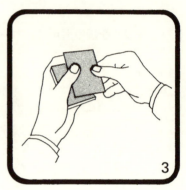

(4)左手の親指をリラックス (圧力を緩める) させ、同時に右手のカードをテーブルの上に持っていきます。

(5)右手のカードを放して、カードをテーブルの上に置きます。この操作を繰り返して、好きな枚数をテーブルの上に配ります。

カード・マジック

コメント
　いくつかのトリックでは、カードを1枚ずつ1個所に配って、1つのパイル（山）を作ることもありますし、あるいは、1枚ずつ列になるように並べて配ることもあります。
　パイル状に配ると、カードは、元の順序とは逆の順序になるところから、この配り方を「リバース・ディール」と呼びます。後述する特定のトリックでは重要な役目を果しています。

リテイン・オーダー・カウント
（順序を崩さないカウント）

　元の順序のまま数える方法で、手から手に持ち変えてカウントします。説明は、4枚のカードを使って行い、すべてのカードの移動が追跡できるようにカードは表向にしてあります。

方法
(1) 4枚のパケットをディーリング・ポジションで持ちます。

(2) 左手の親指で一番上の1枚を右の方に押し出して、右手で摘みます。

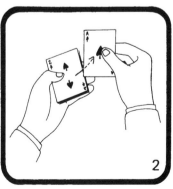

(3) 2枚目のカードを左手の親指で押し出し、右手のカードの下に挿し込みます。

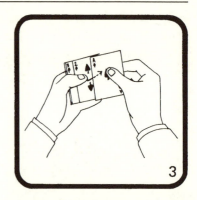

(4) 右手で2枚のカードを摘んで一緒に持ち上げ、「2枚」と数えます。

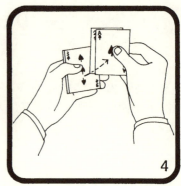

(5) つづけて3枚目のカードを左手の親指で押し出して、右手の2枚のカードの下に挿し込みます。

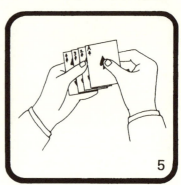

(6) 右手で3枚のカードを一緒に持ち上げ、「3枚」と数えます。

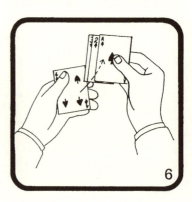

(7) 最後に、4枚目のカードを右手の3枚のカードの下に移し……

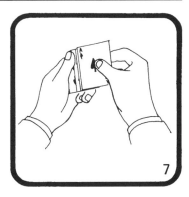

(8) ……4枚を一緒に持ち上げて「4枚」と数えます。

(9) 注：1枚ずつ数えて、左手から右手に移し変えますが、カードの順序は元のままの上からA、2、3、4の順です。

リバース・オーダー・カウント
(順序が逆転するカウント)

　意識せずにカードを数えると、普通はカードの順序は逆になるものです。例えば、デックのトップから1枚ずつテーブルの上に数え出していくと、カードの順序は逆転します。別の言い方をすると、デックを上から、トップカードを「1」としてテーブルの上に1枚ずつ重ねていって、52枚のカードを全て数え終わったとき、「1」のカードはテーブルの上にあるデックボトムになり、初めにボトムにあった「52」枚目のカードがトップになっていて、順番が完全に逆転しています。同様に、左手に持ったパケットを右手に1枚ずつ取って数えることでも順番は逆になります。これを、4枚の表向きのカードを使って次に説明します。

方法

(1) 4枚のパケットをディーリング・ポジションで持ちます。

(2) 左手の親指で押し出した1枚のカードを右手で掴み、

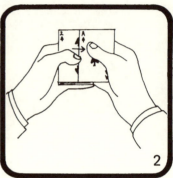

(3) 右手に引き取って「1」と数えます。

(4) 左手の親指で次（2枚目）のカードを押し出して、右手のカード（1枚目）の上に置き、

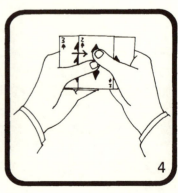

(5) 2枚一緒に右手に持って「2」と数えます。

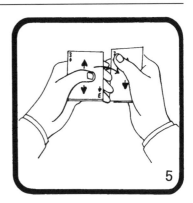

(6) 同様にして3枚目のカードを押し出して右手の2枚の上に置き、

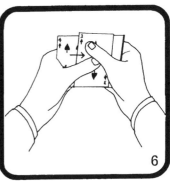

(7) 右手に一緒に持って、「3」と数えます。

(8) 左手に残っている最後のカード（4枚目）右手の3枚の上に引き取って、

(9)「4」と数えて終ります。

(10)注：以上のようにカウントした結果、右手の4枚は、初めの上から1、2、3、4の順が、4、3、2、1の順に逆転しています。

両手の間にカードを広げる

観客に、好きなところから自由にカードを選でもらうときに効果的な方法で、スムーズに行うことで、プロフェッショナルな効果も付加されます。

方法
(1)裏向きのデックを、メカニック・グリップに近い感じで左手に持ちます。

(2)左手の親指で、デックの上からカードを少しずつ、右手の中に押し出していきます。

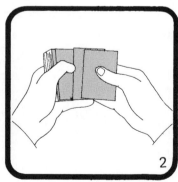

> 本文の( )付数字とイラストの数字は対になっております(以下同じ)。

(3)同様にして、左手の親指でつぎつぎにカードを押し出していき、右手の4本の指を大きく伸ばして、押し出されてくるカードを下から支えます。まるでカードが左手から右手の方に流れていくような光景です。

(4)広げたカードの中から、1枚のカードを観客に自由に選で抜き出してもらいます。

(5)このあと、後述する方法でカードをデックに戻してもらい、コントロールしたり探し出したりします。

(6)デックの中の特定なカードを選び出すときにも便利です。例えば4枚のAを使いたいときに、デックを表向きで広げていって、Aが見つかる度にテーブルの上に押し出すなどです。

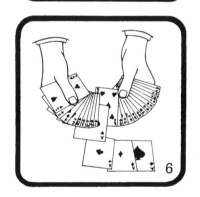

セルフワーク・カード・トリック

　マジシャンでさえびっくりするようなすばらしい魔法のような現象が、自動的に誰にでも実演できます。
　この章では易しく演じる事のできる、神秘的な「セルフワーク・カード・トリック」のいくつかをまとめてみました。全てが特別な「操作」や「手技」は必要なく、完全にプレゼン

テーションだけに集中することができます。観客が疑い深い目でマジシャンの手元を注視しているときこそ、絶大な効果をあげることになります。

　機会に応じてあなたのプログラムの中に、いくつかのセルフワーク・トリックを含めることをお勧めします。

　自動的にできるセルフワーク・トリックだからといって、練習を無視しないで下さい。演技中に、うっかりしたり、ちょっとでも躊躇したりすると、そのトリックの効果は煙のように薄れていってしまいます。

オートマチック・カード
（自動的に現れるカード）

　観客によって選ばれたカードが、デックの中で、自動的にひっくり返って表向きになって現れてくる、という狐につままれたような現象を起こす、最も基本的で効果的な手段です。

秘密と準備
　タネは至って単純で、裏向きのデックのボトム・カードを前もって表向きにして、カード・ケースにしまって準備O.K.です。もし、その場で即席的に準備したいときには次のようにします。

(A)デックを表向きで左手の平の上に置き、右手の親指をデックの内端に、他の指を外端に当てて図のように掴みます。すぐに左手の4指を、デックの下の面に当て、デックを右手で右の方にずらしながら（このとき、一番下にあるカードを左手の上に残します）、図の矢印のようにひっくり返し、

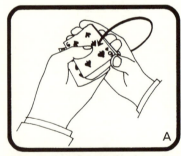

(B)左手の上に残っている1枚（表向き）の上に、右手のデックを裏向きで置きます。

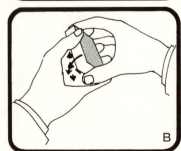

セルフワーク・カード・トリック

方法
(1) 準備した裏向きのデックを両手の間に広げ、観客に、自由にカードを1枚選んでもらいます。このとき、ボトムにある表向きのカードを見せないように注意します。分かりやすくするために、観客が選んだカードに×印を付けてあります（以下同じ）。

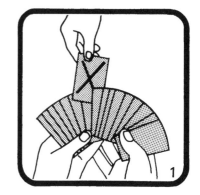

(2) カードが選ばれたら、すぐにデックを揃えて左手に持ち、観客に選んだカードを見て覚えるように言います。

(3) 観客の目が選んだカードの表面に注がれたときに、左手を、甲が上になるよう返して、持っているデックをテーブルの上に置きます。この行動によって、デックもひっくり返り、一番上のカードだけが裏向きで、残りのカードは全て表向きになっています。

(4) デックから左手を放し、デックをそのままテーブルの上に置いてから、その観客に、選んだカードを他の人にも見せるように指示します。

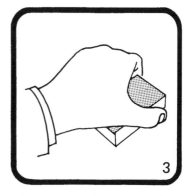

(5) 観客がカードを見せ始めたところで、テーブルの上の裏向き（に見えている）のデックをそのままの状態で右手で取り上げて左手のディーリング・ポジションに持ち替えます。このとき、一番上の裏向きのカードがずれて、表向きのカードがちらっと見えてしまうなことがないようにしましょう。

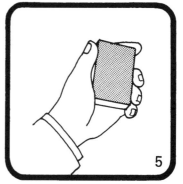

(6)観客に、選んだカードを裏向きで、デックの真中あたりに挿し込んでもらいます。このとき、デックがずれないように、左手でしっかり握っています。観客は全く気付いていませんが、彼自身で、彼のカードを、表向きのデック（一番上のカードを除く）の中に裏向きで挿入しているわけです。

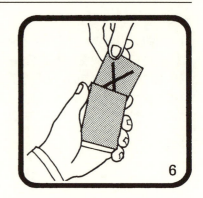

(7)観客のカードが、完全にデックの中に埋没したところで、手を後ろに回してデックを背後に持っていき、「観客が触れた1枚だけが、他のカードより、ほんの少しだけ温かくなっているので、それを熟達した接触感覚によって見付け出し、びっくりするような形で全員にお見せします」と説明します。

(8)背後で、デックの一番上にあるカードをひっくり返して（表向きになる）、表向きのデック（観客のカードを除く）の上に戻します。デックを裏向きにしてから体の前に出し、広げて観客のカードがデックの中で1枚だけ逆向きになっていることを示します。

超オートマチック・カード

　これは、上記のオートマチック・カードとは別のやり方で、デックを密かにひっくり返す簡単で巧妙な方法です。

(1)トリックを始める前に、ボトム・カードをひっくり返しておく必要はありません。

(2)観客が、デックの中から自由に1枚のカードを選び取って、そのカードを覚えたところで、「このようにデックを背後に回わして、指先の感覚だけであなたのカードを探り出し、びっくりするような方法で現わして見せましょう」と、実際にデックを背後に回わし、デモンストレーションしながら説明します。

(3)デックを背後に回わしたら、すぐに、ボトム・カードをひっくり返して表向きにしてボトムに戻し、デック全体をひっくり返します。デックは、一番上の1枚だけが裏向きで、残りの全ては表向きになります。

(4)デックを体の前に出します。これで、観客にカードをデックに戻してもらう準備ができました。

コメント

　この方法を使えば、事前の「準備」なしで、いつでも演じることができますし、カードを選択させる前に、観客に、好きなだけデックをシャフルさせることも可能です。セットは、デモンストレーションの為に、デックを背後に回わしたほんの一瞬で完了しますが、指先の超感覚によって、観客のカードを探っているといった感じで行って下さい。

ファンタスティック・ファイブ

　簡単なセットがしてあるデックを使って行うセルフワーク・カード・トリックです。このトリックには2つの終わりがあって、観客のカードを当てた後に、観客をびっくりさせるような現象が付加されています。

　観客が自由にカードを選び、覚えてから、デックの上に戻し、デックをカットしてもらいます。演者がそのデックをテーブルの上で広げますと、1枚のカードが表向きになっています。それは♣5です。演者は、その表向きのカードが「魔法の指示カード」だと説明して、指示カードのところからデックを2つに分けます。そして、指示された「5」に従って、表向きの指示カードがある方のパケットの上から5枚のカードを数え出し、5枚目のカードを表向きにして観客のカードであることを示します。この後、数え出した残りの4枚のカードを表向きにすると、びっくり、4種類のAが揃っています。

秘密と準備

　デックから、4枚のAと1枚の5（例は♣5）を抜き出します。まず5のカードを表向きにして裏向きのデックのボトムに置き、その下に4枚のAを裏向きで置きます。A図はデックを表向きにしたときの状態で、B図はデック裏向きにしたときの状態を示した図です。このようにセットしたデックをケースにしまって準備完了です。

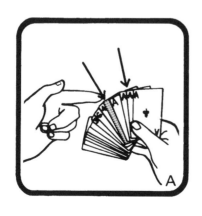

方法

(1)ケースからデックを裏向きで取り出し、両手の間に広げて、観客にカードを1枚選でもらいます。このとき、カードを広げ過ぎて、セットした表向きの♣5が見えないようにしましょう。

(2)デックを揃えてテーブルの上に置きます。

(3)観客に、デックのトップにカードを戻すように頼み、

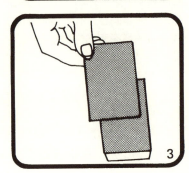

(4)デックの上半分をカットして分け、

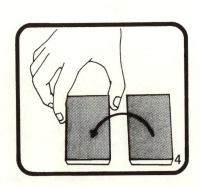

(5) 下半分をその上に重ねてカットを完了します。

(6) 注：上記のようにカットすると、4枚のAと表向きの5が、観客のカードの上に直接重なります。

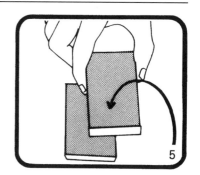

(7) デックを見詰めながら、何か不思議なことが起っていることを観客に説明します。同時に、テーブルの上のデックをスプレッド（帯状に広げる）して、1枚だけ表向きになっているカードがあることを示します。

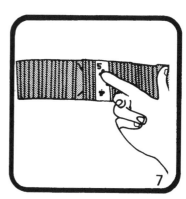

(8) その表向きのカードのところから2つに分け、上部のグループを右の方に除けます。

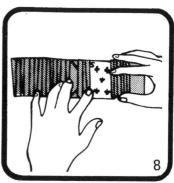

(9) 表向きになっているカードは「魔法の指示カード」で、観客が選んだカードを探し出す手伝いをしてくれます。カードの数5がその「手掛り」であることを説明してから、5枚のカードを数え出します。

(10) 表向きの5と、その下の5枚（4枚のAと観客の
カード）を前方に押し出します。

(11) そして、5枚目のカードを表向きにして、観客が
選んだカードであることを示します。

(12) 形どおりトリックは終った、と観客に思っておい
てから、おもむろに、押し出した残りの4枚を表向き
にして、Aが4枚集っていることを示します。この思
いがけない追加のサプライズの効果は抜群です。そし
てまた、4枚のAを使って行うトリックのよい導入部
として利用することもできます。

コメント
　4枚のAを現わす追加のサプライズを、次のような演出で行うこともできます。
　観客が選んだカードをデックのトップに戻し、カットを完了させたところで、デックを
取り上げ、指でパチンとデックを弾いてから、テーブルの上でスプレッドします。1枚の
カード(5)がひっくり返って表向きになっていることを示してから、その下にあるカードを
5枚数え、5枚目のカードを表向きにして観客の選んだカードを当てます。さらに演技を
つづける為に、2つに分けたデックを1つにまとめますが、4枚のAがある左側半分が上
になるようにして集めて揃えます。「デックをもう1度指で弾くと素敵なものが現れます」
と言って、デックを指で弾き、トップから1枚ずつ、4枚のAをテーブルの上に表向きに
して現わします。

セルフワーク・カード・トリック

ひっくり返すカード

　観客の裏をかいて、見事にカードを当てるトリックで、その場で借りたデックでも行うことができる上、特別な技術も練習も必要ありません。代表的なロケーター「キー・カード」を使用するだけです。

効果
　シャフルしたデックを裏向きでテーブルに置き、観客に、デックをカットして2つに分けてもらい、カットしたところのカードを見て覚えてもらってから、カットを完成させて、そのカードをデックの中に戻してもらいます。ここで演者はデックを取り上げ、観客が覚えたカードを見付け出す手続に入っていきます。

秘密と準備
　このトリックの秘密は、テーブルの上にデックを置く前に、密かにデックのボトム・カードを覚えておくだけです。このカードを観客のカードを見付ける為の手掛かり（鍵）にすることから、「キー・カード」と呼んでいます。いまキー・カード（仮に♣2とします）はデックのボトムにあるとして解説をしていきます。

方法
(1) もし、ケースに収まっているカードを使うのであれば、ケースからデックを取り出すときに、ボトム・カードを覗いてキー・カードにすることができますから、取り出したデックを裏向きでテーブルに置いてトリックを始めます。

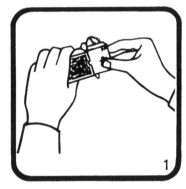

(2) もし、観客がデックのシャフルを望んでいるようなら、もっけの幸いで、納得いくまでシャフルしてもらいましょう。そして、観客がデックを扱っているときに、ボトム・カードを「ちらっと」見て下さい。

(3) もし、観客がシャフルしているときに、ボトム・カードをちら見することができなかったときには、念のために、もう1度演者がシャフルするとか、デックを表向きでさらっと広げてよく混ざっていることを見せたりします。

　広げたデックは、十分に混ざり合っていて、カードの順序を記憶することは不可能に見えます。しかし演者は、たった1枚のカードを覚えればいいので、すぐにデックを閉じ、裏向きでテーブルの上に置いて、始める準備をします。

(4) カードがよく混ざっていることを観客に納得してもらったら、観客の1人に、デックをカットして2つに分けてもらいます。

(5) デックを好きなところで分け、取り上げた上半分を残っている下半分の横に図のように並べて置いてもらいます。

(6) 次に、観客に下半分の一番上のカードを取り上げてもらい、表を見て（仮に◇5とします）覚えてもらってから、隣りにある上半分の上に戻してもらいます。

観客にカードを見てもらい、隣の山に戻してもらう

(7) つづけて、下半分を上半分の上に重ねてもらって1つにまとめ、観客が覚えたカードをデックの中に戻します。
　注：観客が上記のようにすることで、自分が覚えたカードの上に、演者の「キー・カード」を置くことになります。次に、もう一度コンプリート・カットをしてもらってから、更に、他の観客にもコンプリート・カットをしてもらいます。

(8) 以上の操作が終わったところで、演者はデックを取り上げ、トップから1枚ずつ、表向きにしながらテーブルに配っていきます。このとき観客に、「こうして1枚ずつ表向きにしていくので、あなたは覚えたカードのことを強く思っていて下さい。もし出てきたとしても、絶対口に出して言わないで下さい」と頼みます。

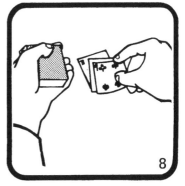

(9) カードを1枚ずつつづけて配っていくと、その内に演者のキー・カード（♣2）が現れますが、他のカードのときと同様に扱ってテーブルに置きます。演者には、キー・カードの次が演者のカードであることは分かっています。

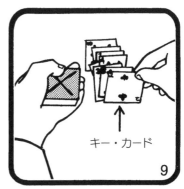

(10) 次のカード（観客のカード／◇5）を配りますが、前と同様に、無関心で配ります。

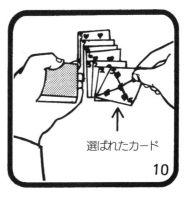

マーク・ウィルソン　マジック大百科

(11)さらに続けてカードを配っていきます。デックの半分位配ったところで、観客の思考をキャッチしたような感じで「私が次にひっくり返すカードがあたなのカードです」と言います。観客は、多分それは間違いだと思う筈です。

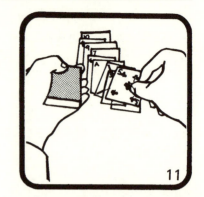

(12)しかし演者は、デックから次のカードを配る代わりに、今までに表向きに配ってきたカードの群に手を伸ばし、観客のカード（◇5）を抜き出し、

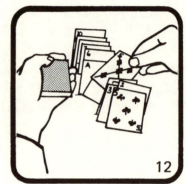

(13)裏返してテーブルの上に置きます。「私は、次にひっくり返すカードが、あなたのカードだと言いましたね！そう、これがあなたのカードです」と言って、◇5を示して終ります。

注：観客は、演者がカードを表向きに配っているときに、自分のカードが配られてしまったことを見ているので、トリックが失敗であることを確信しています。まさに、その裏をかいた思いがけない結果に、非常に効果的な終り方になっています。

表向きになって現われる2枚

　このトリックは、観客参加形のトリックの1つで、演者と観客との共同作業の中で魔法の結果が自動的に作られていきます。秘密は単純ですが、自信をもって演じることができれば、最初の試演のときから、大きな反応を得ることができます。

セルフワーク・カード・トリック

効果
　デックを良くシャフルしてから、裏向きでテーブルに置きます。1人の観客に協力を頼んで、デックをカットして、上半分を取り上げてもらます。演者は下半分を取り上げ、お互いに取り上げた半分ずつのパケットを背後に回わし、カードを1枚抜き出します。それぞれのパケットを一旦テーブルの上に戻してから、選んだカードを見て覚えます。そして、お互いのカードを相手のカードと交換して、それぞれのパケットの中に挿入します。つまり、観客が選んだカードを演者の下半分のパケットの中、演者のカードを観客の上半分のパケット中に挿入するのです。このとき、交換したカードの表は見ずに、裏向きのまま、裏向きのパケットに入れます。そして、2つのパケットを重ねて1組に戻します。ここで、それぞれが選んだカードの名を声に出して公表してもらいます。デックを裏向きでテーブルの上でスプレッド（帯状に横に広げる）すると、2人のカードは魔法の力によって、見事に表向きになっています。

方法
(1) デックをシャフルしながら、ボトム・カードを密かに見て覚えます。仮りに♡5だったとします。

ボトムカードを密かに見て覚える

(2) デックを裏向きでテーブルに置いて、観客に、半分位のところでカットして、取り上げた上半分のパケットを背後に持っていくように頼みます。そして、演者は残っている下半分のパケットを取り上げて背後に持っていきます。

観客に半分くらいのところをカットしてもらう

(3) 観客に、持っているパケットの好きなところから1枚のカードを選び出すように言います。演者も同じことをしているように見せて、実際は次のことをします。すぐにパケットをひっくり返して表向きにし、今一番上にあるカード（密かに覚えておいた♡5）をひっくり返して裏向きして表向きのパケットの上に戻します。

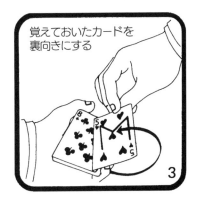
覚えておいたカードを裏向きにする

マーク・ウィルソン　マジック大百科

(4)間をおかずに、パケットの中から1枚のカードを抜き出し、裏向きして背後から出してテーブルの上に裏向きで置きます。

(5)注：4図で「M」印のあるカードが、密かに覚えておいたカード（♡5）で、7図で「×」印が観客が選んだカード、「D」印が演者が抜き出した「おとり」のカードです。

(6)ここで、観客に「あなたが選び出したカードの表を見て覚えて下さい。私も私のカードを見ます」と言います。観客は自分のカードを見て、仮に◇2だったとします。演者も自分のカードを見ますが、覚える必要はありません。演者が覚えておくのは♡5です。

(7)つづけて「そのカードが何であるか私に見せないようにして、私と同じように、パケットの方をテーブルの上に置いて下さい」と言います。

(8)演者は、自分のパケットを背後から出してきてテーブルに置きます。誰も気付いていませんが、演者のパケットは、トップのカード（♡5）だけが裏向きで、その下にあるカードは全て表向きです。

(9)注：このとき、パケットがずれて、ちらっと表向きのカードが見えることがないように注意してテーブルに置いて下さい。

(10) さらにつづけて「あたなのカードと私のカードとを交換しましょう。裏向きのままで、表を見せないように注意して下さい」と頼みます。

(11) 演者は、左手でパケットを軽く押さえ、交換したカードをパケットの真中あたりに挿入して、パケットを揃えます。観客にも同じようにして、演者のカードを彼のパケットの中に挿入してもらいます。

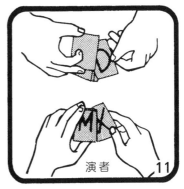

(12) 注：現時点での演者のパケットの状態は、トップの裏向きのカード（♡5）と真中あたりに挿入した観客のカード（◇2）を除いた全てのカードは表向きになっています。

(13) 演者は、左手で自分のパケットを上から掴んで、テーブルから取り上げる準備をしながら、同時に、観客のパケットを演者のパケットに重ねるために、右手で観客のパケットを取りにいきます。

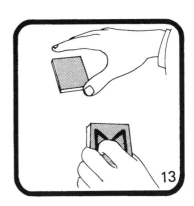

(14)右手で観客パケットを取り上げるのと同時に、左手を素早く返して、掴んでいるパケットをひっくり返します。これで演者のパケットはボトムの表向きの♡5とパケットの中にある表向きの観客のカード(◇2)以外は全て裏向きになります。ここがこのトリックの中で唯一の「トリッキー」な部分です。手練の技は必要ありません。正しいタイミングだけです。十分な練習でつかんで下さい。

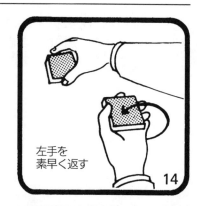

左手を
素早く返す

(15)動きを止めずに、両手を近づけ、右手に持った観客のパケットを左手の演者のパケットの上に重ねて揃えます。

(16)デックの状態は、ボトムにある表向きの♡5とその10枚位上にある、表向きの観客のカード(◇2)を除いて全て裏向きです。

(17)デックの上部の3分の1位を右手でカットしてテーブルに置き、

デックの1/3を取り
テーブルに置く

セルフワーク・カード・トリック

(18)残りの3分の2をその上に置いてカットを完了します。

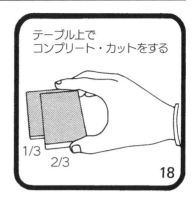

(19)ここで、演者は「私が選んだカードはハートの5でしたが、あなたの選んだカードは何でしたか？」と尋ねます。観客は「ダイヤの2です」と覚えているカードの名前を答えます。演者はデックの内端を親指で2回程リフルして魔法を掛けます。

(20)デックをテーブルの上でリボン・スプレッドします。カードの間隔を大きめに広げて、♡5と◇2が表向きなっていることをはっきりと示します。

コメント

　観客が少数のときには、パケットを背後に回わす代わりに、演者だけが後ろ向きになって演じることもできます。こうすることで演者の秘密の操作（パケットを表向きにして一番上のカードを裏返して、「おとり」のカードを取り出す）が簡単になります。

　いずれの場合も白い縁取りのある裏模様のデックを使用します。そして、演者のパケットを扱うときには、カードをきちっと揃えて保つようにして、裏向きのように見せているパケットから、ちらっと表向きのカードが見えることがないように注意しましょう。

　左手を返して演者のパケットをひっくり返す(14)の操作のとき、図で示したように、観客のパケットを取り上げるために伸ばした右腕のカバーの下で左手を返すようにしましょう。

41

ダブルＸミステリー

　2人の観客にマジックの手伝いを頼み、演者の両側に1人ずつ立ってもらいます。まず左側の観客にデックとペンを渡し、デックを背後に回わし、好きなカードを選んでカードの表に、ペンで×印を描いてから、デックを混ぜてもらいます。次に、同じデックを右側の観客に渡し、同じように背後に回わして好きなカードを選んで、今度はそのカードの裏に×印を描いて混ぜてもらいます。終ったところでそのデックをまた左の観客に渡してもらいます。そして、デックを表向きにして×印のあるカードを見付けだし、そのカードを取り出して両手の間で挟んで、誰にも見せないように保持してもらいます。デックを右側の観客に戻し、今度は裏に×印のあるカードを探し出してもらうのですが、デックの中には無いことが分かります。そこで、念のために左側の観客が持っているカードを裏返してもらうと、裏面に×印があることが分かります。2人の観客は、魔法の力による偶然の一致で同じカードを選んでマークしたかのよう見えます。

秘密と準備
　この「偶然の一致」の秘密は意外なほど単純です。その秘密は、マジシャンが観客に渡すペンが、ペンとして機能しない代物を使わせるところにあります。使用するペンは、フェルト製のマーカー・ペンが最適です。キャップを取って先端を乾燥させて固め、何も書けない状態にしておきます。鉛筆やボール・ペンの先端に透明なニスを塗って固めたものを使うこともできますが、先端を固めてない同じタイプのペンでカードにマークしたときに、フェルト・ペンに比べて、はっきり見えないことが若干問題です。

準備
デックからカードを1枚取り出し、裏と表両面に、秘密のペンと同じタイプのペンで×印を書いておきますが、このとき、できるだけ不規則な感じで書き、いかにも背後で書いた×のように見えるように工夫します。このカードをデックの真中あたりに戻して準備完了です。

方法
(1) 2人の観客に協力を頼み、演者の両側に立ってもらいます。デックを取り出し、表向きにして左側の人に渡します。「そのデックを背後に回わし、手探りで、これっと感じたカードを抜き出して、デックの一番上に置いて下さい」と頼みます。

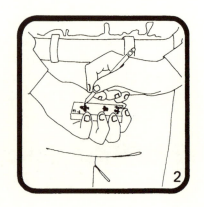

(2) 彼がそうしたところで、準備したマーカー・ペンを取り出し、キャップを取って渡し、背後で、選んだカードに×印を書くように指示します。終ったらペンを返してもらいます。そして、背後でデックを良く混ぜてもらってから、デックを演者に戻してもらいます。

セルフワーク・カード・トリック

(3)ここでデックを裏向きにして、右側の人に渡します。左側の人と同じようにしてもらうのですが、今度は選び出したカードの裏面に×を描いてもらい、ペンを返してもらってから、デックを混ぜてもらいます。

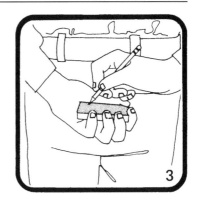

(4)デックを取り戻して、もう一度左側の人に渡し、デックを表向きにして×印のあるカードを探して取り出すように指示します。そして、取り出した×印のある表向きのカード（準備した両面に×印のあるカードです）を両手の平の間に挟んで、誰にも見せないようにしてもらいます。こうして裏面にある×印を誰にも気付かれないようにします。

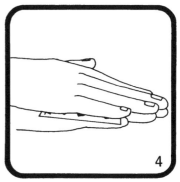

(5)注：準備したペン先を固めたペンを使っているので、両人共にカードに×印を描くことができません。そして、誰もデックに用意してある両面に×印のあるカードの存在を知りません。

(6)上述の(4)が終わったところで、デックを右側の人に渡し、今度は裏面に×印のあるカードを取り出すように指示します。勿論、見付け出すことはできません。

(7)ここで演者は、そのデックはカードが1枚だけ欠けていて、その欠けているカードは左側の人が持っていることを言います。左側の人にカードの裏面を見てもらい、2人の観客が自由に選んだカードが、魔法の力で偶然に同一のカードに×印を付けたことを示して終ります。

コメント

　演技に入る前に、デックを表向きにしてさらっと広げ、何気なく普通のデックのように扱うことを勧めます。そこで、準備した×カードをボトムの2、3枚目にセットしておき、デックを表向きにして、上部の3〜4枚をまとめて押し出して、×カードを見せずにデックを広げるようにします。

　偶然の一致を目の当たりにした観客は、その不思議さにただ唖然とするだけです。適切に実行さえすれば、誰もペンを疑うことはありません。

ペンのすり換え

　すり換え用のペンを使うことで、前述のトリックを完璧に近付けることができます。普通のマーカー・ペン（準備のときに、カードに×印を描いたもの）をポケットに入れておきます。2人目の人が選んだカードの裏に×印を描いた後、返してもらったペンを普通のペンを入れてあるポケットにしまいます。しばらくして、2人目の人が裏に×印のあるカードを探しているときに、演者はポケットから普通のペンを取り出し、そのペンを使ってデックのいろいろな場所を指示して、彼の捜査の後押しをしてみせたりします。そして、そのペンをテーブルの上に置いおき、誰にでもペンを改められるようにしておきます。

いつでも、ダブルXミステリー

　この方法は、カード・トリックをいくつか演じた後、同じデックを使って「ダブルXミステリー」につづけたいときのアイデアです。秘密と準備は次のとおりです。(A)両面に×印を描いたカードを、ショーの前に、背中のベルトの下に挟んでおくか、(B)安全ピンとペー

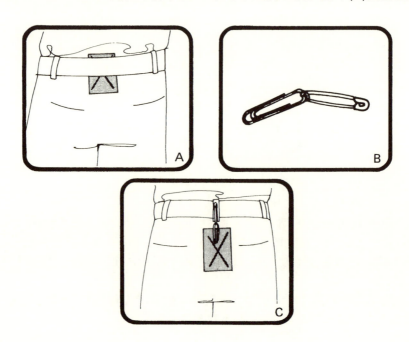

パー・クリップで作った「カード・ホルダー」に、(C)×印のカードを挟んで、ズボンの後ろに取り付けておいてから演技を始め、そのときがきたら、

方法
(1)まず観客の1人にデックをシャフルしてもらい、デックを返してもらったところで、両手を背後に回しながら、2人の観客に何をしてもらうのかを説明します。このとき、背後に隠してある×カードを取ってデックに加えます。

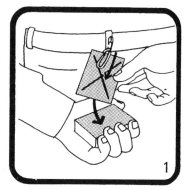

(2)以上で、「ダブル×ミステリー」の準備完了です。

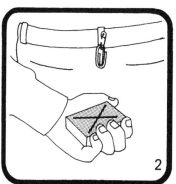

財布に飛行するカード

このトリックには、2つ折りの札入れか小切手帳、サインペン、両面テープまたはセロテープで作った「マジック・ループ（12頁参照）」と2枚の裏模様の異なる同じ表のカードが必要です。カードの表は何でもいいのですが、仮りに♡4としておきます。「予言」のカードとして使う2枚の内の1枚の♡4は、全く裏のデザインの異なるものにします。

マーク・ウィルソン　マジック大百科

秘密と準備
(1) 札入れを開いてテーブルの上に置きます。次に、「予言のカード」として使う♡4の裏面に演者の名前を記入し、表を伏せて札入れの左側のポケットに入れて、札入れを閉じます。

(2) 札入れ全体を裏返し、2センチ程の両面テープまたはマジック・ループを札入れの真中に貼り付けておきます。今は、貼り直しのきく仮接着用の両面テープもあります。

(3) テープを貼った方を手前にして、上着の左内ポケットに札入れをしまっておきます。そして、ペンも同じポケットに入れておきます。

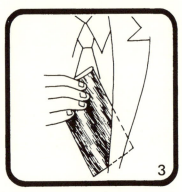

(4) デックの中から♡4を取り出し、裏向きのデックのトップに裏向きで置いておきます。説明のために「X」で示しておきます。以上で準備完了です。

46

セルフワーク・カード・トリック

方法
(5)準備したデッキを、裏向きで両手の間に広げ、どのカードでも、自由に選べることを強調して、好きなカードにタッチするように言います。

(6)観客がタッチしたカード(Z)のところで、2つに分け、タッチされたカード(Z)を含むグループを左手に持ちます。

(7)左手の親指でタッチされたカード(Z)を右の方に押し出し、表を示さずに、そのまま右手のグループのトップに移します。

(8)つづけて、右手のグループを左手のグループの上に置いてデックを揃えます。選ばれたカード(Z)がデックのトップにあり、その下に♡4(X)があります。

(9)ここで、デックを左手に持って、右手で上着の内ポケットから札入れを取り出します。テープが貼ってある面を手前にして、さり気なく取り出します。

(10)そして、静かに札入れを左手のデックの上に(テープの面を下にして)置いてから、

(11)右手を再びポケットに戻してペンを取り出してきます。この間に、左手の親指で札入れを軽く押して、デックのトップ・カード(Z)を札入れの下面に貼り付けてしまいます。

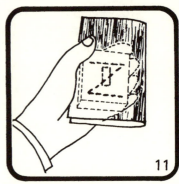

(12)右手で取り出したペンを観客に手渡します。

セルフワーク・カード・トリック

(13)注：ここでは、ポケットからペンを取り出すために、札入れを一旦左手の上に預けるという立派な理由があります。

(14)札入れを右手で取り上げてテーブルに置きます。これで、秘密裏に観客のカード(Z)は札入れにくっ付いてデックのトップから去り、代わって準備した♡4(X)が、トップになっています。しかし観客は、デックのトップは自分の選んだカードだと思っています。

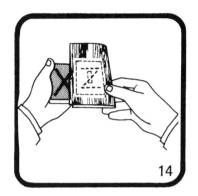

(15)トップ・カード（♡4）をテーブルの上に配ります。そして、観客に「あなたのカードの裏面にあなたの名前を書いて下さい」と頼みます。

(16)観客が名前を書き終ったら、ペンを返してもらい、上着の左内ポケットにしまいます。

(17)次に、札入れを開いて、演者の名前が書いてある「予言のカード」を裏向きのまま取り出して、観客のカードの横に置きます。

(18)札入れを閉じて、右手で取り上げて上着の左内ポケットにしまいます。このとき、札入れの下に貼り付いている観客のカード(Z)の存在に気付かれないように扱います。

(19)ちょっと間を置き、おもむろに「神秘的な予知能力」について話し、ミステリアスな雰囲気の中で、2枚のカードを表向きにして、「予言」が当っていることを証明します。

コメント
　この神秘的な印象の強いメンタル・トリックを、あなたのキャラクターに合った演出で演じて下さい。
　注：上着によっては、内ポケットが右側にあることがあります。その場合は、観客がタッチしたカードをデックのトップに置いた（方法(5)～(8)）後、デックを右手に持ち替え、左手で右内ポケットから札入れを取り出してデックの上に置きます。デックを一旦右手に持ち替えるところが異なるだけで、後は全く同じ手順です。

破ったカードの復活

　観客はカードを1枚選んでサインをします。そのカードを4等分に破って、ハンカチーフに包みます。魔法を掛けると、ハンカチーフの中の4片は、1片を残して消えてしまいます。そこで、演者がデックをリフルすると、消えた3片が復元してデックの中から飛び出してきますが、4分の1の隅だけが欠落しています。ハンカチーフの中に残っていた1片を観客に合わせてもらうと、ぴったりと合っています。

秘密と準備

(A)デックの中の適当な1枚のインデックスのある隅を、4分の1位破り取ります（この隅は使用しないので処理して下さい）。残りの4分の3のカードを裏向きにして、破り取られた隅を左下にしてデックの上に置き（A図）、その上に別のカードをカバーに置いてケースにしまっておきます（隅が破り取られているカードはデックのトップから2枚になります。他に、小さ目の輪ゴムを1本と厚手のハンカチーフ1枚を用意して、上着のポケットに入れておきます。

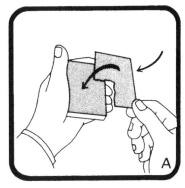

方法

(1)ケースから準備したデックを取り出し、裏向きで左手に持ちます。右手を上からデックに当てて、指先きで前端をリフルして、観客にカードを1枚選でもらい、カードを取り出してもらった後、デックを表向きにして右手で持ちます。

(2)左手で一番下のカード（隅が破れているカードをカバーしているカード）を抜き取り、何かゼスチャーをして、観客は好きなところからカードを選ぶことができたことを説明しながら、表向きのデックの上に左手のカードを戻し、右手のデックを表向きのままテーブルに置きます。

(3)観客が選んだカードを持って、インデックスのある隅を、4分の1位破り取ります。

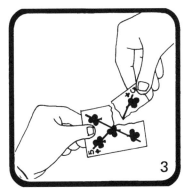

マーク・ウィルソン　マジック大百科

(4)残っている4分の3の方を観客に渡し、カードの表面の方にサインをしてもらいます。その間に、演者はデックを取り上げ、トップにある準備した隅が破れたカードを見せないように、表を観客の方に向けて左手で持ちます。そして、観客がサインしたカードを裏向きにして、裏向きのデックの上（準備した隅が破れたカードの上）に置きます。

(5)デックの状態：デックは裏向きで、観客のカードがトップにあり、破れた隅は右上にあります。2枚目が準備したカードで破れた隅は左下にあります。デックは左手のディーリング・ポジションにあり、裏面は観客に見えています。

(6)ここで、観客のカードの破り取った隅の方にも観客にサインしてもらいます。小さいので、イニシャルでもいいし、特別なマークでも構いません。

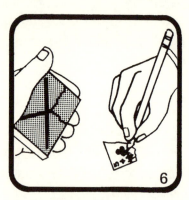

(7)観客がイニシャルを描いているときに、裏向きのデックのトップから、隅の欠けたカードをテーブルの上に配るのですが、実際には、デックの右上隅に（隅の欠けている所）右手の親指を当て（図参照）、2枚目にある準備したカードを引き出して配ります。

52

セルフワーク・カード・トリック

(8) 早く言えば「セカンド・ディール」(トップ・カードを配ると見せて2枚目を配る)で観客のカードの代わりに準備したカードを配るのですが、トップにある観客のカードの右上隅が欠けていることで、易しくできます。

(9) カードを配るときに、デックの前端を若干自分の方に傾けて、デックのトップが観客に見えないようにします。

(10) つづけて、デックを右手でカットして、上半分を下に回して、観客のカードをデックの真中あたりに移し、デックを揃えて表向きにしてテーブルに置きます。

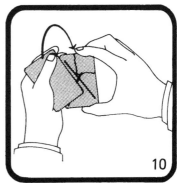

(11) 観客のカードと思われている隅の欠けたカードを裏向きのまま取り上げ、表を見せないように気を付けて3片に破ります。観客は、自分が選んでサインしたカードが4片等分に破られたと思っています。

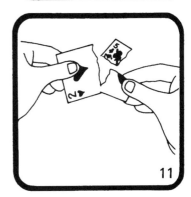

(12)テーブルに残っているもう1片（表向きでイニシャルが有る）を拾い上げ、今破いた3片の上に図のように重ねて右手に持ちます。この状態にしておけば、表、裏を示すことができます。

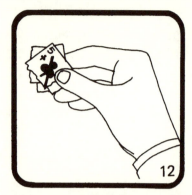

(13)右手に持っている4片にハンカチーフを掛けて覆います。そして、ハンカチーフの中で、一番手前にある小片（観客のイニシャルが有る）を右手の親指で少々上に突き出します。

(14)左手で、ハンカチーフの上から突き出してある小片をハンカチーフ越しに掴みます。残りの3片は右手の指を曲げて手の中に隠し、ハンカチーフから出して上着のポケットに手を入れて、

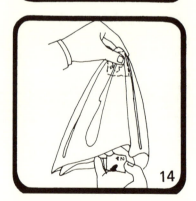

(15)3片をポケットに残し、輪ゴムを持ち出してきます。そして、左手で摘んでいるハンカチーフ（と小片）に通して、破った4片（と思われている）を閉じ込めるように巻き付けます。

(16)魔法を掛けてからハンカチーフを観客に渡し、輪ゴムを外してハンカチーフを開けてもらいます。そこには、イニシャルの有る1片だけが残っていて、他の3片は消え失せています。

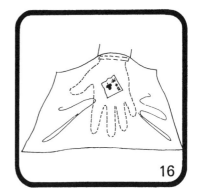

(17)演者はデックを取り上げ、表を観客の方に向けて図のように左下隅を左手で摘んで保持します。

デックの中程に破いたコーナーがある

(18)右手の指でデックの右上隅を手前に傾けて、大きくリフル(弾き出す)します。このとき、左手でしっかりとデックの左下隅を保持します。

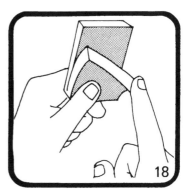

(19)すると、このリフルの動作によって、真中あたりにあった観客のカードが、右斜め上に半分ほど飛び出してきます。このびっくりするような効果が、それに続く驚きの序曲です。

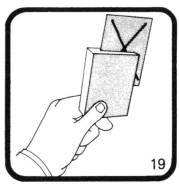

(20) 飛び出してきたカードを、観客に抜き取ってもらいますと、ハンカチーフの中から脱出した3片が魔法のように復元しているカードです。勿論サインもあります。

(21) 観客が持っている残りの1片をそのカードに合わせてもらうと、ぴったりと合っています。素晴らしい、ミステリアスなエンディングです。

コメント

　このカード・マジックは、ポール・ル・ポール（Paul Le Paul）の創案によるもので、ベスト・マジックの1つとして高い評価を受けているその効果は、まさに魔法そのもので、猛練習をする価値は十分にあるでしょう。

私と同じように！

　演者と観客の2人で同じ操作を一緒に行いながら、うまくだましてしまうというトリック。必要なものは、2組の普通のデックだけです。できれば、裏の色の違うデック（例えば青裏と赤裏）を準備して下さい。

効果

　演者と観客が1組ずつデックを持ち、それぞれに良くシャフルしてから、お互いのデックを交換して、それぞれ1枚ずつカードを選びます。そして、自分以外の誰にも見せずに、そのカードを自分のデックに戻して、何回かカットしてから、まだデックを交換して、それぞれに自分が覚えたカードと同じ表のカードを見付けて、抜き出して裏向きでテーブル

セルフワーク・カード・トリック

の上に置きます。2枚のカードを表向きにすると、2枚は同じ表のカードです。

秘密と準備
　これは、最も優れたセルフ・ワーキング・トリックの1つです。通常のデックで、青裏と赤裏のデックが1組ずつ必要です。事前のセット無しで、いつでも演じることができます。

方法
(1) 2組のデックをテーブルに置き、観客に、好きな方のデックを選んでもらいます（全く自由に選ばせる）。仮に、赤裏のデックを選んだとします。

(2) 観客に、これから「私と同じことをして下さい」と言って、演者は、青裏のデックを取り上げてシャフルを始めます。…観客にも同じようにシャフルしてもらいます。

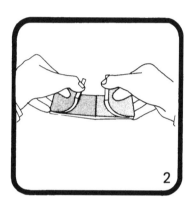

(3) シャフルして、デックを揃える動作の中で、ボトム・カードを「グリンプス」（ちらっと見る）して覚えておいて「キー・カード」として使います。仮に◇8をキー・カードとしておきます。

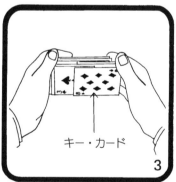

キー・カード

(4) 観客に、全てのことをフェアーに行うために相手がシャフルしたデックを使うことを強調して、デックを交換します。
注：しかし演者は、今観客が持っている青裏のデックのボトム・カードが何であるかを知っています。

(5) お互いに、カードの表を自分の方に向けてデックを広げ、自分の好きなカードを相手に見せないように抜き出します。(図には、理解し易いように、観客のカードには「X」印を付けてあります)。

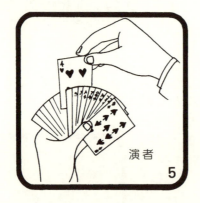
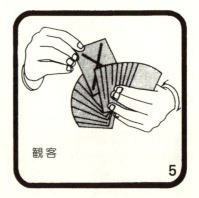

(6) そして、選んだカードを、図のようにデックのトップに移動します。演者はこのカードを覚えておく必要はありません。覚えておくのは「キー・カード」(◇8)だけです。

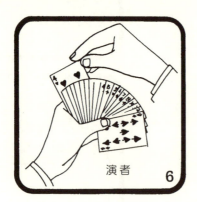

(7) お互いにデックを揃えて、裏向きでテーブルに置きます。

(8)観客にデックをカットするように言って、まず演者がコンプリート・カットして、トップにある選んだカードをデックの中程に埋没させてから、観客にも同じようにコンプリート・カットをしてもらいます。このカットで、観客の知らない内に、演者のキー・カード」(◇8)が、観客の選んだカードの真上に配置することになります。

(9)観客がカットを終ったところで、後2回ほどコンプリート・カットをするように依頼して、演者は2回カットして見せます。「シングル・カット」である限り、コンプリート・カットを何回しても、キー・カードと観客の選んだカードとの関係が崩れることはありません。

(10)お互いが選んだカードがどこにあるかは、全く分からなくなったことを強調します。

(11)ここで、もう一度デックを交換します。これで、演技を始めたときにお互いが持っていたデックを持つことになりますから、演者は青裏のデックを持っていて、この中にキー・カードがあります。

(12)観客に、持っているデック(赤裏)の表を見て、選んだカードと同じ表のカードを探してもらいます。演者も青裏デックで同じことをします。

(13)デックを広げたら、演者は素早くキー・カード(◇8)を見付けます。観客が選んだカードは、キー・カードの右隣りにあるカードです。

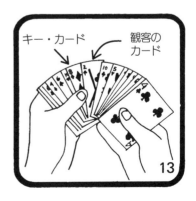

(14)観客に、目的のカードを見付けたら、表を見せずに抜き出すように言います。演者も同じようにカードを抜き出します。キー・カードの右隣りのカード（♣2）を抜き出します。

(15)抜き出したカードを裏向きでテーブルの上に置き、観客のカードをその横に並べて置いてもらいます。

(16)「もし、お互いの好きなカードが完全に同じカードであったら、偶然の一致ですか、それとも…?」2人は、全く同じ操作をしてきたことを強調してから、「ここでもう一度、私と同じことをして下さい」と言って、それぞれのカードを同時に表向きにして、びっくりするような結果を味わって下さい。

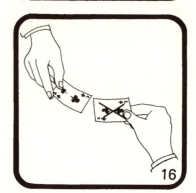

ヒンズー・シャフルについて

　ヒンズー・シャフルは、現代の魔法使いにとって理想的なシャフルであり、全てのカード・マジシャンが身に付けるべき操作の１つです。それ自体は単なるシャフルですが、フォーシングをはじめ、目的のカードの探索、コントロールなどいろいろな用途に利用することがで

きます。
　スピード感のある精密な操作を習得することで、観客に熟達のカーディシャンの印象を与えることにもなり、そのことによって、カード・マジックの演義を高めることになります。

ヒンズー・シャフル

　このタイプのシャフルは、西洋で通常使われているシャフルに慣れていないインドのマジシャン達が使用していたことからそう呼ばれるようになったと言われています。その起源はともかくとして、多くのマジシャン達は、このヒンズー・シャフルがカード・トリックに大きな利点があることを発見しました。思ったより易しく習得できる上に使い途も広いでの、今日では、カード・マジシャンが最初に身に付けるべき技術の最も重要なものの1つとして推奨されています。

効果
　デックを水平にして、一方の手で両側を保持し、もう一方の手で、デックの上から数枚ずつ引き出していくことを、繰り返してカードをシャフルします。

方法
(1)裏向きのデックの内端を、右手の親指と他の指とで、両側から挟むように持ちます。

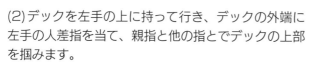

(2)デックを左手の上に持って行き、デックの外端に左手の人差指を当て、親指と他の指とでデックの上部を掴みます。
　注：デックの外端に当てた人差指で、デックが乱れないように保助しながら、次頁の操作（3～8図）を行います。

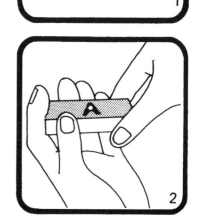

(3)右手の親指と他の指とで、デックの下部(B)を引き出し、上部の少量(A)を左手の親指と他の指とで掴んで左手に残します。

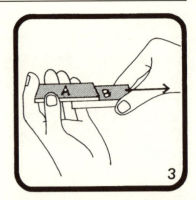

(4)デックの下部(B)を完全に引き出すのと同時に、上部の少量(A)を左手の指先から放し、手の平の上に落します。

(5)再び、右手のパケット(B)を左手の方に持っていき、上部の少量を方法(2)と同じように左手の指先で掴みます。

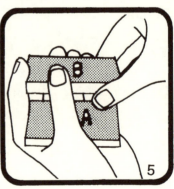

(6)そして、パケット(B)の下部(C)を右手で引き出して、上部の少量(B)を左手に残し…

ヒンズー・シャフルについて

(7)パケット(C)を完全に引き出すのと同時に、左手の少量(B)を放して、左手の平の上にある最初の少量(A)の上に落とします。

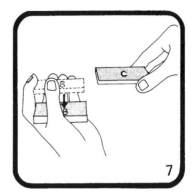

(8)同じ操作を、右手のパケットが少なくなるまで続けていって、右手に残ったパケットを、そのまま左手のパケットの上にポンと置いてシャフルを終ります。

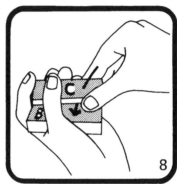

コメント

ほどよい速さを保ちながら、テンポ良く、連続してデックの上部からスムーズにパケットを引き出してシャフルすることで、洗練されたプロフェッショナルな雰囲気を創り出すことができます。

このヒンズー・シャフルは、様々な用途に適応できる、賢明かつ簡単な基礎技法として、より高度な使い方について解説していきます。

ヒンズー・シャフルの使い方

ヒンズー・シャフルは、デックを混ぜ合わせるだけのものではなく、他に多くの使い途があります。たった今、解説を読んで練習をして手に入れたばかりのヒンズー・シャフルによって、カード・マジックに不可欠な次の3つの目的を達成することができます。

(1)観客が選んだカードを見付ける

自由に選択されたカードがデックの中に戻され、シャフルされた後、「キー・カード」と

ヒンズー・シャフルの組み合わせで見付けることが出来ます。―ヒンズー・キー・カード・ロケーション（65頁）参照

(2)特定カードの強制「フォーシング」
　観客に、自由にカードを選んだと思わせて、その実、演者が望むカードを選ばせます。――ヒンズー・フラッシュ・フォース（73頁）参照

(3)選択されたカードのコントロール
　選択されたカードをデックに戻してもらうとき、ヒンズー・シャフルでトップまたはボトムに「コントロール」します。――ピックアップ・コントロール（85頁）参照

ヒンズー・グリンプス

　ヒンズー・シャフルの操作の中で、自然にデックのボトム・カードを見てしまう、便利で貴重な「技」です。

効果
　ヒンズー・シャフルしている途中で、左手のパケットの内端を右手のパケットの外端で軽く叶いてパケットの乱れを整えているように見せて、「グリンプス」します。観客には、シャフルの途中で、カードがずれたり、落ちたりすることを排除するための操作に見せて、実際には、右手のパケットのボトム・カードを記憶してしまいます。

方法
(1)ヒンズー・シャフルを始めます。

ヒンズー・シャフルについて

(2)デックの半分位をシャフルしたところで、右手のパケットを、表が自分の方に向くように傾けて、左手のパケットの内端に右手のパケットの外端を打ち当てて整える操作で、右手のパケットのボトム・カード（◇2）を見るチャンスをつくります。

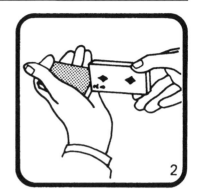

(3)整え終ったら、またシャフルを続けます。

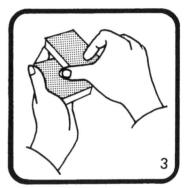

コメント

右手のパケットのボトムをほんの一瞬見るだけですから、シャフルの自然な流れをできるだけ壊さずに「グリンプス」して下さい。

ヒンズー・キー・カード・ロケーション

ヒンズー・グリンプスしたカードをキー・カードに使ってカード当てを行う一例です。

効果

観客が心行くまでシャフルしたデックから、自由にカードを1枚選択してもらいます。演者は、デックをヒンズー・シャフルし始め、観客に好きなときに、選んだカードをデックに戻してもらいます。その後、観客がデックを数回カットします。……演者は、観客のカードを推察して、そのカードの名前を当ててしまいます。

方法

(1)観客にデックを渡し、好きなだけシャフルしてもらいます。

(2)デックを戻してもらい、テーブルの上でリボン状に広げて（または、両手の間に広げる）、観客に自由にカードを1枚取ってもらいます。

(3)演者は、デックを揃えてヒンズー・シャフルをしながら、ボトム・カードをちらっと見て（グリンプス）覚えて（例えば◇2）、キー・カードにします。

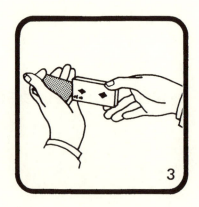

(4)シャフルを続けながら、観客に好きなところでストップを掛けるように指示します。

(5)観客が「ストップ」を掛けたらシャフルを一旦止め、左手のパケットの上に観客のカード(X)を戻してもらいます。

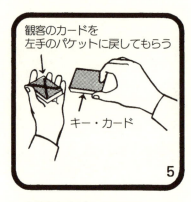

(6)演者はすぐに、右手のパケットを左手のパケットの上に重ねてデックを揃えます。こうして、観客のカード(X)の真上に◇2（キー・カード）を配置します。

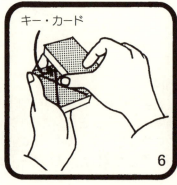

(7) 観客にデックをカットさせてから、デックを取り上げ、表向きにして両手の間に広げますが、観客の顔を注視しながら思考を集中させている演技をします。両手の間にカードを広げているときに、素早く「キー・カード」の◇2のインデックスを見付けます。右隣りにあるのが観客のカード(X)です。適当な時を見はからって、観客のカードの名前を発表します。

(注) 観客によっては、「ストップ」を掛けるタイミングが悪く、シャフルが完了してしまうことが間々あります。そんなときには、もう一度シャフルをし直し、ボトムをグリンプスして、新しい「キー・カード」を入手して下さい。

コメント

　この方法は、観客がシャフルしたデックを使って、ヒンズー・グリンプスで観客のカードの隣りに「キー・カード」を配置する1つの例です。

名前を綴る

　練習によって、スムーズに、適度なテンポでヒンズー・シャフルやヒンズー・グリンプスを実行できるようになった皆さんに、「ヒンズー・シャフルの使い方」の項の「(1)観客が選んだカードを見付ける」で述べた「キー・カード」を使うトリックの代表的な例を紹介します。

効果

　普通のデックの中から、観客が自由に1枚のカードを選び、デックに戻してもらってから、何回かカットします。デックを表向きにして、カードを広げていきながら、デックが良く混ざっていることを示します。デックを閉じて、裏向きにして観客に渡します。そして観客に、自分の名前を1字ずつ綴りながら、デックのトップから1枚ずつ裏向きでテーブルに配ってもらい、綴り終ったところで、その次のカードを表向きにしてもらいます。それが観客のカードです。

秘密と準備

デックのボトム・カードを「キー・カード」として使用します。

トリックを始める前に、観客の氏名を知っておく必要があります。例えば「Larry Jones」さんとしておきましょう。

方法

(1)デックを広げてLarryさんに、自由にカードを1枚取って覚えてもらいます。そして、ヒンズー・シャフルを始め、ボトムを覚えてキー・カードにします（64頁のヒンズー・グリンプス参照）。

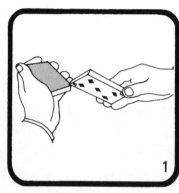

(2)「ストップ」が掛かったところで、左手のパケットの上にLarryさんのカードを戻してもらいます（X印がLarryさんのカード）。

(3)すぐに右手のパケットを左手のパケットの上に落として、キー・カード（◇5）をLarryさんのカード（X）の真上に置きます。

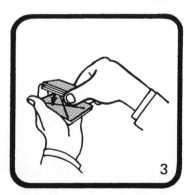

(4)ここで、デックを何回かカットしてた後、Larryさんにもカットさせて、Larryさんのカードを所在不明の状態にします。実際には、Larryさんのカードは、演者のキー・カードの隣りにあります。注：カットはシングル・カットのみです。

ヒンズー・シャフルについて

(5) デックを表向きにして「これから、このデックを左手から右手に送り出して見せていきますが、もし見付けても言わないで下さい」と頼んでから、左手の親指で1枚ずつ右手の中に送り出していきます。

(6) キー・カード（◇5）が出てきたら、口に出さずに、キー・カード」からL-A-R-R-Y-J-O-N-E-Sと観客の氏名を基に1文字ずつ綴りながら、カードを1枚ずつ送り出していきます。

(7) こうして秘密裏に氏名を綴り終ったところで、最後の文字「S」の下でデックを分け、右半分を右手に、残りの半分を左手に持って（カードは揃えずに、広がったまま持ちます）、カードを持った両手でゼスチャーしながら、Larryさんに自分のカードを見たかどうかを質問します。両手にカードを持ってゼスチャーしながら質問することで、意識的にデックを2つに分けたのでは、という疑いを払拭します。

(8) 質問に、彼が「はい」と答えたところで、両手のバックを一緒にしますが、さり気なく左手のパケットを右手のパケットの上に載せます。

(9) デックを揃え、裏向きにしてLarryさんに手渡します。そして彼に自分の氏名を1文字ずつ綴りながら、「デックの上から1枚ずつ、テーブルに配って下さい」と頼みます。

(10) 氏名を綴り終ったらときに、テーブルに配ったカードのトップが演者のキー・カード」ですから、次のカードが選ばれたカード(X)です。Larryさんにカードを表向きにしてもらい、彼の氏名が彼のカードを探し出した不思議な出来事を堪能してもらいます。

コメント
　カットの仕方によっては、数枚位送り出したあたりで「キー・カード」のところにきたりすることがあります。その場合は、まず密かに氏名を綴ってそこで分け、何気なく左手のパケットの下に回わしてから、つづけてカードを送り出していきます。そして、半分以上送り出したところで、観客に、カードを見たかどうかを尋ねるようにします。観客が「はい」と答えたら、そのままカードを閉じてデックを揃え、裏向きにして観客に渡し、自分の名前を綴るように言います。その反対に、ほぼ全てのカードを送り出したあたりで「キー・カード」が来て、観客の名前を綴るためのカードが足りないといった場合もあります。この場合は、何気なくカードを軽く閉じ、上部の十数枚を左手のデックの下に回わしてから、送り出しを再スタートして観客の名前を綴ります。

カードの名を綴る

　これは前述の「名前を綴る」の代替手段で、カードを選択する人の名前が分からないときに便利です。観客に名前を尋ねてその効果を弱めるのではなく、「カードの名を綴る」に切

方法
(1)観客にカードを選択させて、デックに戻すときに、「キー・カード」の真下に置きます。

(2)さて、デックを表向きにして左手から右手に送り出しているとき、「キー・カード」のすぐ前にあるカードが観客のカード（◇5）ですから、

(3)左手から右手に1枚ずつ送り出しながら、密かに「キー・カード」のところから観客のカードの名を、F-I-V-E-O-F-D-I-A-M-O-N-D-Sと綴ります。

(4)綴り終ったところで、前述の「名前を綴る」と同じようにデックを2つに分け、ゼスチャーを交えながら「あなたのカードを見ましたか？」と尋ねます。

(5)「はい」という返事に合わせて、左手のパケットを右手のパケットの上に置いて揃え、裏向きにして観客に手渡します。

(6)観客にカードの名を綴らせ、次のカードを表向きにしてもらうと、スペルを綴ったカード◇5が現れます。

カードの名を綴る・2

　前述の「カードの名を綴る」の前触れに、もう1つ不思議を追加して、説得力のある効果にしたものです。

方法
(1)観客のカード◇5(X)を、「キー・カード」の真下になるようにデックに戻します。

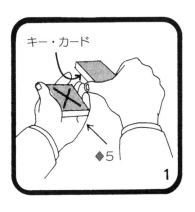

(2) デックを何回かカットしてから、表向きにして左手から右手にカードを送り出しながら「キー・カード」を見付け、F-I-V-E-O-F-D-I-A-M-O-N-D-Sとすぐ前にあるカード（観客のカード）の名を綴り始めます。

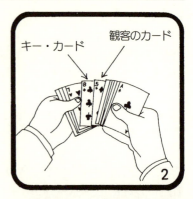

(3) 綴り終っても、今回はここでデックを2つに分けないで下さい。その代わりに、綴り終りの次のカードを見て（♠6）、そのカードの名S-I-X-O-F-S-P-A-D-E-Sを、♠6の次のカード（図では♡4）から綴っていきます。

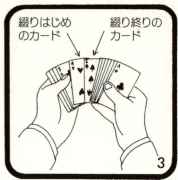

(4) 綴り終ったら、そこでデックをカットして下の部分を上に回わして揃え、裏向きにして左手に持ちます。「指でデックを弾くとデックに魔法が掛かり、思い浮かべたカードの名を綴るだけで、それを見付けてくれます。例えばスペードの6でやってみましょう」と言って、指でデックを弾いてから、S-I-X-O-F-S-P-A-D-Sと綴りながら、デックのトップから1枚ずつテーブルに配り、次のカードを表向きにして♠6を示します。

(5) 次に、配ったカードを取り上げ、裏向きのままデックのボトムに戻してから、そのデックを観客に渡し、「それでは、あなたが選んだカードの名を綴って、あなた自身で試してみて下さい。その前に、デックを弾くことを忘れないでね！」と言います。

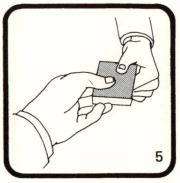

(6) 観客は、自分のカードの名を1文字ずつ、F-I-V-E-O-F-D-I-A-M-O-N-D-Sと綴って、◇5を発見します。

誰もが、ただ単にカードを見せていると思っているときに、演者が密かに「ひと仕事」しているとは思ってもいないので、観客が、自分自身で自分のカードを見付けたときの驚きは倍増です。

コメント
この方法の利点の1つは、最初のカードを綴り終った後、すぐそのまま次の手続に移れるところです。

ヒンズー・フラッシュ・フォース

観客が自分の意思で、自由にカードを選択した感じで、実際は、演者が知っている特定なカードを強制的に選択させる技法「フォーシング」には、様々な方法がありますが、「ヒンズー・シャフル」を利用することで、特定のカードを、無理なく、簡単にそして確実にフォース（強制）できる方法を解説します。是非試してみて下さい。

効果
ヒンズー・シャフルしながら、観客のリクエストに応じてシャフルを止め、そのとき右手に持っているパケットのカードをちらっと見せます。このとき、観客が安心して見られるように、演者は顔を横に向けてパケットから視線を逸らしていますが……実際には、マジシャンが望んでいるカードを観客に強制して選ばせています。

方法
(1) ◇5を「フォース」したいとしましょう。その◇5をデックのボトムに置いて、ヒンズー・シャフルを始め、観客に、好きなときに「ストップ」を掛けるよう指示します。

(2) 通常のテンポで、デックのトップから数枚ずつ左手にシャフルしていきますが、ボトムあった◇5は、そのまま右手のパケットのボトムに留まっています。

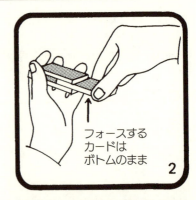

(3) 観客が「ストップ」と言ったところで、シャフルを止め、右手のパケットの表（ボトムの面）を観客の方に向けて示します。ボトムは元のままの◇5です。

(4) 注：右手を前方に突き出して、パケットのボトム面（◇5）が観客と正対するようにして、演者には、パケットのボトムを見ることができない状態であることを分からせながら、更に自分の顔をパケットから背けた上で、「あなたが選んだカードをしっかり覚えて下さい」と指示します。

(5) 右手のパケットを左手のパケットの上置いて、観客が選んだカードをデックの中に埋没させます。しかし、演者はそのカード知っています。こうして計画どうりに◇5を観客に「フォース」します。

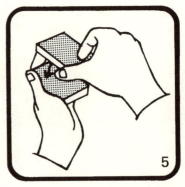

コメント

　観客の目の前でちらっとカードの表を見せているように見えていることから、「フラッシュ・フォース」と呼ばれていますが、実際は、観客がカードをじっくりと見る間を取ることも必要です。その際、演者がそのカードを盗み見るのではないか、という観客の疑念を払拭する必要があります。そこで、観客にカードを見せているときに、演者はカードから顔を背けて観客を安心させておく必要があります。演者は、見る必要が無いので見ることが不可能な状態をつくっているのですが、観客は、演者は絶対にカードを見ることができないので、完全に自由にカードを選んでいると思っています。これは、心理的な「ミスディレクション」の1つの使い方です。このことは、このコースを続けていくにつれて、いろいろと学ぶことになります。

ヒンズー・カラー・チェンジ

　カード・ルーティンのオープニングを飾る素適なトリックです。このトリックは「ヒンズー・シャフル」に依存していますので、今まで習ってきた技術が全て役に立ちます。

効果

　ケースから赤裏のデックを取り出し、表向きに広げてカードが良く混ざっていることを示します。デックを揃えて、ヒンズー・シャフルをしながら、何回かに分けて裏面を見せ、赤裏であることを示します。デックを揃えて「おまじない」を掛け、裏向きにしてテーブルの上で広げると、デックの全てのカードの裏の色が赤から青に変化しています。

秘密と準備

　1組の青裏のデックと1枚の赤裏のカードと赤裏用のケースが必要です。
　裏向きの青裏のデックの上に赤裏のカードを置いて、ケースにしまっておきます。

方法

(1)ケースから赤裏のデックを取り出します。このとき、トップにある赤裏のカードがずれて、下にある青裏のカードが「フラッシュ（ちらっと見える）」しないように注意してデックを扱って下さい。

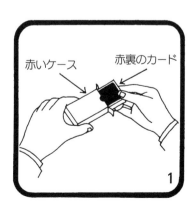

(2)ケースを傍らに退け、デックを表向きにして持ちます。

(3)両手の間にデックを広げて、いろいろなカードが良く混ざり合っていることを示します。

(4)デックを揃えて表向きのまま左手に持ち、ヒンズー・シャフルを始めます。

(5)ところどころでシャフルを止め、右手のパケットを図のように傾けて、観客にパケットの裏面（赤裏）を示します。

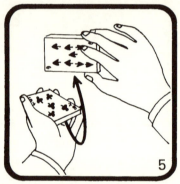

(6)注：表向きのデックでヒンズー・シャフルをしながら、「ヒンズー・フラッシュ・フォース」を繰り返して行うだけですが、観客には、異なった場所でデックをカットして、別の赤い裏を見せているように見えています。しかし実際には、いつも同じ赤裏のカードを示しているのです。表向きでヒンズー・シャフルをしているので、赤裏のカードは、いつでも右手のパケットの一番下に残っています。注意することは、カードがずれて、青裏が「フラッシュ」してしまうことです。デックをきちっと揃え、慎重に、そつなくきちんと操作して下さい。

(7)上記の操作をつづけていって、残った右手の数枚のカードを左手のパケットの上に置きます。このとき、最後の1枚までシャッフルすることができれば完璧です。

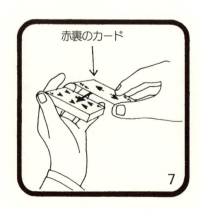

ヒンズー・シャフルについて

(8)デックを揃え、指を鳴らしておまじないを掛けます。デックを裏向きにして（赤裏のカードは、一番下か下から4～5枚目にあります）、カードを大きく広げて（ボトムの数枚を広げないように）、全てのカードが青裏に変色したことを示します。

コメント

(A)成功の秘訣は、シャフル全体を通して、右手のパケットのトップを乱すことなく、常にきちっと揃えた状態で、赤裏のカードを繰り返し示すことです。

(B)もしも、シャフルして右手のパケットのトップ部分が乱れてしまったときには、「ヒンズー・グリンプス」の方法(2)の説明（65頁）と同様に、左手のパケットの内端に右手のパケットの外端を軽く打ち付けるようにして整え、それから赤裏を示すようにします。

(C)最後に、デックが青裏に変色したことを示すために、両手の間でカードを大きく広げたり、テーブルの上でリボン状に広げたりするとき、カードを広げすぎて、ボトムにある赤裏のカードを見せないように注意して下さい。青裏を示したら、デックを揃えてケースに入れ、上着のポケットにしまいます。

(D)秘密の1枚の赤裏のカードを処理せずに、次のトリックに移行していくこともできます。170頁の「組み合わせ」を参照して下さい。

もう1つのアイデア

赤裏のショート・カード（232頁参照）を使う手もあります。手順通りに青裏にチェンジしたデックを示した後、デックを揃えて表向きにして、ヒンズー・シャフルをしながら、前と同じようにして、全て青裏になったことを念を押して示します。更に、デックの裏を観客の方に向けて立てて持ち、右手の指でデック上端をゆっくりとリフルして全て青裏（ショート・カードはパスされるので赤裏は見えません）であることをもう一度示した後、デックを表向きで左手に持ち、右手でショート・カードのところからカットして、ケースにしまって終ります。

77

2組のデックでカラー・チェンジ

　ヒンズー・カラー・チェンジの改案版で、原案の効果に、第2のデックの変色を追加して、2つのデックの位置の転換効果にした作品です。

効果
　赤色のケースから赤裏のデックを取り出し、表向きにしてカードが良く混ざっていることを示します。そして、前述のヒンズー・カラー・チェンジの操作を実行して、何回かに分けて赤裏を示した後、カードを揃えて、赤いケースの隣りに表向きで置きます。次に青色のケースから青色のデックを取り出して同じ操作を行った後、青いケースの隣りに表向きで置きます。赤い箱の隣りにある表向きの赤裏デックから1枚、青い箱の隣りにある表向きの青裏のデックから1枚取り上げ、位置を交換して別のデックに戻します。そして、「このようにリーダーを取り替えると、残りのカードもリーダーに従って変わります」と言って、それぞれのデックを裏向きにして広げて証明してみせます。

秘密と準備
　必要なものは、赤色のケースと赤裏のデック、同じデザインの青色のケースと青裏のデックだけです。

準備
　それぞれのデックから1枚ずつカードを取り出し、青裏のカードは赤裏のデックのトップに、赤裏のカードは青裏のデックのトップに置いて、トップ・カードの色に合わせたケースに収めて準備完了です。

方法
(1)ケース入りの2つのデックをテーブルに置いて、「青い色と赤い色、2組のトランプがあります」と説明します。

ヒンズー・シャフルについて

(2)青色のケースと取り上げて、青裏のデックを取り出します。ケースの色と一致するデックのトップにある1枚の青裏のカードによって、取り出した青裏のデックに疑いの目を向ける人は皆無でしょう。
　注：デックの取り扱いに十分注意を払い、トップ・カードがずれて、赤裏のカードが顔を出してしまうことがないようにします。

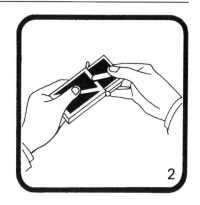

(3)ケースをテーブルの傍らに置いてから、デックを表向きにします。デックを広げて、カードの表を示しながら、いろいろな表のカードが混ざり合っていることを説明します。

(4)デックをきちっと揃えて表向き持ち、ヒンズー・シャフルを始めます。何回かシャフルを止めながら、「ヒンズー・カラー・チェンジ」と同様の操作で、右手のパケットの裏面（青裏）を見せていきます。観客は、シャフルによって右手のパケットの表のカードが変っていくことによって、毎回異なる場所で分けられていると考え、カードの裏は全て同じ色だと思っています。

(5)重要な注意：このトリックでは、「ヒンズー・カラー・チェンジ」のときと違って、ヒンズー・シャフルを最後の1枚まで続けていって、右手に残った最後の1枚（青裏）を、左手の表向きのデック（全て赤裏）の上に落としてシャフルを終えるようにします。

(6)シャフルが終ったら、デックをきちんと揃えて、表向きのままテーブルの上の青色のケースの下に並べて置きます。

(7)次に、赤いケースを取り上げ、赤裏のデック（青裏のデックのトップに1枚の赤裏が載っている）を取り出します。

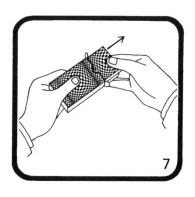

79

(8) 空のケースをテーブルに置き、デックを表向きにして、上記と同じ操作を繰り返し、1枚の赤裏のカード（表向き）を、表向きの青裏のデックの上に落としてシャフルを終えます。デックを揃えて、テーブルの上の赤いケースの下に表向きで置きます。

(9) 青色と赤色の空のケースの下に、それぞれ表向きのデックが並んでいるようにします。

(10) それぞれのデックの上から1枚ずつカードを取り上げ、

(11) それぞれ違うデックの上に戻します（真の赤裏のデックの上に、青裏のデックをカバーしていた1枚の赤裏のカードを置き、青裏のデックの上に青裏のカードを置く）。このとき「それぞれのデックから1枚ずつカードを取って、それぞれ反対の色のデックの方に置くと、それぞれのデックは、リーダーに従って裏の色が変色してしまいます」と説明します。

ヒンズー・シャフルについて

(12)両手で1組ずつ、両方のデックを取り上げて、両方のケースの隣りに、裏向きで図のように広げて、説明通りになっていることを示します。

ボトムを変えないヒンズー・シャフル

　カード・トリックでは、シャフルをしても、デックのボトム・カードまたはボトムのグループを、その位置に留めておく必要がある場合があります。こんなとき、ヒンズー・シャフルが実用的で、カーディシャンとしては、是非身に付けておきたい基本的な技です。

効果
　外見は全く普通のヒンズー・シャフルですが、ちょっとした違いで、ボトムのグループを乱さずに（シャフルせずに）その位置に留めています。

方法
(1)デックを左手に持って、ヒンズー・シャフルの準備をします。

マーク・ウィルソン　マジック大百科

(2)通常のヒンズー・シャフルとは違って、デックのボトム部分を左手に残してパケットを右手で引き出しながら、同時に、左手の指先でパケットのトップの数枚を引き取ります。

(3)右手のパケットを引き出すとき、トップの数枚を、左手に残しておいたボトム部分の上に落として通常のヒンズー・シャフルに入ります。

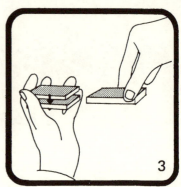

(4)ヒンズー・シャフルを続けていって、最後の数枚を左手のデックの上に落として完了します。

(5)ボトム部分以外は、通常通り、カードは良く混ざり合っています。お好みなら、このヒンズー・シャフル・ボトム・コントロールを繰り返してください。

ヒンズー・シャフルについて

フォールス・カット

カード・トリックでは、選ばれたカードをデックのトップに持ってきておいたり、特別なカードを、デックのボトムに置いておいたりすることがあります。そのとき、デックを2、3度カットして、観客に疑念を抱かせずに、すべてが公正であるように振る舞う必要があります。カットしているようで、カットしていない「フォールス（うその）・カット」が役に立ちます。

方法
(1)左手の親指と他の指とでデックを掴むように持ちます。

(2)右手の親指と他の指で、デックの下半分(B)を掴んで引き出します。

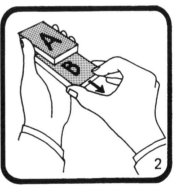

(3)下半分(B)を引き出しながら、右前方に、弧を描くように動かして、

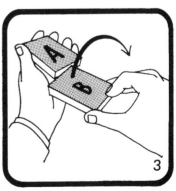

(4)右手のパケット(B)を左手のパケット(A)の上を通過させて、

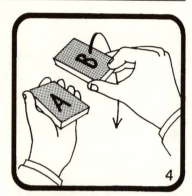

(5)右手のパケット(B)をテーブルに置きます。

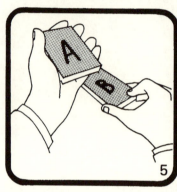

(6)すぐに、左手のパケット(A)を右手に取り、

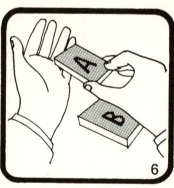

(7)テーブルの上のパケット(B)の上に置きます。

ヒンズー・シャフルについて

(8)正常にカットしたように見えていますが、実際は、カードの順序は一切変わっていません。

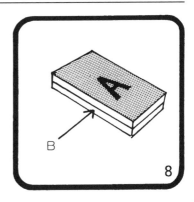

コメント
　早くもなく、遅くもなく、適度な速さで、あなたが、正常なカットをしているときと同じリズムで行います。そして、何気なく、普通のタイミングで行います。注意を喚起こすような特別なアクションは禁物です。

ピックアップ・コントロール

　この技法は、ヒンズー・シャフルを使った極めて有用なカード・コントロールの1つです。習得に時間を割く価値は十分にあります。ピックアップ・コントロールがマスターできたら、今後のあなたのカード・マジックの演技に多くの役に立つことを確約します。

効果
　観客が自由に選んだカードを、デックに戻してもらい、ヒンズー・シャフルをします。観客のカードは、デックの何れかに埋没したように見せながら、密かにデックのトップにコントロールしています。

方法
(1)演者は両手の間にカードを広げて、観客に、好きな所からカードを1枚を選んでもらいます。

(2)観客にカードを見て覚えてもらいます。演者はデックを揃えてヒンズー・シャフルを始め、観客に、いつでも好きなときに、カードをデックに戻すように頼みます。このとき、できるだけゆっくりとシャフルして、カードを戻し易くします。

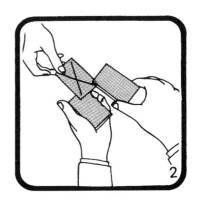

85

(3)観客がカード(X)を左手のパケットの上に戻したら、シャフルをつづけるように、右手のパケットを左手のパケットの上に持っていきます。

(4)そして、左手の指先で右手のパケットの上部の数枚を摘み、同時に、右手の親指と中指とで、下にある左手のパケットの上部の数枚を摘み上げ、右手のパケットのボトムに一緒に持ちます。このとき、右手のパケットと摘み上げた数枚のカードの間に分け目を作っておきます。

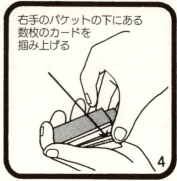

右手のパケットの下にある数枚のカードを掴み上げる

(5)観客のカード(X)は、右手のパケットの下に摘み上げた数枚の一番上のカードです。

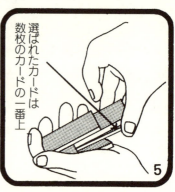

選ばれたカードは数枚のカードの一番上

(6)右手のパケットの下に、観客のカード(X)を含む数枚を「分け目」を作って保持したままヒンズー・シャフルをつづけていきます。

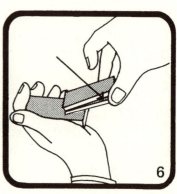

ヒンズー・シャフルについて

(7)こうして「分け目」から上のパケットを全てシャフルしたら、

(8)残っている数枚（一番上がX）を引き出して…

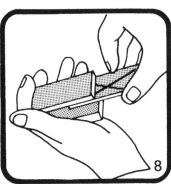

(9)左手のパケットの上に落としてシャフルを完了します。

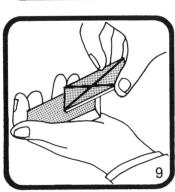

(10)観客が選んだカード(X)は、デックのトップにあります。

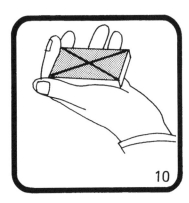

コメント

　ヒンズー・シャフル・コントロールは、選ばれたカードをデックのトップ（一番上）に持ってくる最も簡単で最良の方法の1つであり、他の多くの用途にも用いる技です。そして、皆さんがこの本から学ぶ最も価値のある技巧の1つです。注意深く挿絵を観察して学び取って下さい。

　この技巧のポイントは、方法(4)の観客のカード(X)をトップにした数枚を、右手の親指と中指とで摘み上げて、左手のパケットのトップから右手のパケットのボトムに密かに移し変え、同時に、右手のパケットのトップの数枚を引き取るヒンズー・シャフルの操作に入って「秘密の摘み上げ」をカバーするところです。ヒンズー・シャフルをつづけていって、分け目から上の部分を全てシャフルした後、最後の数枚（Xをトップにした数枚）を左手のデックの上にポンと置いてシャフルを完了させます。これで、観客のカード(X)はデックのトップになります。

　ヒンズー・シャフルとヒンズー・シャフル・コントロールを習得することで、カードを使った何百もの素敵な不思議の扉を開くことになります。カード・トリックの演技に興味のある方は、練習を重ねてこの技巧を身に付けて下さい。

ヒンズー・エーセス

　この手順では、ヒンズー・シャフルでのピックアップ・コントロールを「秘密兵器」として使っています。実践すればする程、好き度は増すはずです。そして、観客の皆さんも！

効果

　4枚のAをデックから取り出して観客の1人に渡します。そして、ヒンズー・シャフルを何回か繰り返しながら、Aを1枚ずつデックに戻してもらいます。間をおいて、デックのトップの4枚を取り上げます。全てがAです。

方法

(1) デックを表向きにしてざっと目を通しながら4枚のAを取り出してテーブルに置きます。この操作をしているとき、観客にも表を見せながら、Aはデックの中に4枚しかないことを暗に示しておきます。観客に4枚のAを取り上げてもらい、揃えて裏向きで持ってもらいます。

ヒンズー・シャフルについて

(2)演者はヒンズー・シャフルを始め、半分程シャフルしたところで、左手のパケットを観客の前に出し、4枚のAの内の1枚を裏向きでパケットの上に置くように頼みます（図では、Aの裏に1～4までの番号を記してあります）。

(3)左手のパケットの上に1枚のAが置かれたら、ピックアップ・コントロールで密かに左手のパケットのトップ数枚を、右手のパケットの下で摘み上げながらシャフルをつづけます。

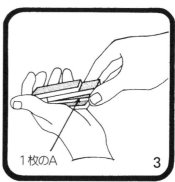

(4)そして、分け目から上のパケットの全てをシャフルし、残りの数枚をデックの上に置いて、1枚目のAをデックのトップにコントロールします。

(5)デックを揃え、次のヒンズー・シャフルを始めるとき、通常よりはやや多めに、デックの3分の1位（15～20枚）をトップから左手に取り、そこで一旦止めます。

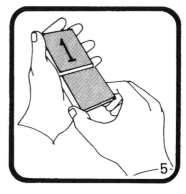

(6)そして、左手を観客の前に出し、左手のパケットの上に2番目のAを置くように頼みます。ここで、観客が想像もしないことが起ります。観客は1枚目のAの上に2枚目のAを直接置くことになります。

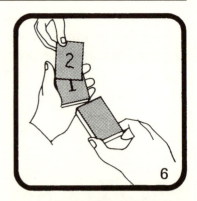

(7)すぐにピックアップ・コントロールでヒンズー・シャフルを完了して、2枚のAを一緒にデックのトップに持っていきます。

(8)同じ操作で、残りの2枚のAをピックアップ・コントロールして、4枚のAをデックのトップに置きます。この後、トップから1枚ずつ思わせ振りに裏向きでテーブルの上に配り、そして1枚ずつ表向きにして4枚のAを示します。または他のやり方でAを出現させます。

コメント
　急がずに、スムーズに操作できるようになるまで練習して下さい。

　多数の人を相手に演技しているときには、別々の人にAを1枚ずつ戻してもらうことで、次のシャフルに入る巧い間を演出することができます。

カウント・トリック

選ばれたカードを、思わぬ方法でカードを選んだ観客自身が見付け出すトリックの1つです。

効果

選ばれたカードをデックに戻してもらい、十分にシャフルします。誰かに10～20の間の数を言ってもらいます。例えば「14」とします。その数をデックのトップから、裏向きで1枚ずつテーブルの上に数え出し、揃えて観客に渡します。そして、その観客にカードを数えて確認するように頼みます。彼が数えて最後の14枚目に来たとき、そのカードを見るように言います。彼が表向きにすると、まさに彼が選んだカードなのです。

方法

(1) 十分にシャフルしたデックから、観客にカードを1枚選んでもらいます。カードを覚えたらデックに戻してもらい、ヒンズー・シャフルをします。ピックアップ・コントロールで観客のカード(X)をデックのトップに持っていきます。

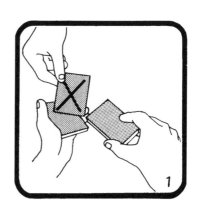

(2) デックを揃えて左手にディーリング・ポジションで持ちます。ここで、観客に10～20の間の数を1つ言ってもらいます。観客が数を言ったら、デックのトップから1枚ずつ、数を数えながらテーブルの上に積み重ねていきます。

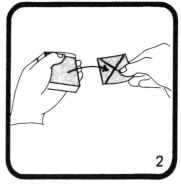

(3) 注：トップから1枚ずつ、テーブルの上に積み重ねて数えることによって、カードの順序が逆になり（リバース・カウント、21頁参照）トップにあった観客のカードは、今数え出したカードのボトムになっています。

(4)こうして、観客の言った数だけ1枚ずつ数え出します。

(5)数え終ったら、そのパケットを取り上げて揃え、「あなたの選んだ数に従ってカードを数え出しましたが、枚数を確認してみてくれますか」と言って、パケットを裏向きのまま観客に渡します。

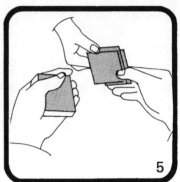

(6)同じように上か1枚ずつ、声を出してテーブルの上に数え出すように指示します。このカウントによってカードの順は元に戻り、ボトムにあった観客が選んだカードはトップに戻ります。

(7)枚数が正確であることを確認したら、観客が選んだカードの名を尋ねます。答えを聞いたところで、今数えたパケットの一番上のカードをひっくり返すように観客に言います。それが観客のカードです。

コメント

　選ばれたカードが、誰もデックのトップにコントロールされているとは思っていないので、演者がカウントしたものを「ダブル・リバース」して観客のカードをトップに戻した事実は全て隠れています。観客が知らずにやった事は、演者が故意にやらしていることです。この種の巧妙で大胆な秘密は、カード・マジックに多くの魅力をもたらしています。

オーバーハンド・シャフル

　西洋においては、オーバーハンド・シャフルが最も一般的なシャフルです。易しくできる上に、特定なカードをコントロールしたり、デックのトップまたはボトムに置いたりすることが容易で、とても使い勝手のよいカーディシャンにとっては欠かすことのできないシャフルです。練習によって動きを身に付け、習慣的に自然に手が動くようにして下さい。
　オーバーハンド・シャフルを使った優秀なカード・トリックの数々を紹介します。

オーバーハンド・シャフルの仕方

　カード・トリックを実演するときに常に使用するシャフルの中で、最も一般的で簡単な方法で、一見何のごまかしもない、説得力のあるカードの混ぜ方です。一方マジシャンにとっては、秘密裏に行ういろいろなカードのコントロールに利用できる有用な手練の1つです。その幾つかを後述します。

方法
(1) 右手の指先で、デックを図のように持ちます。

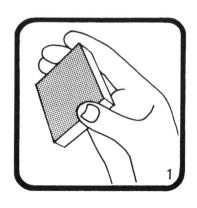

マーク・ウィルソン　マジック大百科

(2)デックに左手を添えて、左手の親指でデックのトップの数枚(A)を引き出し、同時に、右手でデックの残り(B)を引き上げて、パケット(A)を左手にとります。

(3)両手を完全に離しながら、左手の親指と他の指の先でパケット(A)を保持します。

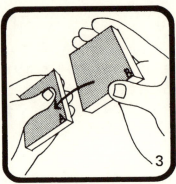

(4)次に、左手の親指をパケット(A)から軽く放して右手のパケットと(B)をその間に差し込めるようにします。そしてすぐに左手の親指でパケット(B)のトップの数枚を引き出し、同時に、右手で(B)パケットの残り(C)を引き上げます。

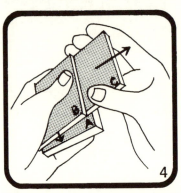

(5)両手を離して、パケット(B)をパケット(A)と一緒にして左手に持ちます。

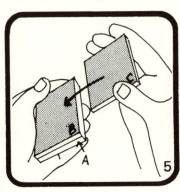

オーバーハンド・シャフル

(6)以上の操作をつづけて、

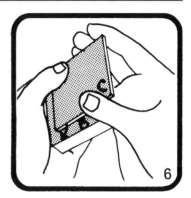

(7)右手のカード全てをシャフルして左手に持ちます。

コメント
　これは、デックをシャフルして、カードを良く混ぜ合わせるごく普通の操作ですが、マジックに転用して使用することもあります。……特に、デックのトップやボトムとか、デックの特定の位置にカードをコントロールするときに便利です。必要に応じていろいろな使い途もあるので、躊躇することなく、スムーズにカードを扱えるように、練習で身に付けて下さい。

オーバーハンド・リバース・シャフル

通常のオーバーハンド・シャフルでは、トップ部分がボトム部分に移っていきますが、デックの持ち方を通常とは逆に、図1のように表面を外に向けて（デックの裏面が右手の平の方に向いている）、オーバーハンド・シャフルをすることで、通常とは逆に、ボトム部分がトップ部分に移っていきます。後述する「オーバーハンド・シャフルでトップをボトムに（104頁参照）」でも使っています。

インジョグ・コントロール

効果

インジョグは、シャフルして選ばれたカードをデックのトップにコントロールするのに非常に便利です。全ての操作は、普通のオーバーハンド・シャフルの中で遂行されます。

方法

(1) 観客にカードを1枚選んでもらい、見て覚えているときに、オーバーハンド・シャフルを始め、左手に半分程シャフルしたあたりで、観客にカードを戻してもらうように言って、左手のパケットの上に置いてもらいます。

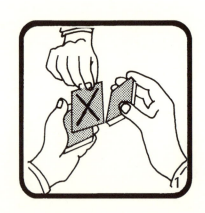

オーバーハンド・シャフル

(2)シャフルを再開するために、左手を戻しながら両手を合わせます。このとき、右手のパケットが若干手前にずれているように両手を合わせます。

(3)両手を合わせたら、左手の親指で、右手のパケットのトップから1枚のカードを引き出して、手前にずれた状態で左手のパケットのトップにある観客のカードの真上に引き取ります。

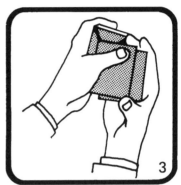

(4)すぐに右手を通常の位置に戻して、初めにシャフルしたパケットと揃うようにオーバーハンド・シャフルを続けます。この1枚のカードが手前に突き出ている状態を「イン・ジョグ」と呼びます。

(5)シャフルを続けることで「イン・ジョグ」カードをカバーするカードが増え、それらのカードが若干不揃いにシャフルされていることでイン・ジョグ・カードは全く目立たなくなります。

97

(6)シャフルをしているときに、イン・ジョグ・カードをデックの中に押し戻さないように気をつけます。

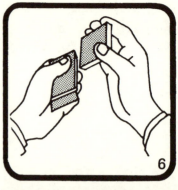

(7)右手のカードが全て左手に移るまでシャフルを続けます。

(8)図は、シャフルが完了した後のデックの状態で、デックの中程に手前に突き出ているジョグ・カードがあります。勿論、この状態は観客には秘密です。

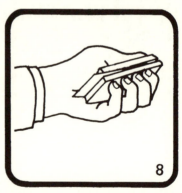

(9)次に、デックを右手でオーバーハンド・シャフルの持ち方で持ちます。このとき、右手の親指で、ジョグ・カードの内端を図のように上に押し上げるようにします。

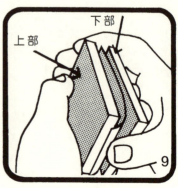

オーバーハンド・シャフル

(10)ジョグ・カードの内端を押し上げることで、デックはジョグ・カードの所で二分しますから、下半分だけを右手の親指と他の指とで掴んで取り上げます。

(11)右手に持っている下半分(トップに観客のカードXがある)を左手の上半分の前に持っていきます。

(12)右手の下半分を左手の上半分の前にポンと軽く投げるように置きます。この「スロー」と呼ばれている説得力のある、行為を付け加えてシャフルを完了します。

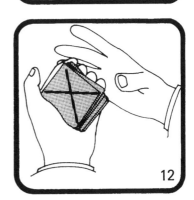

(13)実際は、観客のカードをデックのトップに持っていく為に「スロー」するのです。

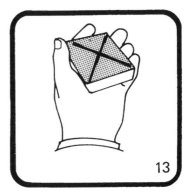

99

コメント

慎重になり過ぎてシャフルのリズムが崩れないようにしましょう。ときによっては、「ジョグ」するときに、余分なカードを1、2枚引き出してしまうことがありますが、心配はありません。その数枚のグループの一番下のカードを右手の親指で押し上げることで、ジョグ・カード1枚のときと同じように機能しますから、観客のカードのところでデックをカットして、「スロー」でデックのトップに持っていくことができます。

カード・ケースから抽出

観客の選択したカードを「当てる」多くのカード・トリックは巧妙ですが同じプログラムの中で演じるにはあまりにも似過ぎているので、異なった演出のものを取り入れて手順を創る必要があります。ここで紹介する効果もその1つです。

効果

観客が選んだカードをデックに戻してもらい、シャフルしてケースに入れてふたを閉じます。ケースの裏表をはっきりと示してから、シャツの胸ポケットに入れます。そして、両手がカラであることを示してから、手をシャツのポケットに伸ばし、即座に観客のカードを取り出します。すぐに、ケースもポケットから取り出し、観客に手渡して全て観客に調べてもらいます。

観客のカードは、それ自身のパワーでケースから脱出してきたのです！

方法

(1) ケースからデックを取り出し、シャフルして、観客にカードを選んでもらいます。カードを覚えたらデックに戻してもらい、好きな技法で観客のカードをトップにコントロールします。

オーバーハンド・シャフル

(2)ケースの小さな半円形の切り込みのある方を上にして左手に持ち、右手で裏向きのデック（トップに観客のカードがある）を挿入します。「あなたが選んだカードが何処かに混ざり込んでいるデックを、このカード・ケースの中に閉じ込めました」と言います。

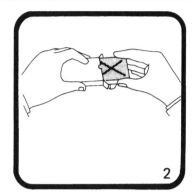

(3)左手の親指と他の指とで図のように持ち、両側からケースを圧縮してデックのトップの数枚を弓状に反らせ、それぞれの間に小さな隙き間をつくります。

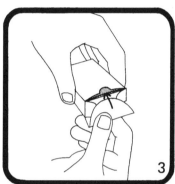

(4)そして、トップの1枚（観客のカード）と2枚目の間の隙き間にフラップを挿入します。

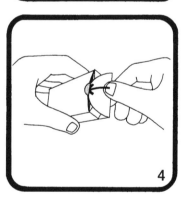

(5)フラップを完全に閉じたら、右手の甲を上にしてケースの半円の切り込みのところに四指を当てて右手に持ち換えます。

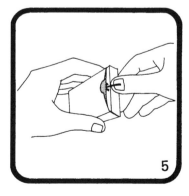

(6)図のように持つことで、半円形の切り込から覗いているカードの裏模様を指で隠し、ケースの裏表をゆっくりと示すことができます。

(7)ケースの裏表を示したら、シャツまたは上着の胸ポケットに入れて「デックをケースの中に閉じ込め、そして私のポケットに隠したこのデックからあなたのカードを見つけ出すことは不可能に近いことです」と話します。

(8)両手がカラなことを示してから、手をポケットの方に伸ばします。そして、半円形の切り込みから顔を出している観客のカードを中指で引き出し、しっかり持ってポケットから出します。

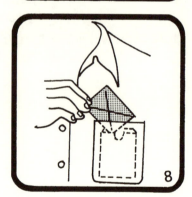

(9)カードの裏面を観客の方に向けているので、観客には、取り出したカードが何なのかは分かりません。ここで、観客に選んだカードの名を尋ねます。観客が答えたら、それに合わせるように手にしたカードを表向きにして観客のカードであることを示します。そしてすぐにポケットからケースを取り出して観客に改めてもらいます。

コメント
　このトリックに使用するケースは、フラップが長めの古いタイプのバイスクルのケースが適切です。短か目のフラップでは、観客のカードを引き出すときにフラップが一緒に出てきてしまう危険がありますので、注意して扱って下さい。観客のカードをポケットから

オーバーハンド・シャフル

取り出したら、もう一方の手でケースを持ち出すようにします。

オーバーハンド・シャフル・グリンプス

　これは、オーバーハンド・シャフルを実行しているときに、密かにデックのボトムカードを「ちらっと見る」便利で貴重な技法です。「キー・カード」を必要とするトリックには特に価値があります。

方法
(1) 右手にデックを保持してオーバーハンド・シャフルを始めます。

(2) シャフルのある時点で、左手で一束のカードを引き取って両手が分かれたとき、右手のパケットの上側をほんの少し外側に傾けてボトムカードが見えるようにします。

(3) グリンプス（ちらっと見る）はほんの一瞬です。シャフルの流れを中断することなくシャフルを続けます。

キー・カードをコントロール

　デックの真中辺りに、選ばれたカードとキー・カードが一緒にあるデックをシャフルするときは、この2枚が離ればなれにならないようにシャフルする必要があります。次のようにします。

方法
(1) 前述の「ヒンズー・キー・カード・ロケーション」(65頁参照) の方法(6)で、観客のカードの上に「キー」カードがボトムにあるパケットを置いてデックを揃えたとします（デックの真中あたりに観客のカードとキー・カードが重なっている状態です）。このデックを、今度はオーバーハンド・シャフルでトップから数枚ずつを左手の親指で引き出してシャフルしていきます。

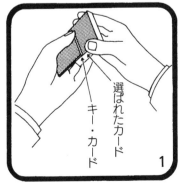

103

(2)デックの真中近くまでシャフルしてきたら、中央部をまとめて束（15枚位）にして左手に引き取ります。この束の中には、観客のカードとキー・カードの2枚も含まれています。この2枚を分離させないように、中央部を大きな束で引き出します。

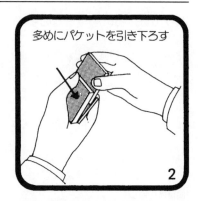

(3) 残りのパケットをまた数枚ずつシャフルしてデックを揃えます。お好みなら、この後何回かカットしてもいいでしょう。

オーバーハンド・シャフルでトップをボトムに

効果
　オーバーハンド・シャフルを利用して、デックのトップカードをボトムにコントロールします。

方法
(1)コントロールしたいカードがトップにあるデックを、オーバーハンド・ポジションで右手に持ちます。

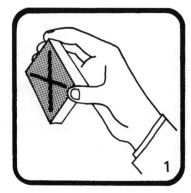

オーバーハンド・シャフル

(2) まず、左手の親指でトップの1枚だけを引き出し、

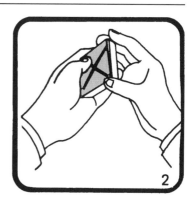

(3) 左手に1枚だけシャフルします。

(4) 続けて、一塊ずつコントロールしたいカードの上に左手の親指で引き出していってシャフルを完了します。コントロールしたいカードは、デックのボトム移っています。

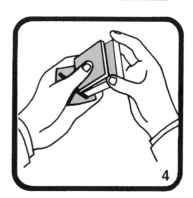

思考の伝達

観客の中から、思考を伝達するための「送信者」と「受信者」を選んで超能力の実験をしますが、自分が何をしているかを「知っている」受信者1人を除いて、観客全員に超能力を信じさせるカード・トリックです。

効果

超能力に関するいくつかの説明の後で、マジシャンは2人の観客に「思考伝達」の実験の助手を頼みます。観客Aに「送信者」であることを告げ、デックから任意のカードを1枚選んで覚えてもらいます。その後、カードをデックに戻してもらい、良くシャフルしてからカード・ケースに納めます。次に、観客Bに「受信者」の役を頼みます。そして、デックを思い浮かべ、一番初めに頭に伝わってくるカードに集中してもらいます。

観客Bにカードの名を発表してもらうと、誰もが驚いたことに、それが観客Aが送信した選ばれたカードです。送信者を代えて実験を繰り返すことができますが、何度繰り返しても、観客Bはいつも正しいカードを受信します。

秘密と準備
(A)秘密は、小さな「窓」のあるカード・ケースを使用することです。普通のカード・ケースの裏面の右下隅に、カットナイフで小さな窓を切り抜きます。

(B)「窓」の大きさは、このケースにデックを入れたとき、ボトムカードの「インデックス」が見える範囲で十分です。デックを納めた窓付ケースを上着のポケットに入れて(または、「窓」を下にしてテーブルに置いておく)準備完了です。

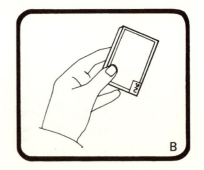

方法
(1)超能力について何か話した後、2人の観客を選んで「思考伝達」の実験を手伝ってもらいます。観客Aを左端に、観客Bを右端に立たせて、2人の間に適度の距離を取ります。そして、観客Aに「送信者」、観客Bに「受信者」の役を頼みます。

オーバーハンド・シャフル

(2) 準備したカード・ケースをポケットから出し、ケースからデックを取り出します。ケースは常に「窓」のある面を下（床面）に向けて「窓」の存在に気付かれないように扱い、デックを取り出したら、「窓」を下にしてテーブルに置きます。

(3) デックを裏向きで広げ、観客Aに好きなところからカードを1枚選んで(X)もらいます。そして、カードを見て覚えてもらいますが、誰にも見せないように頼みます。

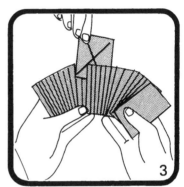

(4) マジシャンはヒンズー・シャフルを始め、観客Aのカード(X)を好きなときに戻してもらったら、ヒンズー・ピックアップ・コントロール（85頁参照）で、デックのトップにコントロールします。

(5) つづけて、オーバーハンド・シャフルでトップをボトムに（104頁参照）で、デックのトップにある観客のカード(X)をボトムに持っていきます。2度のシャフルで、観客のカード(X)はデックの何処かに混ざり込んだように見えています。

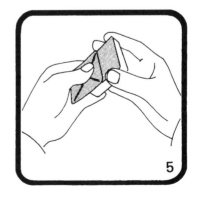

(6)カード・ケースを（「窓」を下にして）取り上げ、裏向きのデックをケースに入れてふたをします。

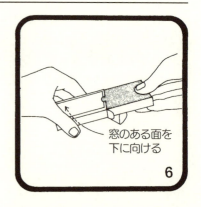

(7)指を曲げて「窓」を覆い隠してケースを保持し、何気ない態度でケースの裏表を示します。そうしながら、観客Aに「選んだカードに集中して、そのカードの画像を受信者観客Bに「送信」して下さい」と頼みます。

(8)ここで、マジシャンは体を右に回わして顔を観客Bの方に向けます。そして、ケースを右手に持ち換え、「窓」を観客Bの方に向けます。そして「強く集中して、彼が送信してくるトランプの画像を、視覚的に受信するように努力して下さい」と頼んで、カード・ケースを観客Bの顔に直接向けます。図は、そのときの観客Bの視点を示しています。観客Bは、その場の情況を判断して、マジシャンの良き「協力者」になってくれる筈です。たたみ掛けるように「画像を受信しましたか！どんなトランプが浮かんでいますか、発表して下さい」と言います。

(9)上記のように言いながら、観客Bの目の前でカード・ケースでゼスチャーして、「窓」の存在に気付いてもらうと、マジシャンの意図を察して、観客Bは喜んで、秘密の「協力者」になってくれます。実験が成功したところで、「送信者」を代えてもう一度試しますが、実験は成功です。

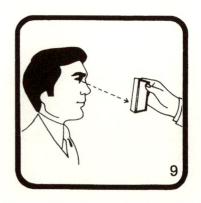

コメント

　このトリックを繰り返すことで、観客Bにはもう一度「演技」をするチャンスが訪れます。彼は自分の役割を理解したことで、できるだけ神秘的に見えるように協力してくれるようになります。しかし、もしも彼がトリックに非協力的な様子をみせたら、別の「受信者」を探すか、超能力の実験が全てうまくいくとは限らないことを観客に説明して、次のトリックに移ります。

　このトリックは、観客の行動をうまく「コントロール」するためのよい実習になります。まず、素直で協力的に見える人を選んでみて下さい。そして、その人を優しく尊敬の念を持って扱い、トリックの成功のために協力してくれるように仕向けていきます。

オーバーハンド・スリップ・シャフル

　オーバーハンド・シャフルをしながら、デックのボトムにあったカードをシャフル後のデックのボトムにコントロールする方法です。オーバーハンド・シャフルを身に付けた人なら、簡単に学ぶことができます。

方法
(1) デックをオーバーハンド・シャフル・ポジションで右手に持ちます。

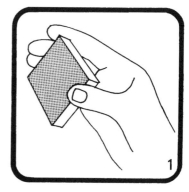

(2) オーバーハンド・シャフルを始めるために、デックの上部から一束のカードを引き出すとき、左手の四指はデックのボトム面に当っていますから、その指をボトムカード(X)に軽く押し当てます。そして、親指でデックの上部からカードを引き出すときに、ボトム・カード(X)を一緒に引き出して、親指で引き出した一束のカードのボトムに付け加えます。

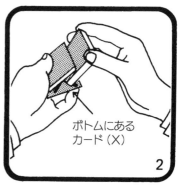

ボトムにあるカード(X)

(3)図は、このときの状態を裏側から見たところです。

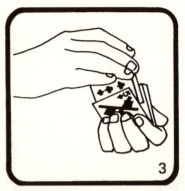

(4)後は通常通りにオーバーハンド・シャフルを続行するだけです。同じ要領で必要なだけシャフルを繰り返すこともできます。

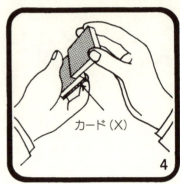

コメント
　このスリップ・シャフルは、体の左側を観客の方に向けてカードの裏面を観客に正対させて行い、ボトムカードの動きを見せないようにします。オーバーハンド・シャフルではきわめて自然な姿勢であり、怪しいところは全くありません。

ハンカチーフを通り抜けるカード

　カード・マジックの古典の1つで、高度な技術が必要だったものですが、困難な「操作」を排除することで、その効果を保ったまま、易しく実行できるようにしました。カード・エキスパートとしての評判を得るため、今すぐ学習しましょう。

効果
　選ばれたカードがデックに戻され、良くシャフルされます。マジシャンは大き目のハンチでデックを覆い、まずX線視力で布越しに選ばれたカードのある場所を見付けます。次に、デックをハンカチーフで包み、今度はそのカードを魔法の力でハンカチーフを浸透さ

オーバーハンド・シャフル

せて現わすと言ってハンカチーフの包みを振り始めます。……驚くことが起こります。選ばれたカードだけがハンカチーフを浸透して床に落ちてきます。……デックはハンカチーフに包まれたままです。包みを解いて、傷一つないハンカチーフとデックを観客に渡して改めてもらいます。

方法

(1) ケースからデックを取り出し、シャフルして、観客にカードを選択させます。カードを覚えてもらったら、デックに戻してもらい、オーバーハンド・シャフル・インジョグ・コントロール (96頁参照) で、観客のカードを密かにデックのトップに持っていきます。

(2) デックを揃えてディーリング・ポジションで左手に持ちます (観客のカード(X)はトップにあります。仮に♣2としておきます)。

(3) 右手でハンカチーフ (大判で透けない布地のもの) を取り出し、左手のデックに被せます。図のようにハンカチーフの真中の下にデックがあるように被せます。「このようにハンカチーフを透してあなたのカードを見つけることはかなり難しいことになります」と説明します。

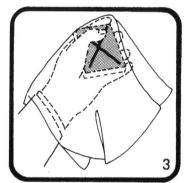

(4) 右手をハンカチーフの下にくぐらせて、デックの内端を掴み、

(5)デックをハンカチーフの下から引き出しますが、このとき、左手の親指でトップカード(X)を押さえ、このカード(X)1枚だけをハンカチーフの下で左手に残すようにします。

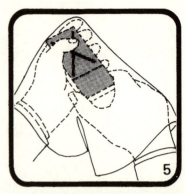

(6)デックをハンカチーフの下から出します。左手に残っている観客のカード(X)はハンカチーフで隠れて見えません。

(7)右手のデックを、ハンカチーフ越しに左手の上、観客のカード(X)と揃えて置きます。そして、左手の親指と他の指とで、ハンカチーフの下にある観客のカード(X)とその上にあるデックとをきちっと揃えて持ちます。

(8)次に、右手でハンカチーフの手前で垂れている隅を持ち上げ、デックの上に掛けて向う側に垂らします。

オーバーハンド・シャフル

(9)ここで、ハンカチーフ越しにデックの内端と観客のカードの内端を、右手の親指を下、他の指を上にして一緒に掴みます。

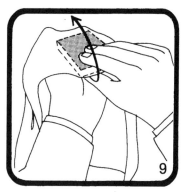

(10)右手を上げて左手をハンカチーフから放し、図のように観客のカード(♣2)が手前に見えているようにします。観客のカードは、観客の方からは見えません。

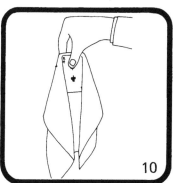

(11)左手で、ハンカチーフの左側に垂れているところを掴んで、手前から右の方に折りたたんでから、

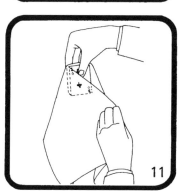

(12)左手の親指を手前、他の指を外側にしてデックを図のように持って右手を放します。

(13)つづけて、右手でハンカチーフの右側と折りたたまれた左側とを一緒に掴んで手前から左の方に折りたたんでデックをハンカチーフの中に、観客のカードをハンカチーフの外にしてしっかりと包みます。

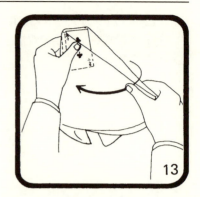

(14)右手で、垂れているハンカチーフの4隅をまとめてしっかりと握ります

(15)右手首を返して手の甲が観客の方に向くようにして、ハンカチーフの包みを上下逆にします。デックを吊り下げた状態です。

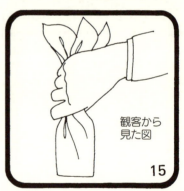

(16)ゆっくりと右手を上下に振り動かして、ハンカチーフの外側に包まれている観客のカードを少しずつずらして床に落下させます。または、落下する寸前に左手で掴み取り、観客に手渡すこともできます。

オーバーハンド・シャフル

(17)ハンカチーフの包みを左手で下から持って取り上げ、そのまま観客に手渡すか、右手でハンカチーフを開いてデックを取り出してからハンカチーフとデックを観客に渡してよく調べてもらいます。

コメント
　躊躇したり、もたもたしたりしないようにたっぷりと練習して下さい。操作のほとんどがハンカチーフの下で「秘密裏」に行うので、察知される恐れを気にせずに、ゆっくりとマイペースで演じることができます。
　デックをハンカチーフで包み込むとき、観客のカードを気にして急ぐことはありません。観客は、選ばれたカードはまだデックの中にあると思っているので、より丁寧にしっかりとハンカチーフで包み込むほど効果は上がります。

ハンカチーフを通り抜けるカード・補足

　前述の方法では、観客のカードがハンカチーフから抜け出てくるとき、裏向きで現れます。これを表向きで現わしたいときには、下記のように操作して下さい。

方法
(1)観客のカードをデックのトップにコントロールした後、オーバーハンド・シャフルでトップカードをボトムに移動（104頁参照）します。

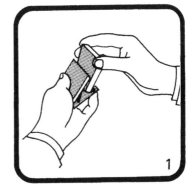

(2)デックを裏向きで左手に持ち、ハンカチーフでデックを覆うときに、密かにデックを回転して表向きにして左手に持ちます（観客のカードは表向きのデックの一番上にあります）。
注：デックが完全にハンカチーフで覆われていることを確認してから表向きにして下さい。
　ここからは、前述の操作でトリックをすすめて下さい。

オーバーハンド・シャフルでボトムをトップに

　オーバーハンド・シャフルでデックのトップカードをボトムに移す操作（104頁参照）を、デックを表向きにして扱うことでボトムカードをトップに移すことができます。

方法
(1)図のように、デックの表を外に向けて、オーバーハンド・シャフルのポジションで右手に持ちます。コントロールするカードを仮に◇3とします。

(2)注：この方法では、体を左に向けて右手の甲とデックの裏面を観客の方に向けて構えます（ボトムの◇3を見せないようにします）。

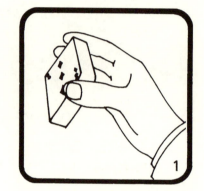

(3)左手の親指で一番前にあるカード（◇3）だけで引き出します。

(4)つづけて、数枚ずつ、◇3の上にオーバーハンド・シャフルしています。こうして、ボトムカード（◇3）をトップに移します。

ボトムをトップに移す別法

　前述の方法とは逆に、右向きでデックの裏面を観客の方に向けて、通常のオーバーハンド・シャフルをします。そして、右手のカードが残り数枚位になったところで、左手の親指でカードを1枚ずつ引き取るようにして、ボトムカードを最後の1枚としてデックのトップにシャフルすることで目的を達成します。

コメント

いかにも何か隠し事をしているような構えをとる前述の方法よりもこの方法のほうが、数段優れています。

トップを変えないオーバーハンド・シャフル

オーバーハンド・シャフルを実行しても、トップの変わらない方法です。

方法

(1) コントロールするカードがデックのトップにあります。左手の親指でデックの上部から一束のカードを左手に引き取ってシャフルを始めます。コントロールするカードは今左手の束のトップです。

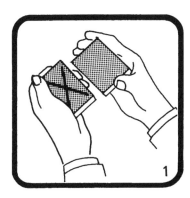

(2) すぐに、右手のデックからイン・ジョグして1枚引いて取ります。

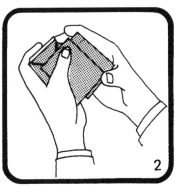

(3) そして、イン・ジョグを崩さないように通常のオーバーハンド・シャフルを行い、全てのカードを左手にシャフルした後、イン・ジョグ・コントロールの方法(9)(98頁参照)で行ったように、イン・ジョグ・カードの下の部分をカットして左手のパケットの上に「スロー」します。以上の操作で「コントロール」カードはデックのトップに戻ってきます。

マグネット・カード

　マジシャンが観客の選んだカードを見付け出す方法は沢山ありますが、その中でも、カードが自力で現れてくる効果は結構壮観です。最も印象的なのは、長年に渡っていろいろな形で演じられてきた「ライジング・カード」です。普通は特別な準備が必要ですが、ここでは、準備なしで即席で、簡単にできる方法を紹介します。

効果
　選ばれたカードがデックに戻され、いつものようにマジシャンによってシャフルされたデックを、表を観客の方に向けて垂直の状態で左手に持ちます。マジシャンは右手の人差指をピンと伸ばしてデックの上端に当て、指を「磁化」して観客のカードを「上昇」させると言って、右手をゆっくり上げると、観客のカードが人差指にくっついて上昇して来ます。

方法
(1) 普通のデックからカードを選んでもらい、覚えてからデックに戻してもらい、ヒンズー・ピックアップ・コントロール（85頁参照）かオーバーハンド・イン・ジョグ・コントロール（96頁参照）でデックのトップに持ってきます。

(2) デックの表を観客の方に向けて立て、左手の親指と他の指とで図のように下端を掴んで持ちます。

(3) 次に、右手の人差指を観客の方に向かってピンと伸ばして（他の3本は軽く曲げておきます）、デックの上端の4～5センチ位上に持っていきます（図3～6までは左横から見たところです）

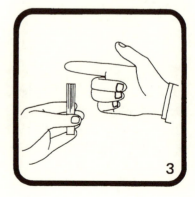

オーバーハンド・シャフル

(4)右手をゆっくりと降ろして、人差指がデックの上端に当ったら、今度はゆっくりと上げて元の位置に戻します。この上下の動きを何回かつづけたところで、「私の指の磁力であなたが選んだカードをデックの中から上昇させようとしています。よく見ていて下さい」と言って、

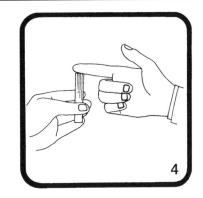

(5)人差指がデックの上端に当たる迄右手を下げます。指が当ったら、デックの陰で小指を真直ぐに伸ばし、指先をデックのトップにある観客のカードに当てます。

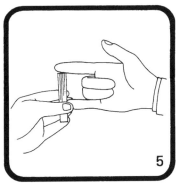

(6)すぐに、小指の先で観客のカードに圧力を掛けながら、右手をゆっくりと上に上げて、観客のカードを「上昇」させます。観客の方から見ると、人差指にくっついて上がってきたように見えています。

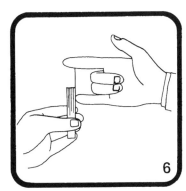

(7)このとき、デックを両側から支えている左手の親指と他の指が、上昇するカードの「ガイド」役をしています。

(8)デックの上端までカードが上昇したところで、左手の親指と他の指とで上昇カードを両側から挟みつけて保持してから、右手でカードを摘んで取り上げ、観客に手渡して終ります。

コメント
　このトリックの重要な要素は「悪い視角」を避けることです。観客が広がっているときには、誰もがデックを正面から見て、背後に伸びている小指を見ることができないように後ろに下がって立つように心掛けましょう。反対に1人の観客を相手にしているときは、気兼ねなく観客の目の前で不思議を見せてあげて下さい。

特定の場所にカードを置く

　これは、観客が選んだカードをデックの中の好きな位置にコントロールする方法です。取りあえず、上から4枚目にコントロールすることとして説明します。

方法
(1) デックに戻してもらった観客のカードをトップにコントロールした後、オーバーハンド・シャフルで、デックの上から20枚位を左手に引いて取ります。

(2) 次に1枚ずつ3枚を、左手のパケット（トップに観客のカードがある）の上シャフルします。

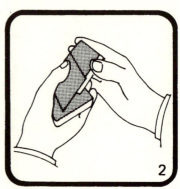

(3)そして、4枚目のカードをイン・ジョグして取り、その上に残りのカードを左手のパケットの上にシャフルします。

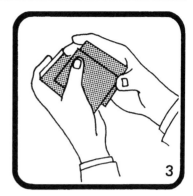

(4)それから、ジョグ・カードのところでデックを2つに分け、下半分を左手の上半分の上に「スロー」します。これで観客のカードはデックのトップから4枚目に来ます。

突然

　観客が自由に選んだカードをデックに戻してもらい、シャフルします。ここでマジシャンは、魔法の力で観客のカードをデックのトップに現わすことを宣言し、3回トライして全て失敗した後、突如、思わぬ形で観客のカードが現れます。

方法
(1)観客が自由に選んだカードを、オーバーハンド・インジョグ・コントロールでデックのトップにコントロールしてから、前頁の「特定の場所にカードを置く」で、トップから4枚目になるようにします。

(2)デックをフォールス・カット（83頁参照）して、

(3)デックを左手に持って「魔法の力で、あなたのカードをトップから現わします」と宣言して、デックを右手でピシャッと叩いてから、トップカードを表向きにして示します。

マーク・ウィルソン　マジック大百科

(4)トップカードを表向きにして示すときには次のようにします。まず左手の親指でトップカードを右斜め上の方に押し出し、次に、右手の親指を下、人差指を上にして押し出したトップカードの右上隅をつかみ（図）、手を返してカードを図7のように表向きにします。

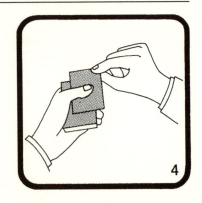

(5)観客に当っているかどうかを尋ねます。勿論答は「ノー」ですから、このカードはデックのボトムに戻します。

(6)またデックを右手でピシャと叩き、次のトップカードを、上記と同様に扱って表向きにして示しますが、やはり「ノー」なので、このカードをデックのボトムに戻します。

(7)注：「間違ったカード」を表向きにして示しているときには、いつでも右手をデックの右上隅に近ずけておきます。

(8) 3番目の「間違ったカード」示しているとき、デックのトップカード(X)を右斜め上に押し出します。

122

(9) 3番目の「間違いカード」を示しているとき、右手の薬指と小指の先端で、押し出してあるトップカード(X)の右上隅を挟さみます。

(10) 右手を手前に返して3番目のカードを裏返してデックのトップに戻します。……同時に、薬指と小指で挟さんでいる観客のカード(X)がパッと表向きになって、不意に観客の目の前に現れます。……薬指と小指の先に「驚きの映像」が突き出ています。

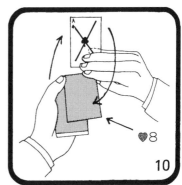

フォーシング

　観客に怪しまれずに、フォーシングで特定のカードを選ばせることができれば、トリックの成功は意のままです。観客の選ぶカードが、演技を始める前から分かっているので、好きな演出でトリックを仕上げることができます。この項で紹介している方法を試して、効果を実感して下さい。

　そのときどきの演出でフォースを使い分けることも大切です。以下に何種類かのフォースを説明しておきますので、プログラムの中で特別なカードを選ばせることが必要なトリックを組み込むときに、参考にして下さい。

スリップ・フォース

　数有るフォースの中でも使い勝手のよいフォースの1つです。「スリップ」という単純な操作だけで行いますので、短時間の学習で、自動的に実行できるようになりますが、スムーズで自然な動作になるまで練習して下さい。

効果
　デックをシャフルした後、裏向きで左手に持ちます。そして、左手の親指でデックの左上隅をリフルして見せてから「このようにリフルしていきますから、好きなときにストップと言って下さい」と頼みます。ゆっくりとリフルして、「ストップ」が掛かったところでデックを2つに分け、上半分を右手で取り上げて、左手を観客の方に延ばして残っている下半分のトップカードを取ってもらいます。見た目は完全な自由選択ですが、実際は「フォース」です。

秘密と準備
　フォースするカードをデックのトップに置きます。初めから準備していない場合は、オーバーハンド・シャフル・グリンプスまたはヒンズー・シャフル・グリンプスで先ずボトムカードを覚え、つづけてオーバーハンド・シャフル・コントロールでトップに持っていきます。以上のようにして観客が選ぶカードを事前に覚えておきます。トリックによって、特定のカードを選ばせる必要があるときは、始めからデックのトップに置いておきます（X印がフォースするカードです）。

方法
(1) デックを左手にディーリング・ポジションで持ち、デックの先端に人差指を当て、他の3本の指を曲げてデックの右縁の上を押さえ、親指を左上隅に置いておきます。

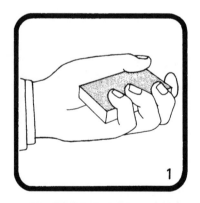

(2) 親指でデックの左上隅を下に曲げていきながら、ゆっくりと親指の先端から、上部のカードを1枚ずつ跳ね上げるように解放します。これを「リフル」といいます。観客に、いつでも好きなところで「ストップ」を掛けてもらい、そこで「リフル」を止めることを説明します。

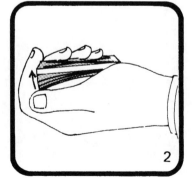

フォーシング

(3)ゆっくりと「リフル」を始めます。「ストップ」が掛かったら、そこでリフルを止め、上半分の両端を、右手で図のように掴みます。このとき、左手の3本の指がデックのトップカード(X)の右側の上にあることに注意して下さい。

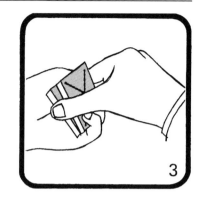

(4)次に、上半分を右手で上に引き出しながら、左手の3本の指でトップカード(X)を押さえてそこに留めておきます。

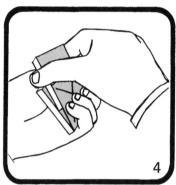

(5)左手の3本の指でトップカード(X)を上からしっかりと押さえておき、右手の上半分を引き上げていきます。

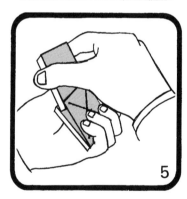

(6)右手の上半分が、トップカード(X)の上縁を起えると同時に、3本の指で押さえているトップカード(X)は左手に残っている下半分の上に重さなります。

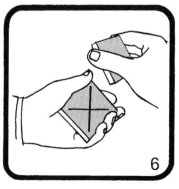

(7)左手を観客の方に延ばし、左手に持っている下半分の一番上のカード(X)を見て覚えてもらいます。この後は、好きな演出でフォースしたカードを当てて下さい。

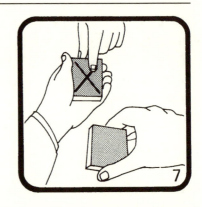

コメント
　スリップ・フォースの特徴は、スムーズに適切に操作されたときには、まったく疑う余地のない完璧なフォースになることです。右手の甲が観客の方を向いている限り、トップカードの「スリップ」は完全に隠されています。そして、左手を傾けて下半分の裏面を観客の方に向けたり、表を観客の方に向けた場合も同様です。（表を向ける操作は下記のスリップ・フォース・第2の方法参照）。さらにスリップ・カットを更に完璧に近づけるためには、通常のカットのときも、「スリップ」無しで、同じように操作するように心掛けることも大切です。

スリップ・フォース・第2の方法

　スリップ・フォースは、観客に特別なカードを選ばせるときに最も使い勝手のよい方法の1つです。上記の基本的な操作を習得した方は、トリックを更に効果的にするために、このバリエーションを学習しておきましょう。

方法
(1)基本的な方法同様にデックのトップにフォースするカード(X)を置き、上記の方法(1)～(5)までを行い、

(2)方法(6)に進んだとき、両手首を図の矢印のように反対方法に捻って、両手のパケットの表を示すように傾けます。

(3)注：両手を同時に逆方法に捻ねる操作によって「スリップ」の動きは完全に隠れます。

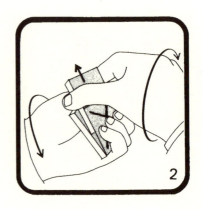

フォーシング

(4) 左手の人差指を伸ばして右手のパケットの表を指示しながら「ストップで2つに分けたパケットの内、このカードは今見ているので……」

(5) 両手首を元に戻して両手のパケットを裏向きにして、今度は、右手の人差指を伸ばして左手のパケットのトップカード(X)を指示しながら「……見えていないこっちのカードを取って覚えて下さい」と言います。

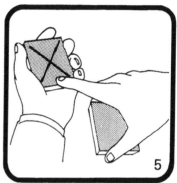

コメント

　基本的なスリップ・フォースの操作を習得した後で第2の方法を学ぶようにして下さい。基本の「スリップ」操作が簡単に実行できるようであれば、このバリエーションを追加することで、全ての条件下で完璧にスリップ・フォースすることができます。

10〜20までのカウント・フォース

効果

　観客に、10から20までの間の数を1つ言ってもらい、その数をデックのトップから1枚ずつテーブルに数え出していきます。次に、その数の2桁の数の合計を出し、その数を、テーブルの上に数え出したパケットの上から取り去ってから、残っているパケットのトップカードを観客に覚えてもらいます。

　こうして、観客が言った数によって選ばれたカードは、マジシャンが事前に準備した「フォース」するカードです。後はマジシャンの好きな演出で当てて下さい。

マーク・ウィルソン　マジック大百科

秘密と準備
(A)この「フォース」は、単純で巧妙な数学的原理を利用しています。必要な唯一の準備は、「フォース」するカード(X)を事前にデッキのトップから10枚目にセットしておくだけです。

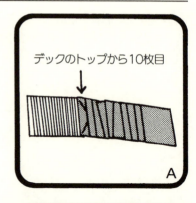

方法
(1)裏向きのデックをディーリング・ポジションで左手に持ちます。観客に、10～20の間の数を1つ言ってもらいます。仮に「13」とします。そこで、デックのトップから1枚ずつ13枚をテーブルの上に数え（図のように重なるように）出します。こうして数え出したことで、テーブルの上のカードの順序は逆順になり、「フォース」カード(X)は下から10枚目、上から4枚目になっています。

(2)デックの残りを脇に置いてから、テーブルの上に数え出した13枚のカードを揃えて取り上げ、左手にディーリング・ポジションで持ちます。ここで、選んでもらった数「13」の2桁の数の合計を出します（1＋3＝4）。

(3)数え出した13枚のカードの順序は逆転していますから、次に、その13枚のパケットのトップから1枚ずつ、順序を再逆転させながら4枚を数え出すと、10枚目にセットしたフォース・カード(X)に到達します。このシステムは、10と20の間の任意の数（11～19）で同じ結果が得られ、常に10枚目のフォース・カード(X)を選ばせることができます。

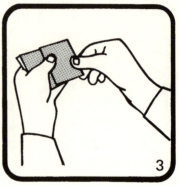

128

(4) 13枚のパケットから4枚をテーブルの上に数え出したら、左手に残っているカードをデックの上に置きます。観客に、テーブルの上のパケットの一番上のカード(X)を見て覚えてもらいます。後は、お好みの演出でフォースしたカードを当てて下さい。

コメント
　10と20の間のいろいろな数で何回か試してみることで、この数学的原理を簡単に理解できます。どんな数（11～19の内の1つ）を観客が選んでも結果は同じで、10枚目にセットしたカードが常に「選ばれる」ことになります。

ロールオーバー・フォース

　デックの取り扱いが無秩序且つ行き当りばったりで、マジシャンがカードをコントロールする余地など全くないデックから確実に「フォース」する方法です。

秘密と準備
　準備は、デックのトップにフォース・カード（例えば♣3）を置くだけです。

方法
(1) 準備したデックを裏向きでディーリング・ポジションで左手に持ちます。このデックの中から、1枚のカードを無作為に抽出したいので、デックを適当に混ぜ合わせたときの偶然な状態で選びたいと告げてから、

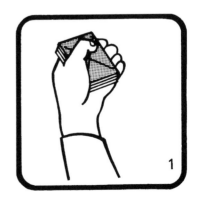

(2) まず、デックの4分の1位 (10〜15枚位) を右手で取り上げ、

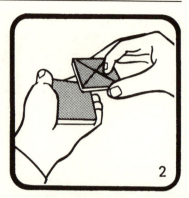

(3) ひっくり返して (表向きにする)、

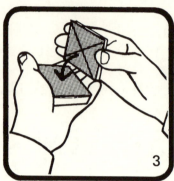

(4) 裏向きのデックの上に戻し、「デックの順序を完全にごちゃ混ぜにしたいので、ただ混ぜるだけでなく、このように、裏に向けたり、表に向けたりして混ぜていきます」と説明します。

(5) つづけて、デックのほぼ半分位 (20〜25枚位) を右手で取り上げて、

(6)ひっくり返して、

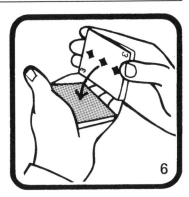

(7)残りのカードの上に戻します。

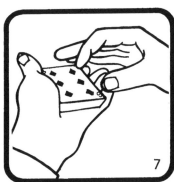

(8)さらにつづけて、上から4分の3位 (35～40枚位) を右手で取り上げ、

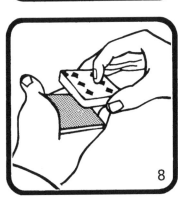

(9)ひっくり返して、

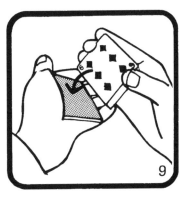

(10)残りのカードの上に戻します。

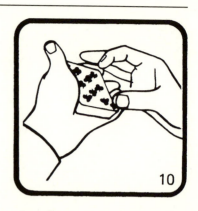

(11)(12)(13)そして、デック全体をもう1度ひっくり返します。

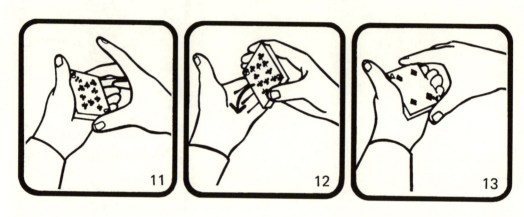

(14)「ごちゃ混ぜにしたこのデックに、ざっと目を通して、最初に現れる裏向きのカードを選びましょう」と言って、デックを左手から右手にざっと広げていきます。

(15)最初に現れる裏向きのカードが「フォース」カードの♣3です。しかし観客は偶然に裏向きだったカードだと思っています。観客にそのカードを取り出して見てもらいます。

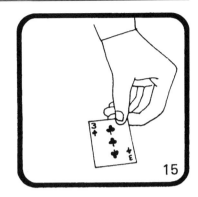

カウント・フォース

　事前に知っているカードを観客に選ばせることのできる「フォース」のような便利な技法は、ともすると使い過ぎて、観客の興味を削いでしまうことになります。もし「フォース」を多用するのであれば、別のやり方でフォースをする手もあります。これはその1つの方法です。

効果
　カードを良くシャフルした後、観客に1と52（カード1組と同じ数）の間の数を1つ考えてもらいます。数が幾つであっても、マジシャンは、どのように数えるのかを、デックを使って実演してみせてから、観客にそのように数えてもらい、カードを選んでもらいますが、それは「フォース・カード」です。

秘密と準備
(A)「フォース・カード」(X)をデックのトップに置きます。マジックの途中で準備したいときは、まずボトムカードをグリンプス（ちらっと見る）してから、オーバーハンド・シャフルまたはヒンズー・シャフルでトップに持っていきます。これで準備OKです。

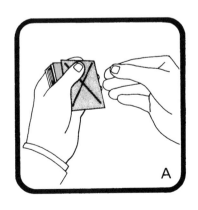

方法

(1) デックを左手にディーリング・ポジションで持ちます。観客に1から52までの数の内の好きな数を1つ言ってもらいます。観客が「7」と言ったとします。そこで、マジシャンは、デックのトップから1枚ずつ数え出していくのですが、まず1枚と言ってトップの「フォース・カード」を裏向きでテーブルの上に出します。

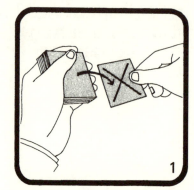

(2) つづけて、2枚、3枚…、と言いながら、観客の言った数まで1枚ずつ数え出します（積み重ねていく）。これで数え出したカードの順は逆になり、テーブルの上の7枚のパケットのボトム（上から7枚目）にフォース・カードがあります。

(3) 以上のように、この後観客にやってもらうことを説明しながら行い、7枚数え出したところで、最後に数え出したカード（7枚目のカード）を取り上げて、そのカードを見て覚えるように頼みます（演者は覚えておく必要はありません）。

(4) 取り上げたカードを元に戻し、数え出したパケット（7枚）を取り上げて左手のデックの上に置きます（フォース・カードはトップから7枚目にあります）。デックを揃えて観客に渡し、今実演付きで説明したように数えてもらいます。

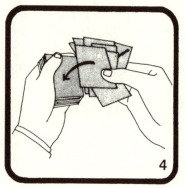

(5) 観客がカードを数えて、7枚目の「フォース・カード」を見たところで、全てのカードを集めてシャッフルするように言います。これで、デックのトップに準備しておいた「フォース・カード」を、観客が言った「数」を使ってフォースすることが出来ました。

コメント

　説明では、観客が選択した数として「7」を使いましたが、それ以外の数でも大丈夫ですが、5〜20位がベストです。実演として、まず選ばれた数を1枚ずつ数え出すとき、あまりにも数が大きいと、例えば「46」が選ばれたりすると、単調な作業で1枚ずつ46枚数えたのでは、演技がだれてしまいますので、1から52までの数を選択してもらうときに、「時間を節約するために1から20位までにしませんか」と頼むこともできます。それでもなお、観客が大き数を強いてきたときには、実演付きの説明の代わりに、デックのトップから1枚ずつ、観客の言った数まで素早く数え出し、そのパケットを揃えて観客に渡し、枚数を確認するために観客にもう一度数えるように頼みます。そして、数が正確だったことを確認したところで、最後に数えたカードを見て覚えてもらうようにします。このカードは勿論フォース・カードです。

サイコロで選ぶ

　サイコロによって全く偶然に抽出された結果のように見えている「フォース」で、観客が「自由選択」だと思っている結果は、常に巧妙な操作によってマジシャンの計画通りに選ばされてしまう方法です。

方法

(1) このフォースでは、サイコロ1個と4つの品物を使います。説明では、横1列に並べた4つのパケットの内の1つを「フォース」することにします。フォースするパケットは、左から数えて3番目の「C」のパイルです。

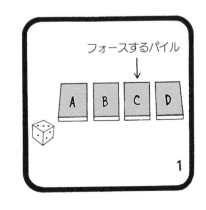

(2) 観客にサイコロを振ってもらって、出た目の数によって1つのパイルを選びますが、数え方は一定ではなく、出た目によって次のように数えます。

(3)「2」の目が出たとき：右(D)から左に数えて2番目のパケット(C)を選びます。

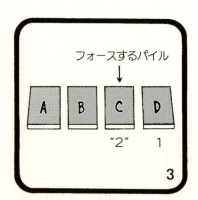

(4)「3」の目が出たとき：左(A)から右に数えて3番目のパケット(C)を選びます。

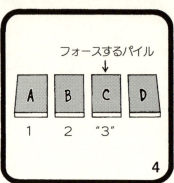

(5)「5」の目が出たとき：左(A)から右に(D)まで数えたところで「5」と言って左に1つ戻り、パケット(C)を選びます。

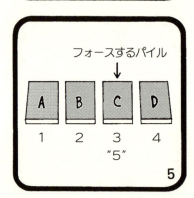

フォーシング

(6)「6」の目が出たとき：右(D)から左に(A)まで数えたところで右に5(B)、6(C)と戻ってパケット(C)を選びます。

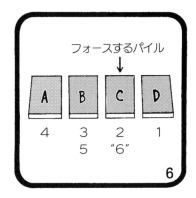

(7)「1」か「4」の目が出たとき：上記の数え方では(C)を選ぶことは出来ません。そこで効果を高めるために、巧妙なひねりを加えます。「1」か「4」が出たら、すぐに、誰も知らない「隠し番号」を使います。と言って次のようにします。

(8)サイコロを取り上げ、手を返して真裏の目を見せて「隠し番号」として示します。「1」の目の真裏は「6」で「4」の目の真裏は「3」ですから、どっちの場合でも上記の数え方で(C)を選ばせることが出来ます。

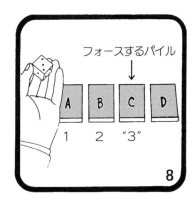

　フォースに関する追加のリスト：ここで取り上げたものの他に、次のような方法があります。

- ヒンズー・フラッシュ・フォース　73頁
- マジシャンズ・チョイス　478頁
- ショート・カードのフォース　241頁

ダブル・リフト

　カードを2枚重ねで示す技法は、おそらくカード・マジックの技法の中での最も古いものの1つであり、現代でも、扱い方の開発によって最も使い勝手のよい技法になっています。多くのカード・マジックの専門家たちは、独自の扱い方を持っていますが、基本的な原理は同じです。もともとは、あるカードを別のカードに「変化」させるために使っていましたが、すぐに新しい使い方が考案され、ダブリフトの用途が大きく広がり、今ではカード・マジックの分野で最も効果的で、多くの不思議効果のために使われています。

小指のブレイク

　カード・マジックにとって、秘密の「操作」で、非常に重要な多くの用途を持っています。その中でも最も有用なものの1つは、ダブル・リフトの秘密の準備に使うことです。

方法
(1)デックを左手にディーリング・ポジションで持ちます。このとき、図1Aのように中指、薬指、小指を曲げてデックの右縁を押える持ち方でなく、図1Bのように3本の指先が右縁に触れるように持ちます。

(2)ここで、右手をデックの上に持ってきて、親指を内端に当て、人差指をデックの上に、他の指を外端に当ててデックを両手で持ちます。

(3)次に、右手の親指の腹で、デックのトップカードの内端の縁をほんの少し持ち上げ……

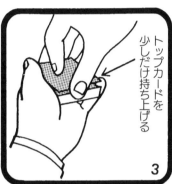

(4)……つづけて、2枚目のカード（トップカードの真下のカード）の内縁も少し持ち上げます。

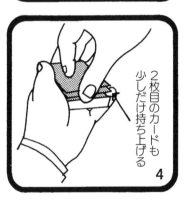

(5)注：このとき、右手の人差指でデックのトップを軽く押さえて、内端の縁だけがほんのわずかに持ち上がるようにして透き間をつくります。観客からは、デックを普通に両手で持っているだけで、上記の操作は秘密裏に行います。

(6)次に、右手の小指の先をデックの右縁に押し付けて、小指の先端の肉丘を軽く2枚のカードの下にある透き間（ブレイク）に挟み込んで保持します。

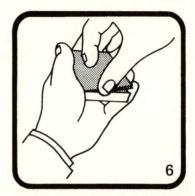

(7)ここで、右手の親指をリラックスさせて、持ち上げた2枚のカードの内縁がぴたっと重なるようにします。これで、デックのトップの2枚のカードの下に「小指のブレイク」の完成です。

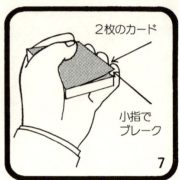

(8)右手をデックから放すときは、同時に左手の親指をデックの上に当てて押さえるようにして、観客側から見たときに、微妙なずれができていないようにします。

コメント
　小指のブレイクを作る操作は、左手に持ったデックを右手で軽く揃えているという意図で行います。注：基本的な操作を学習した後は、デックを注視せずに、何気なくデックを揃えているという感じで練習をつづけて下さい。観客は、演者がどこを見ているかを見ているので、秘密の動きにしたいときには、相手を観ながら何か話し掛けるようにしましょう。

ダブル・リフト

　小指のブレイクの操作を、素早く、何気なく実行できるようになったところで、カード・マジックで必須の使い勝手のいい技法「ダブル・リフト」を学ぶ準備が整いました。カード・マジックにおいて、最も実用的で応用範囲の広い技法の1つである「ダブル・リフト」を習得することで、あなたのカード・マジックの腕は格段と進歩することになります。

方法
(1)習得した小指のブレイクの操作で、デックのトップの2枚の下にブレイクを作って小指で保持します（この2枚のカードは、「A」「B」で図示してあります）。

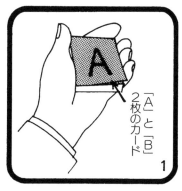

(2)右手をデックの上に持って来て……親指を内端の縁に当て、人差指を上に、他の指を外端に当てて図のように持ちます。これは、小指でブレイクを完成させたときの右手の持ち方と同じです。

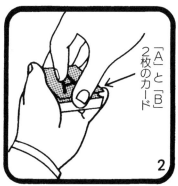

(3)右手の親指の腹でブレイクの上の2枚の内縁をちょっと持ち上げながら、この2枚の外端の縁に当ててある右手の3本の指（中、薬、小）とで挟むようにして図のように取り上げます。このとき、人差指でカードを上から軽く押して、若干カードに反りを持たせて2枚のカードがずれることを防ぎます。2枚をきちっと揃えて1枚のように見せて扱います。

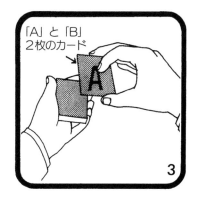

(4)右手を返してカードの表を示します(今見えている表は、上から2枚目のカードの表です)。

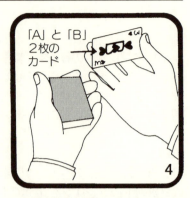

(5)右手を戻して、持っているカード(2枚)を裏向きでデックのトップに戻します。

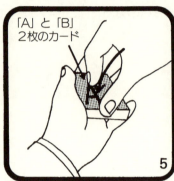

(6)左手の親指でトップの1枚を押し出し、右手に持って取り上げます。

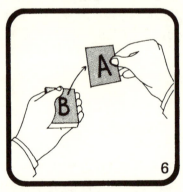

(7)右手のカードを表向きにして、トップカードが魔法のように別のカードに変化したことを示します。

ダブル・リフト

コメント
　トップカードを右手で取り上げ、表を示してから裏向きにしてトップに戻します。そして、もう一度右手でトップカードを取り上げ、「魔法を掛けて」別のカードに変化させます。この効果は、数多くあるダブル・リフトの使い方の1つですが、あまりにも魔法の効果が抜群であることから、ともすると、ダブル・リフト効果を多用し過ぎる傾向に陥る危険があります。しかし、今はそのことを心配せずに、練習に練習を重ねて技術の習得に努めて下さい。

エレベーター・カード

ダブル・リフト効果をうまく利用した古典なカード・マジックの1つです。

効果
　デックをシャフルした後、トップカードを何気なく表向きにして示してから（例えば♡3だったとします）、裏向きにしてトップに戻します。この♡3には特別な「上昇」能力があることを説明してから、トップカードを取り上げて、デックの真中あたりに挿入します。マジシャンが指を鳴らすと、♡3は「エレベーター」に乗ってデックのトップに上昇してきます。

方法
(1)デックをシャフルしてから、トップの2枚の下に小指でブレイクを作り、ダブル・リフトの準備をします。右手でトップの2枚（1枚のように見えている）を取り上げ、手を返して表を示します（♡3です）。そして、裏向きにしてトップに戻します。

(2)この♡3には、特別な上昇能力があることを説明してから、トップカードを右手の指先に持って取り上げます。このとき表を見せないように注意して扱います。

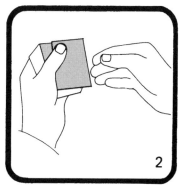

(3)左手の親指でデックの左上隅をリフルしていって真中あたりで止めます。

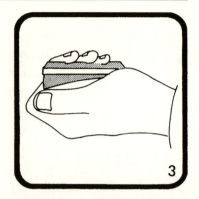

(4)「この♡3をデックの真中あたりに入れます。よ〜く見ていて下さい！」と言って、右手のカードをデックに挿入します。

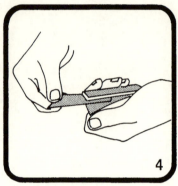

(5)デックに今挿入しているカードは、別のカードですから、表を見せないように扱って下さい。

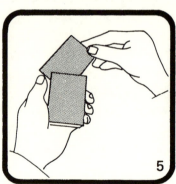

(6)カードをデックの中に完全に押し込みます。

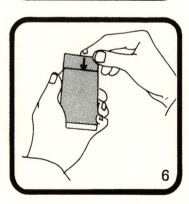

ダブル・リフト

(7) 指を鳴らしてから、「♡3は今エレベーターに乗ってトップまで上がっきました」と言います。

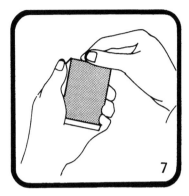

(8) 右手でトップカード（♡3）を取り上げ、表向きにして♡3がトップに上がっていることを示します。

コメント
　マジックを始める前に、さりげなくダブル・リフトの準備をしておきましょう。他のトリックを演じた後であれば、使用したカードを集めたり、シャフルしたり、揃えたりしているときをうまく利用して小指のブレイを作るように心掛けて下さい。
　また、指を鳴らしてカードをトップに上昇させる代わりに、まず、デックの左外隅を左手の親指でゆっくりと下向きにリフルしていきながら、「今、エレベーターが降りてきました」と言って、真中あたりでリフルを止めて割れ目を作り、トップカードをデックに挿入します。今度は、右手の人差指でデックの右外隅を下から上に向けてリフルしながら「エレベーターが上昇してきました!!」といった演出もあります。

意外な結末

ダブル・リフト効果の基本的な応用例で、観客が選んだカードが意外なところから現れます。

効果

選ばれたカードをデックに戻してもらい、良くシャフルします。ここで演者は、デックのボトムにもトップにも選ばれたカードが無いことを示してから、トップカードを観客に手渡し、そのカードを裏向きのままデックのここだと思った所に差し込むように指示します。差し込まれたカードの上下にあるカードを見てみますが、そこには選ばれたカードはありません。何度か繰り返してみますが選ばれたカードは見つかりません。そこで、探し出すことをあきらめたような感じで、観客に何のカードを選んだのかを聞きます。観客の答えを聞いたマジシャンは、「あなたのカードをこのデックの中から探し出せなかった訳けが分かりました。……あなたがず～っと持っていたからです」と説明して、観客が持っているカードを見てもらいます。それが観客の選んだカードです！

方法

(1) デックから1枚のカードを自由に選んでもらい、覚えてからデックに戻してもらいます。お好みの方法で、例えばヒンズー・シャフル・コントロールで、選ばれたカード(X)をデックのトップに持っていきます。

(2) 次に、右手でデックを上から掴み（親指を内端に、他の指を外端に当てて持つ）、手を返してボトムカードを示し、「あなたのカードがデックのボトムに来ている可能性はわずかですが、このカードがそうですか？」と尋ねます。勿論、観客の答えは「ノー」です。

ダブル・リフト

(3)右手を元に戻し、デックを裏向きにして左手の上に置きながら、トップ2枚の下に左手の小指のブレイクを作ります。

小指でブレークをする

(4)トップの2枚をダブル・リフトで右手で取り上げ、手を返して表を示して、観客の注意を喚起しながら、「それでは、このトップカードですか?」と尋ねます。観客の答えは当然「ノー」です。

(5)右手のカードを裏向きにしてトップに戻します。そして、右手の指先きでトップカード(X)を持って、裏向きで観客に手渡します。「このトップカードを使って、デックの中にあるあなたのカードを見付けて下さい」

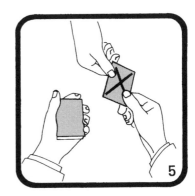

(6)右手でデックの上から持ち、外端を指でリフルして見せ、「このようにリフルしていきますから、好きなときに、そのカードを裏向きのまま差し込んで下さい。そうして、あなたのカードをあなた自身で見付けて下さい」と説明します。

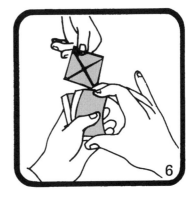

(7)図は、観客がトップカードをデックに挿入しているときの側面図です。このとき、観客が持っているカードの表が見えないように、「カードは放さずに、そのまましっかり持っていて下さ」と指示して、残りのカードを全てリフルして挿入されたカードをデックで挟さみます。

(8)観客にカードを持ちつづけているように頼んでから、そのカードの上にある全てのカードを右手で取り上げ、表を示して観客のカードであるかどうかを尋ねます。

(9)注：観客に手渡した無関係のカード（実は観客が選んだカード）を、観客が持ちつづけていることが大切です。

(10)ここで、右手のパケットを元に戻します。デックを揃えてもう一度リフルを始め、もう一度トライしてもらいますが、再び違っています。

(11)再度の失敗で困惑しているような演技をしながら、「あなたが選んだカードは何ですか？」と尋ねます。観客の答えを待って、「えっ！そのカードなら、ず～っとあなたが持っていましたよ！」と伝えます。観客が自分が持ちつづけていたカードを見ると、まさにその通りです。

ダブル・リフト

スナップで

1枚のカードが鮮やかに、全く別のカードに変化します。通常のカード当ての手順に組み込むことで、次に何が起こるか、わくわくするような期待感が生まれてきます。

効果
デックのトップカードを取り上げて、それが♡8であることを示します。そのカードを裏向きにして、指でパチン！と弾きますと、全く別のカードに変化してしまいます。

方法
(1)デックを左手にディーリング・ポジションで持ち、トップ2枚の下に左手の小指でブレイクを作ります。

(2)右手でダブル・リフトしてトップの2枚を取り上げます。

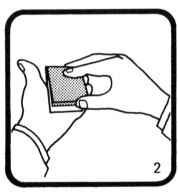

(3)右手を返して表（♡8）を示しながら、「このカードの特徴をしっかりと覚えておいてください」と話します。

(4) ♡8を裏向きにしてデックのトップに戻します。

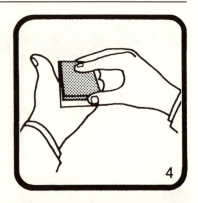

(5) 左手の親指でトップの1枚を押し出し、右手の指先で持ちます。

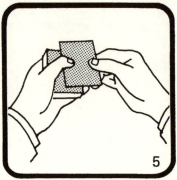

(6) 残りのデックを脇に置きながら、「一番上にあった♡8を指で弾くと……」

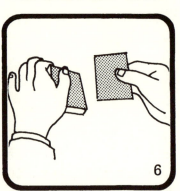

(7) カードの右側を右手でしっかりと持ち、左手の指でパチン！と弾きます。

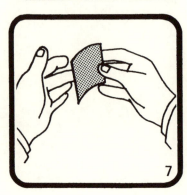

ダブル・リフト

(8)「……カードは瞬間に変化します！」と言って、左手でカードをひっくり返して表を示します。

(9) カードは♡8から♣4に変わりました！

(10) ♣4をテーブルの上に、ポンと投げ出しておきます。疑い深い観客の1人がカードを手に取って調べてくれることに期待しましょう。

コメント

　単なるカードの変化の代わりに、同じスートで数値が1つ違う2枚を使うことで、気のきいたひねりを加えることができます。例えば、◇4と◇5を使うことにして、あらかじめデックのトップに◇4を、2枚目◇5を置いておきます。ダブル・リフトで◇5を示し、裏向きでデックに戻してからトップの1枚 (◇4) を押し出して右手に持ちます (◇5と思われています)。ここで、5つある◇のマークの1つを弾き飛ばす演技で、カードを指で弾いてから、マークが1つ消えた◇4を示します。同じスートの数札であれば、どんな数の2枚でも可能ですが、弾き飛ばすマークの数だけ「叩く」ことを忘れないで下さい。

　立って演じていて、デックを置く場所のないときには、右手のカードでデックを軽く叩く仕草でいいと思います。

カーラー・チェンジ・エーセス・1

　カード・トリックの定番「4枚のA（フォーエーセス）」の斬新な改案です。多くのフォーエーセスの手順では、余分なカードを使用していますが、ここでは4枚のAだけですっきりした、そしてびっくりするような効果になっています。

効果
　デックから4枚のAを取り出し、揃えて裏向きに左手に持ちます。1枚ずつ表を見せながら、2枚の赤色のA（◇と♡）をテーブルの上に配ります。これで、自動的に2枚の黒いA（♠、♣）がマジシャンの手元に残ることになります。しかしマジシャンがおまじないを掛けると、Aは即座に場所を変え、黒い2枚のAがテーブルの上に、赤い2枚のAがマジシャンの手元に移っています。

方法
(1) このトリックに必要な技法はダブル・リフトだけです。デックから4枚のAを表向きで取り出して示し、デックを脇に置きます。

(2) 4枚のAをテーブルの上から取り上げ、何気なく次の順序で裏向きで左手に持ちます。トップが1枚の黒いA（♣A）、次に2枚の赤いA（♡Aと◇A）、そしてもう1枚の黒いA（♠A）の順です。（図に、1～4までの番号を振ってあります）。

(3) 裏向きで扇状に広げ、4枚であることをはっきり示してから、カードを閉じて左手に持ちますが、このとき、トップの2枚の下に左手の小指でブレイクを作ります。

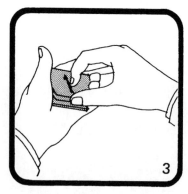

ダブル・リフト

(4)ダブル・リフトの準備ができています。

(5)ブレイクの上の2枚をダブル・リフトで右手で取り上げ、手を返して♡Aを示しながら、「一番上は赤い色のA、♡Aです」と言います。

(6)右手のカード(2枚)を裏向きにして左手のカードの上に一旦戻してから、トップの1枚(♣A)だけを裏向きでテーブルに配り、「赤い色のAをテーブルに置きます」と言います。

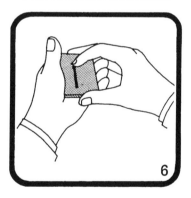

(7)「残りは3枚です」と言って、上から1枚ずつ右手に取っていくリバース・カウント(順序が逆になる)しながら「1枚、2枚、3枚」と数えます。

(8) 順序が逆になったことで、3枚のトップに黒いA (♠A) が来て、下2枚が赤いA (◇A、♡A) の順になっています。

(9) 数えた3枚をそのまま左手に戻して揃え、トップの2枚 (♠Aと◇A) の下に左手の小指でブレイクを作ります。

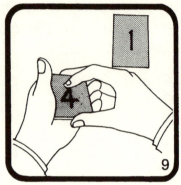

(10) ブレイクの上の2枚をダブル・リフトで右手で取り上げ、手を返して◇Aを示しながら、「もう1枚の赤い色のA、◇Aです」と言います。

(11) 右手のカードを裏向きで元に戻してから、トップの1枚 (♠A) をテーブルの上のカード (♣A) の隣りに配ります。「2枚目の赤い色のAを最初の赤い色のAと一緒にします」と言います。

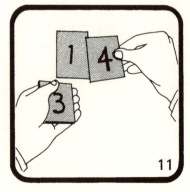

(12)仕掛けは終りました。あとはプレゼンテーションだけです。例えば、テーブルの上の2枚を使って、どちらが♡かを当ててもらうゲームをして、観客の手で黒いAをひっくり返させて、びっくりさせる等、一寸した遊びを取り入れるのも1つの方法です。

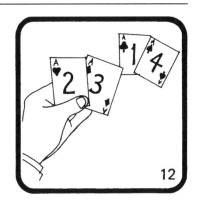

コメント

できるだけ気軽な感じでカードを扱って、2枚の赤いA（実際は黒A）をテーブルに配るようにしましょう。

4枚のAを黒赤赤黒の順にセットするとき：デックの中からAを取り出して、表向きでテーブルに置いて4枚のAを観客に示した後、4枚のAを取り上げ、自分だけで表を見て所定の順序に組み直しながら、「1枚の赤いAを上に、もう1枚を下にして、2枚の黒いAを真ん中に挟さんでおきます」と説明します（実際は2枚の赤いAが真中です）。そして、1枚目の赤いA（実際は黒いA）をテーブルに置いた後、残りの3枚のAをリバース・カウントするとき、カウントに合わせて「黒、黒、赤」と言って、赤いAがトップになったことを意識させておいて、ダブル・リフトで2枚目の赤いAを示すと、説得力が高まります。

また、2枚の赤いAをテーブルに置くとき、観客の左右の手で1枚ずつ押えてもらうことで不思議感は一層高まります。

デックの中で表向き

観客の選んだカードが、デックの中でひとりでに表向きになって現われる方法はいろいろありますが、今まで習ってきた2つの技法で、借りたデックでもできる方法を紹介します。

効果

観客に、自由にカードを1枚選んでもらいます。覚えてからデックに戻してもらい、マジシャンはシャッフルします。そして、デックのトップとボトムのカードを観客に示して、選んだカードであるかどうかを尋ねます。どちらの場合も、答えは「ノー」。そこでマジシャンは、魔法の力で観客が選んだカードをデックの真中に表向きにして現わします。

秘密と準備
既に習得されている2つの技法、ヒンズー・シャフル・コントロールとダブル・リフトを使って実行します。

方法
(1) 観客にカードを1枚選んでもらいます。♠2としましょう。デックに戻してもらったら、ヒンズー・シャフル・コントロールでデックのトップに持っていきます。

(2) 図は、選ばれたカードを(X)、その真下にあるカードを(Z)で示してあります。

(3) ここで観客に、選んだカードに集中して強く思い描くように頼みます。そして、その観客の思考を読み取ろうとしている演技で、トップの2枚の下に左手の小指でブレイクを作ります。

(4) そして、読み取りがうまくいかないといった感じで頭を振り、「あなたの集中力が弱いので、取りあえず一番上のカードを見せるので、あなたのカードかどうかを教えて下さい」と言って、右手でトップの2枚をダブル・リフトで取り上げ、手を返して表を示します。観客は上から2枚目のカード(Z)を見ているので(例えば♣4)、答えは「ノー」です。

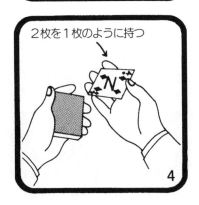

ダブル・リフト

(5) そこで、そのダブル・リフト・カードを表向きのまま左手のデック（裏向き）の上にきちっと揃えて置きます。そして、右手の人差指を伸ばして、デックの上の♡4を指差して、「このカードは違いますか?」と念を押しておきます。

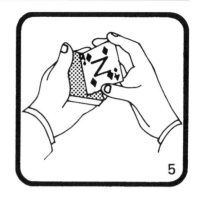

(6) 表向きのトップの2枚（ZとX）がずれないようにきちっとデックに揃えて持ちます。「それでは、一番下にあるカードを見てみましょう…」

(7) ここで、左手を返してデックのボトムを示します（例えば♡10とします）。「……これはどうですか?」観客の答えは再び「ノー」です。このときのデックの状態は、今一番下にある2枚（ZとX）を除いて、全てのカードは表向きになっています。つまり、表向きのデックの下に裏向きの2枚（XとZ）があるというわけです。

(8) 「一番上と一番下のカードのどちらも、あなたのカードではありません」と言いながら、左手のデックの一番下にあるカード(Z) 1枚だけ右手の指で引き出してきます。その上にあるカード(X)ひきずり出さないように注意しましょう。

(9)引き出したら表向きにして（◇4）、左手のデックの♡10と並べて示します。

(10)そして、その◇4(Z)を表向きのまま元の所（デックの一番下）に戻します。こうすることで、観客が選んだカード(X) 1枚だけが裏向きで下から2枚目にあり、その他のカードは全て表向きになっています。

(11)「上にも下にも無いということは、多分デックの真中あたりにある筈です」と言って、デックをひっくり返して裏向きにします。今のデックの状態は、トップに裏向きの◇4(Z)、2枚目に表向きの観客のカード(X)、以下全て裏向きのカードです。

(12)デックを1回カットします。このとき、トップカードがずれて、2枚目にある表向きのカードを見せないように注意して下さい。

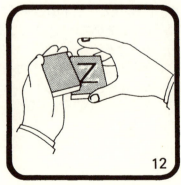

(13) すぐに「あなたが選んだカードは、どこからか現れてきます」と言って、デックをテーブルの上でリボン状に広げ、真中あたりで表向きになっている観客のカード(X)♠2を示します。

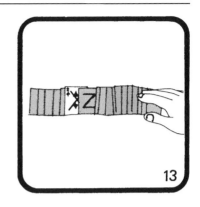

コメント
　実際の演技では、演者には観客のカードは分かっていませんが、説明した通りに実行すれば、観客のカードは自動的に現れます。トリックの為の操作は、ヒンズー・シャフル・コントロールとダブル・リフトだけで、この2つは、手順の初期の段階で終っています。後は、トリックが最後に盛り上がるように、カード捌きを正しく慎重に行うだけです。

エーセスでサンドイッチ

　4枚のAを使った、不思議な瞬間移動効果で人気のトリックです。きっと、あなたのプログラムの呼び物の1になると思います。特別な「操作」もほとんどなく、全てが手順にうまく組み込まれていて、疑われる余地はほとんどありません。

効果
　マジシャンは、2枚の黒色のA（♠と♣）を1枚ずつ見せて、テーブルの上に裏向きで置きます。次に、観客にデックから任意のカードを1枚選んでもらい、そのカード（◇5とします）を表向きにして、テーブルの上の裏向きの2枚の黒いAの間に挿し込んでもらいます。この3枚を揃えてデックの上に置きます。間をおかずに、マジシャンはトップの2枚を表向きにして、2枚の黒いAの間から◇5が消え失せていることを示します。2枚の黒いAをテーブルに置いて、すぐにデックをテーブルの上でリボン状に広げると、真中あたりに2枚の赤いA（◇と♡）が表向きで現れ、その間に、1枚の表向きのカードが挟さまれています。観客にそのカードをひっくり返してもらうと、それは、2枚の黒いAの間から消えた◇5そのものです。

秘密と準備
　ショーを始める前に、デックから4枚のA（♠♣◇♡）を取り出し、次頁の(A)～(C)のように準備しておきます。

(A) 2枚の黒いA (♠と♣) を裏向きにして、その間に、1枚の赤いA (♡) を裏向きで挟さみ、

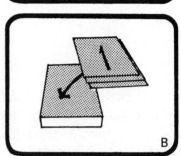

(B) 揃えてデックのトップに置きます。

(C) 残っている赤いA (◇) を表向きにしてデックのボトムに置きます。図は、Aそれぞれに番号を付けてあります。1＝♣A、2＝♡A、3＝♠A、4＝◇A、選ばれたカード＝Xで示してあります。

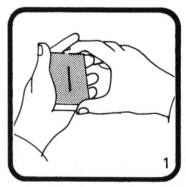

方法
(1) 準備したデックを左手にディーリング・ポジションで持ちます。トップの1枚 (1のカードで♣A) を、右手で上から取り上げ (ダブル・リフトするときと同じ持ち方で、1枚だけ持ちます) ます。

(2)手を返して観客に♣Aを示し、「一番上のカードは♣Aです」と言います。

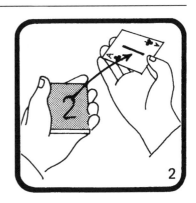

(3)右手を戻して、♣Aを裏向きにして一旦デックのトップに置き、「このAをテーブルに置きます」と言って、

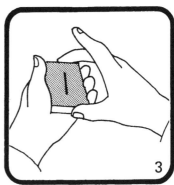

(4)トップのカード（1＝♣A）を、右手でテーブルの上に裏向きで配ります。

(5)ここで、デックを揃えながらトップの2枚（2＝♡Aと3＝♠A）の下に左手の小指でブレイクを作ります。

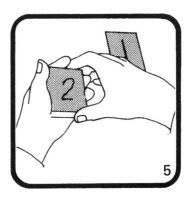

(6)次に、右手でトップの2枚をダブル・リフトで取り上げ、手を返して表を示し、♠Aを見せます「次のカードも黒いA、♠Aです」と言います。

(7)右手のカード（2枚）を裏向きにしてデックのトップに戻し……

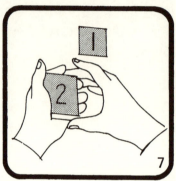

(8)……すぐにトップの1枚（2＝♡A）だけを右手で取って、裏向きでテーブルに配った♣Aの隣に若干重なるように置き、「先程配った♣Aの隣りに、この♠Aを置きます」と言います。

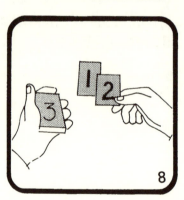

(9)注：実際は、裏向きの♣Aの隣りに裏向きの♡Aが置いてあり、もう1枚の黒いA（♠A）はデックのトップにあります。

ダブル・リフト

(10)ここで、デックを両手の間に裏向きで広げて、観客にカードを1枚、自由に選んでもらいます。そして、デックを揃えて左手にディーリング・ポジションで持ちます。

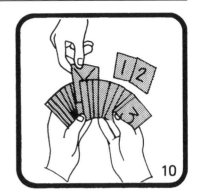

(11)次に、観客に選んだカードを表向きにしてもらい、テーブルの上の2枚の黒いA（と思われている）の間に滑り込ませるように頼みます。

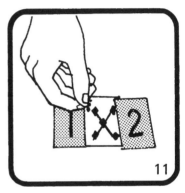

(12)注：このとき、観客が演者の指示をよく聞かずに、2枚のAを取り上げるような危険があるときには、右手でテーブルの上の裏向きの2枚の手前を軽く押さえて、表向きの観客のカードが滑り込み易いように補助します。

(13)「裏向きの黒い2枚のAの間に、あなたが選んだカードが表向きで挟まれていることを覚えていて下さい」と、テーブルの上の3枚のカードに意識を向けておいて、デックのトップの1枚（♠A）の下に、密かに左手の小指のブレイクを作っておきます。

163

(14)次に、テーブルの上の3枚を右手で取り上げ、…

(15)…デックのトップに置いて揃え、──このとき、ブレイクしてあるトップの1枚(♠A)を3枚の下に付け加えて──ブレイクの上で4枚のカードを揃えます。

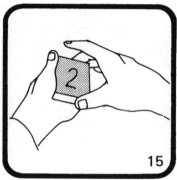

(16)間をおかず、ブレークの上の4枚のカードをまとめてひっくり返し、

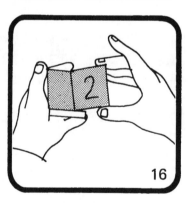

(17)デックの上で表向きにします。すると、表向きの2枚の黒いA(♠Aと♣A)がデックのトップになります。──その下が裏向きの観客のカード(♢5)と表向きの赤いA(♡A)という状態になります。

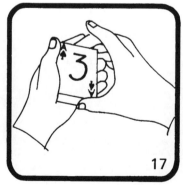

ダブル・リフト

(18)すぐにトップの2枚の黒いAを右手で取り上げ、表向きでテーブルの上に置きます。「あなたのカードは、2枚の黒いAの間から消えてしまったようです」と言います。注：2枚の黒いAをデックの上から取り上げるとき、誤ってその下の裏向きのカードをずらして、表向きの♡Aを見せないようにして下さい。

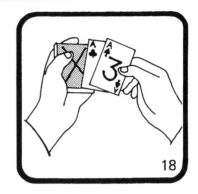

(19)右手でデックをカットして、上半分の上に下半分を重ねます。――これでボトムカード（表向きの◇A）がトップにある観客のカードと表向きの♡Aの上に重なることになり、観客のカードは自動的に2枚の表向きの赤いAの間に挟まれます。

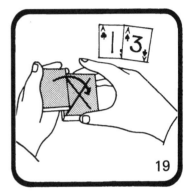

(20)デックをテーブルの上でリボン状に広げ、真中あたりで、1枚の裏向きのカードを挟さんだ表向きの2枚の赤いAがあることを示します。観客に挟まれているカードを表向きにしてもらい、それが2枚の黒いAの間から消えたカードであることに驚いてもらいましょう。

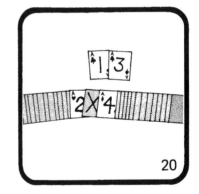

コメント
　この手順では、技術よりもカードの扱い方が重要なポイントになっています。――初めに黒いAを見せるとき、最初の1枚を「ダブル・リフト」のときと同じ手つきで扱い、表を示して一旦デックのトップに戻してからテーブルの上に配ることを1枚のカードで行っていますから、2枚目の黒いAのときのダブル・リフトは決して疑われることはありませんから、恐れずにスムーズに事を運ぶように心掛けて下さい。

予知・予感

対照的な2色のデック（例えば赤裏と青裏のデック）を使った、すっきりとしたメンタル効果のあるマジックで、技法はたった1つ、既に習得済みの簡単な技法だけです。

効果
表向きで広げたデックの1枚を、自由に選んで発表してもらいます。仮に、ダイヤの7と言ったとしましょう。マジシャンは◇7を見付けて取り出し、ひっくり返して裏が青色であることを示します。そして、残りのデックを裏向きにしてテーブルの上で広げると、全て赤色です。観客は、赤裏のデックの中に混ざり込んだたった1枚の青色のカードを抽出したわけです。さらにミステリーはつづきます。この後、テーブルの傍らに置いてある青裏のデックを取り上げ、裏向きでテーブル上でリボン状に広げると、真中あたりに1枚の赤裏のカードが混入しているのが見えます。表向きにすると、それは、先程と同じ◇7です‼

秘密と準備
このミステリーに使用される技法は、ダブル・リフトだけです。

同じ裏模様で裏の色の異なる、例えば赤裏と青裏のデックを1組ずつ用意して、次のように準備します。まず、青裏のデックから数札を1枚抜き出し（例えば♣4としておきます）、このカードを赤裏のデックのボトムに置き、同じ表のカード（♣4）を赤裏から取り除いてから、赤裏のケースに入れておきます。残っている青裏のデックは、そのまま裏向きでテーブルの傍らに置いておきます。もし、このマジックの前に別のマジックを演じるのであれば、この青裏のデックを使って下さい（但し、♣4が1枚欠けています）。

方法
(1) ケースから赤裏のデックを取り出し、これから、予知、予感の実験をしたいので、カードを1枚選んで下さい。と頼んで、デックを表向きにして両手の間に広げ、自由に好きなカードを1枚選んで指さしてもらいます。

ダブル・リフト

(2) 観客が◇7を選んだとしましょう。マジシャンは、選ばれたカード（◇7）のところでデックを2つに分け、図のように選ばれたカードが下半分の一番上になるように分け、上半分（青裏の♣4が一番上にあります）を右手に持ちます。

(3) 完全に自由な選択だったことを確認しながら、左手のパケットの一番上にある観客のカード（◇7）を左手の親指で押し出して、右手のパケットの上（♣4の上）に置きます。

(4) 右手のパケットを左手のパケットの上に重ねてデックを揃えます。このとき、上から2枚目の下（青裏の♣4の下）に左手の小指でブレイクを作ります。

(5) 右手をデックの上から当て、ブレイクの上の2枚（◇7と青裏の♣4）をダブル・リフトで持ちます。

(6) 観客が選んだカード（◇7）を取り上げ（実際はダブル・リフト）、手を返して、それが青裏のカードであるように見せます。

(7) すぐに左手のデックを裏向きにして、テーブルの上で図のように上から下にリボン状に広げて、全て赤裏のカードであることを示します。

(8) 次に、テーブルの傍らに置いてある青裏のデックを左手で取り上げて表向きにします。

(9) 右手のカード（ダブル・リフト）を表向きにして左手の表向きのデックの上に置きます。

ダブル・リフト

(10)注：観客は知りませんが、観客のカード◇7は、ダブル・リフトのお陰で青裏に見えていますが、実際は赤裏ですから、今、次の奇跡のための準備が自動的に設定されます。

(11)デックを1回カットして揃え、◇7をデックの真中あたりに持っていきます。

(12)もう1つの奇跡の瞬間です。左手のデックを裏向きにして、テーブルの上の赤裏のカードの隣りに青裏のデックをリボン状で並べ、真中あたりに赤裏のカードが1枚混入していることを示します。

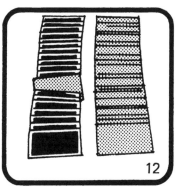

(13)青裏のデックの中にあるただ1枚の赤裏のカードを取り上げて、それが先程と同じ◇7であることを示します。

169

組み合わせ

　２つの強力なカード・トリックを組み合わせると、優れたオープニングとして使える可能性があります。１つは、「ヒンズー・カラーチェンジ」（７５頁参照）で、もう１つは、前述の「予知・予感」です。次のように組み合わせます。

効果

　１回目の効果：マジシャンは、２組のデックをテーブルに置きます。２組共ケースに入っていて、赤色と青色です。マジシャンは青色のケースを開き、デックを取り出し、表向きにして全て異ったカードであることを示します。デックを揃え、裏面を示すと、何と赤裏のカードです。多分、前回のショーの後で入れ間違えたのではないかということを伝てから、取りあえず青色のケースに戻しておきます。そして、次のような話しをします。──２組のデックを正しい色のケースに入れ替えてもいいのですが、ここではおまじないでこの赤色のケースの中のカードを、青裏に変えてしまいましょうということで、赤色のケースを指で２～３回軽く叩いてから、赤裏と思われているデックをケースから取り出し、全て青裏に変っていることを示します。

　２回目の現象：マジシャンは、赤裏に変ったデックを取り上げ、表向きで広げて観客に１枚のカードにタッチしてもらいます。選ばれたカードを裏向きにすると、何とこのカード１枚だけが青裏です。そこで、青裏のデックの方を見てみると、青裏のカードの中に１枚の赤裏のカードが混っています。表を見ると、観客がはじめにタッチしたカードと同じ表のカードです！

秘密と準備

　以上の演技は、「ヒンズー・カラーチェンジ」と「予知・予感」の組み合わせです。１回目の演技でヒンズー・シャフルをしているときに、トップの青裏の１枚を最後にシャフルするようにすることで、表向きの赤裏のデックの一番上に１枚の青裏のカードが載ることになり、「予知・予感」の準備が自動的に設定されていますから、この赤裏デックを使って「予知・予感」の演技に入り、最後に赤裏のデックの中に混ざっていた１枚の青裏のカードの表を示した後、このカードを青裏のデックに戻せば、通常のデックに戻りますから、いつでも次のトリックに移ることができます。

コメント

　演技を始めるときに、青色のケースに、１枚の青裏のカードをトップに置いた赤裏のデックが、赤色のケースには、青裏のデック（青色のケースにある１枚の赤裏を除く全て）が入っていたことを思い出して下さい。そして演技は、青色のケースに入っていた赤裏のデック（トップの１枚だけが青裏）だけを使って１回目の裏の色の変化（青→赤）を行ってから、赤色のケースにおまじないを掛けて、２回目の裏の変化を行います。このとき、観客は赤色のケースの中のデックの色を一度も見ていないのですが、赤裏のデックが青裏に変化したように思い込んでしまうところに、このトリックの妙があります。ミスディレク

ション（心理的な思い込み）のよい一例です。

グライド

　カード技法の中でも、即効性のある効率的な技法として評価されている技法です。簡単な操作ですが、適切かつ納得のいく練習が必要です。グライドは、初心者にお勧めの技法ですがベテランのカーディシャンにとっても同等の価値のある技法です。この章では、卓越した手順のいくつかを紹介します。

グライドについて

　グライドは、最も簡単で便利なカード技法の1つです。秘密の動きが完全に隠されているので、ベテランそこのけの効果をあげることができますグライドという技法はカード・マジックの道に沿った主要なステップといえます。

効果
　デックを表向きで左手に持ち、一番上にあるカードに注意を向けます。例えば♣2としておきます。手を返してデックを裏向きにして、右手の指先で、ボトムカード（♣2）を引き出してきて、裏向きのままテーブルの上に置きます。そのカードを観客が取り上げて見ると、♣2は全く別のカードに変わっています。

方法
(1) デックを表向きにして、図のように中指、薬指、小指の第2関節あたりを右側に当て、指先を軽く曲げてデックの表面に当てるように持ちます。

(2)注:このとき、人差指はデックの右縁に当てておき、ボトムカードの表面に触れないようにします。

(3)左手を返してデックを裏向きにします。

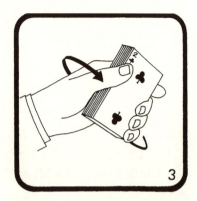

(4)すぐに、左手の中指、薬指、小指の先でボトムカード(♣2)を後方にずらしていって、デックの内端から1.5センチ程突き出るようにします。図はこのときの状態を下から見た図です。

(5)上記の秘密の操作によるボトムカードのずれは、手の陰に隠れていて観客には見えていません。

グライド

(6)右手の指先を左手のデックのボトムに伸ばし、人差指と中指の先を、1.5センチ程露出しているボトムから2枚目のカードに当てます。

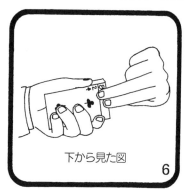

下から見た図

(7)そして、そのカード（♠8）を引き出してきて、親指を上から当てて、デックから完全に引き出します。

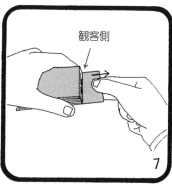

観客側

(8)上記の状態を下から見た図です。

(9)引き出したカードを裏向きのままテーブルに置きます。

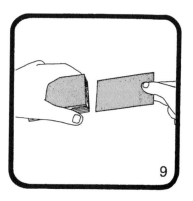

(10) 注：観客は、ボトムにあったカード（♣2）をデックから引き出してきたと信じています。……実際はボトムから2枚目のカード（♠8）を引き出しています。

(11) 引き出したカードをテーブルに置くとき、左手の中指と薬指で「グライド」してあるボトムカード（♣2）を、元の位置に戻してデックと揃えておきます（下記(13)に、ボトムカードの引き戻し方の詳細を掲載しました）。

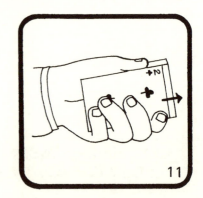

(12) テーブルの上のカードをひっくり返して、♣2が全く別のカード（♠8）に変身してしまったことを示します。

(13) グライド・カードの戻し方：(11)で説明した左手の中指と薬指とで「グライド」カードを元に戻すことが難しいときは、次のようにします。右手でデックからカードを引き出した後、左手の人差指をデックの外端に当てて、デックを押し戻しながら、中指と薬指とで「グライド」カードを前方に押し上げるようにすれば、簡単にデックの元の位置に戻すことができます。

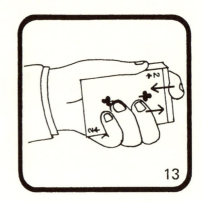

コメント

「グライド」はデックだけでなく、数枚のパケット・トリックでも利用価値のある技法です。練習してみれば分かりますが、左手の中指、薬指、小指の先を、ボトムカードに軽く当てて引くことで「グライド」できることに気が付くと思いますが、使用デックの条件によっては、指の圧力の掛け方は若干異なり、時によっては次のカードも一緒に引いてしまうこともあるので、何回か「滑り」のテストをして、自分なりの感触を得て下さい。また、デックを左手に持つとき、左手の平がデックの裏面に触れないようにして下さい。

　うまく「グライド」できないときには、必要に応じて、右手の人差指と中指の先で、デックのボトムカード（♣2）をグライドの位置まで押し込んでから、2枚目のカードを引き出すことも出来ますが、動作が2段モーションになるきらいがありますので、緊急時以外はお勧めしません。

グライド

グライドの別法

　基本的なグライドの操作を、ほんの少し進歩させたもので、前記の図3と4を合体させた方法です。左手に表向きでデックを持ち、ボトムカードを示した（図2）後、図3の矢印のように左手を回し始めると同時に、中指、薬指、小指でボトムカードを後方にずらします。手の回転動作の中に中指等の図4の動きが隠れて観客に検知されにくくなります。

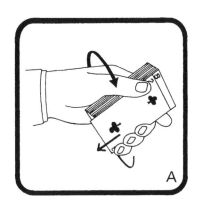

カラー・チェンジ・エーセス・2

　よいトリックは、別の扱い方を生み出します。この例は、カラー・チェンジ・エーセス・1（152頁参照）の方法を、「ダブル・リフト」と「グライド」を組み合わせて演じるようにしたものです。

効果
　カラーチェンジ・エーセス・1と同じ現象です。4枚のAの表を示し、裏向きにして左手に持ちます。赤いAの表を1枚ずつ示して、裏向きにして2枚の赤Aをテーブルに置きます。左手に残っているのは、2枚の黒のAです（のように思われている）。おまじないを掛けると、黒いAがテーブルにあり、マジシャンは赤Aを持っています。

方法

(1)デックから4枚のAを表向きで取り出しテーブルの上に置きます。残りのデックは傍らに置きます。表示してあるAを図の順番で裏向きにして集め、揃えて裏向きにして持ちます。黒のAがトップと3枚目になっています（Aの位置を、1〜4の番号で図示してあります）。

(2)裏向きのパケットを左手にディーリング・ポジションで持つとき……

(3)……トップの2枚のカードの下に（♣Aと♡Aの下）、左手の小指でブレイクを作ります。

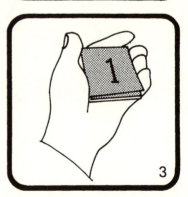

(4)右手でトップの2枚をダブル・リフトで取り上げ、表（♡A）を示して。「一番上のカードは♡Aです」と言います。

グライド

(5) 右手のカードを元に戻して……

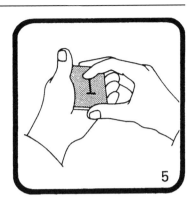

(6) ……トップの1枚（♣A）を取って、テーブルの上に裏向きで置き、「最初の赤いAをここに置きます」と言います。

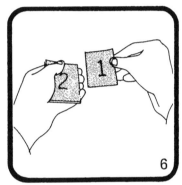

(7) 注：ここまでは、カラーチェンジング・エース・1の手順と全く同じですが、この後の操作が違います。

(8) 手元の3枚を、リバース・カウントしてダブル・リフトするのではなく、カウントをせずに、3枚を表向きにしてグライドの位置に持って表（◇A）を示し、「ここにもう1枚の赤いA、◇Aがあります」と言います。

(9)左手を返してパケットを裏向きにしながら「グライド」し、ボトムから2枚目のカード（♠A）を右手で引き出してきて……

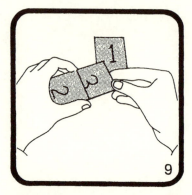

(10)……テーブルに置き、「◇Aを♡Aと一緒にここに置きます」と言います。

(11)この時点で、トリックは終っています。後はプレゼンテーションだけです。手元の2枚（黒いAと思われている）を右手の指先で持ち、この2枚でテーブルの上の2枚（赤いAと思われている）をポンポンと叩いてから、左手の上で表向きにして赤いAに変っていることを示します。観客にテーブルの上の2枚を表向きにしてもらいます。

コメント

　方法(1)で、表示した4枚のAを取り上げたら、表を自分の方に向けて、トップから黒、赤、黒、赤の順に揃えながらセリフは、「2枚の黒を真中に、赤は上と下にします」と言います。そして、「ダブル・リフト」でトップが赤いAであることを見せ、次にパケットを表向きにしてボトムの赤いAを示します。上の赤いAと下の赤いA、テンポ良く赤いAを2枚つづけて示します。

　「Aの色を変える」演出としては、手元にある裏向きの2枚のカード（黒いAと思われている）の内端を、左右の手で1枚ずつ持ち、両カードの外端を合わせて上下に弾き合ってから、両手のカード表向きにして色の変化を見せるのもいい手です。

グライド

水と油

　カードを1枚ずつ配っていろいろな変化を見せるトリックを、観客にデックからカードを選択させる通常の手順と組み合わせることで、変化に富んだ素敵なプログラムを構成することができます。

効果
　6枚のカードがあります。赤3枚と黒3枚で、数値はA～6が1枚ずつです。この6枚のパケットは、赤と黒が交互で数はばらばらになっています。6枚のカードの状態を示した後、マジシャンはこの6枚を揃えて裏向きにして左手に持ちます。そして、ボトムから1枚ずつ引き出して「赤、黒、赤……」と言いながら、トップに移していきます。ときどき、表を見せて、読み上げている色順になっていることを示したりします。6枚をボトムからトップに移し終わったところで、突如クライマックスが訪れます、パケットを表向きにして広げると、驚いたことに、カードは2つのグループに分かれ、上部に3枚の黒いカード、下部に3枚の赤いカードという配列になっています。さらにびっくりすることには、Aから6まで順序よく配列しています。

秘密と準備
(A)このトリックで使用する唯一の技法は、グライドです。

　デックから◇A、◇2、◇3と♠4、♠5、♠6、以上6枚を取り出し、図の順序（◇A、♠5、◇3、♠4、◇2、♠6）にして揃えておきます。

方法
(1)準備した6枚を表向きで扇状に広げて（図A）カードの色が交互になっていて、数の順序もばらばらなことを示します。パケットを揃えて、表向きで左手にグライドの位置に持ちます。そして、「水と油のように、赤いカードと黒いカードは決して混合することはありません」と説明します。

179

(2)パケットの一番上にある赤いAを見せて「赤」と言って、左手を返してパケットを裏向きにします。そして、右手の指でボトムカード（◇A）を引き出します。注：グライドはしません。

(3)引き出したカード（◇A）をそのままトップに置きます。

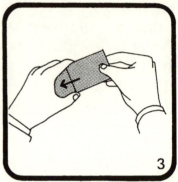

(4)つづけて、「黒」と言って右手の指で次のボトムカード（♠5）を引き出したら、右手を返して表を見せ、実際に黒いカード♠5であることを示してから、裏向きに戻してトップに置きます。

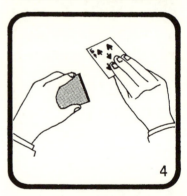

(5)左手を返してパケットを表向きにしてボトムカード（◇3）を観客に示します。「赤」と言って、すぐにパケットを裏返し、今回はグライドをして、ボトムから2枚目のカード（♠4）を右手で引き出してきて、トップに移します。

グライド

(6)つづけてボトムカード（◇3）を右手で引きだし、「黒」と言って、そのままトップに移します。

(7)さらにつづけてボトムカード（◇2）を右手で引き出し、右手を返してカードの表を見せます。一寸間を置いてから「赤」と言って。カードを裏向きに戻てトップに移します。

(8)ここでまた、左手を返してパケットを表向きにしてボトムカード（♠6）を示し、「黒」と言います。すぐにこのパケットを裏向きに戻し、グライドしてボトムから2枚目のカード（◇A）を右手で引き出してトップに移します。

(9)注：以上の操作は、1枚ずつカードを示しながら、赤、黒交互に配列されていることを確認しているように見えています。

(10) パケットを表向きにして扇状に広げ、赤と黒の カードはまるで水と油のように分離して、数字も順序 もよく配列していることを示します。

コメント
　まず、6枚のカードを手にして、段取りをしっかりと覚えて下さい。その上で、唯一の技法である「グライド」操作を、本当にボトムからカードを引き取るときと全く同じ動きでスムーズに同じペースで行えるようにします。筋書き通りに、あるときはパケットのボトム、またあるときは引き出した後表を見せて、赤と黒を1枚ずつ示して、うまく心理的に観客を納得させながら、1枚ずつボトムからトップに移していきましょう。

水と油でドゥ・アズ・アイ・ドゥ

　これは、観客参加形の「水と油」です。マジシャンと観客は、それぞれ赤と黒、交互に配列された6枚のカードのパケットを持ち、マジシャンが行う操作と全く同じ操作を観客に行ってもらいますが、(ドゥ・アズ・アイ・ドゥ)、結果は全く別、マジシャンのパケットは赤と黒が2つのグループに分かれていますが、観客のパケットは開始時と同じように赤、黒交互に配列されたままです。

　前記した「水と油」と同じ配列の6枚（前記(A)図参照）のパケットを、それぞれに持って、行います。マジシャンは前記の方法(2)〜(8)を行い、観客も観察したとおり、事実上同じに見えることを行いますが、実際には、2人の操作は全く異なり、当然全く異なる結果になります。全て裏向きのパケットの1枚だけがどうしても表向きになってしまう「同じようにはできません」(211頁参照) タイプの代表的なカード・トリックの代わりに使うこともできます。

　この「トゥ・アズ・アイ・ドゥ」を、2人以上の観客に参加してもらい、それぞれに赤黒交互に配列された6枚を持たせて演ずることもできます。

類は友を呼ぶ

これは、「リーダーに従う」という名で知られているカード・トリックの改良版で、難しい技法を全て取り去り、「グライド」だけで演じる手順にしたものです。

効果

マジシャンは、デックから5枚の赤いカード（◇A～◇5）と5枚の黒いカード（♣A～♣5）を取り出し、赤いカードと黒いカードの「リーダー」として◇Aと♣Aを表向きでテーブルの上に並べて置きます。そして、残りの4枚の赤いカードと4枚の黒いカードをそれぞれ裏向きにして揃え、それぞれのAの手前に置きます。マジシャンが「リーダー」の◇Aと♣Aの位置を入れ代えると、──それぞれの裏向きのパケットのトップカードは、リーダーに従って反対のパケットの方に見えない「飛行」をします。次に、残りの裏向きのパケットの位置を入れ代えてみても、同じようにリーダーに従って不思議な飛行をしています。この現象が引きつづいて起こり、全てのカードはリーダーの基に集ります。

秘密と準備

デックから、赤と黒、2つのグループのA～5までの5枚を取り出します。ここでは、◇Aと◇5までの赤グループと♣A～♣5までの黒のグループを使うことにします。

2枚のAをテーブルの上に残し、残りの8枚を図1の順（表向きで上から、◇2、◇5、◇4、◇3、♣2、♣3、♣4、♣5）に揃えたら、準備完了です。

方法

(1) 8枚のカードを表向きで扇状に広げて、赤と黒の2つのグループに分かれていることを示します。このとき、できる限りカードの数字の順序に注意が向かないように扱います。

(2)カードを揃えて、裏向きにして左手にグライドの持ち方で持ちます。すぐにボトムカード（◇2）をグライドにして、右手でボトムカード（実際はボトムから2枚目の◇5）を引き出してきて「リーダーの◇Aの手前に赤いカードを置きます」と言って、◇Aの下に置きます。

(3)グライドはそのままにしておきます。つづけて、パケットのボトムから1枚ずつ引き出して、テーブルの上に最初に配った裏向きのカードの上に3枚配ります。

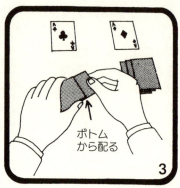

(4)◇Aの下に4枚配ったところで一旦間を置きます。裏向きで配った4枚の赤いカードに思われているパケットは、グライドを行ったことで、パケットの一番上のカードだけが黒いカード（♣2）になっています。

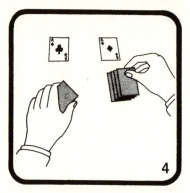

(5)左手に残っているパケットを両手に持ち直して小さ目に広げ（このとき、グライドしているカードをパケットに揃える）、「残りの黒いカード4枚を、「リーダーの黒いAの下に置きます」と言って、パケットの上から1枚ずつ、黒いA（♣A）の手前に裏向きで置いていきます。

グライド

(6)注：グライドとリバース・カウントのお陰で、観客が信じていることとは違って、黒いパケットのトップに赤いカード（◇2）があり、赤いパケットのトップに黒いカード（♣2）がある状態になっています。

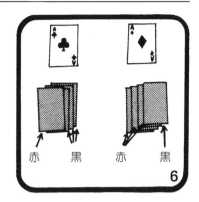

(7)ここで、「リーダーのAの位置を交換すると、他のカードはリーダーに従って位置を換えます」と言って、赤いAと黒いAの位置を入れ換えます。

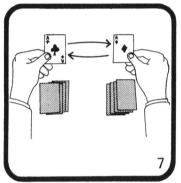

(8)そして、それぞれのAの手前にある2組の裏向きのパケットのトップカード（2枚の2）を表向きにすると、新しいリーダーAの色と同じ色になっています。

(9)次に、2組の裏向きのパケットの位置を交換してから、「パケットの方を交換しても同じようにリーダーに従います」と言います。

185

(10) それぞれのパケットのトップカードを表向きにして、この2枚の3もリーダーに従っていることを示します。

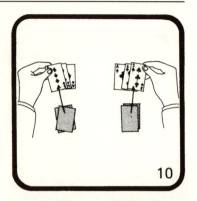

(11) そこで今度は、裏向きのパケットの1つ（図では左下）とその斜め上にある表向きの3枚（図では右上）との位置を入れ換えます。

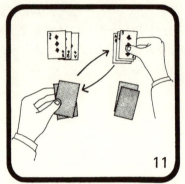

(12) また、2組の裏向きのパケットのトップカードをそれぞれ表向きにして、この2枚の4もリーダーに従っていることを示します。

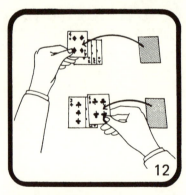

(13) 最後に、裏向きの1枚と斜め上にある表向きの4枚との位置を交換します。

(14)裏向きのカードを表向きにしてこの2枚の5もリーダーに従っていることを示します。

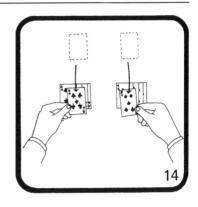

コメント
　数字の順序にこだわりがなければ、次のように即席的な感じで演じることができます：赤と黒のリーダーのAを表向きでテーブルに置いた後、赤と黒のカードの配列に関係なく、まず4枚の赤いカードを取り出し、裏向きにしてシャフルしてから、揃えてテーブルに置きます。同様に、4枚の黒いカードを裏向きにしてシャフルして、赤いカードの上に置きます。この8枚のパケットを裏向きのまま取り上げ、左手にグライド・ポジションで持ちます。ボトムカードをグライドして、ボトムから2枚目、3枚目、4枚目を、右手で1枚ずつ引きだし、1枚ずつ表（赤いカード）を示しながらテーブルの上に裏向きで重ねて置いていき、4枚目（黒）は表を示さずにそのまま3枚の上に置きます。つづけて（グライドのまま）、黒いAの手前に黒、黒、黒と1枚ずつ表を示しながら置いていき、最後のカード（赤）は表を見せずにそのまま置きます。以上の操作によって、2組の裏向きのパケットのトップカードは、それぞれのグループの色とは逆の色のカードで、位置交換に従う準備が出来ています。この後は上記で説明したように行うことで自動的にリーダーに従っていきます。上記で解説した方法のように、数がペアになりませんが、即席的な不思議感もただよいますので、臨機応変に対応して下さい。

ダブルバック・カード

　ダブルバック（両面が裏）カードを使用することで多くの不思議を演出することができます。ダブルバック・カードを使ったトリックのほとんどは、それがなければ実現不可能に近いものばかりです。もしも同じ効果をダブルバック・カード無しで実行するためには、超人的な技が必要になりますが、ダブルバック・カードを使うことで、特別な技も練習も必要とせずに、次に列挙するような不思議なトリックをマスターすることができます。
　そして、ダブルバック・カードの効果を熟知した上で、ちょっとした独創的な考えを追加して、びっくり仰天するようなトリックを編み出して下さい。

頑固なカード

　このトリックは、より印象的なプレリュードとして、ダブルバック・カードを使った「クイック・トリック」の代表的な例です。観客に、次に起る不思議に大きな期待を抱かせるための導入部的トリックです。

効果
　観客に裏向きのカードを1枚渡し、マジシャンが表向きで広げているデックの中に裏向きで挿入してもらいます。デックを揃え、裏向きにしてデックの縁をリフルしてから、裏向きに戻れと命令をします。デックを広げると、表向きである筈の1枚は、どこにも見当りません。テーブルの上に1枚ずつ数え出しても表向きのカードは見当りません。

秘密と準備
(A)裏向きのデックのトップにダブルバック・カードを置き、ケースにしまっておきます。以上でオープニングを飾るトリックの準備完了です。
注：ダブルバック・カードは「D」で示してあります。

方法
(1)ケースからデックを取り出し、両手の間で広げて、全て裏向きであることを示します。

ダブルバック・カード

(2) デックを揃えて左手に持ち、右手でトップカード（ダブルバック）を取り上げて観客に手渡し、裏向きのまま持っているように頼みます。

(3) すぐにデックを表向きにして両手の間で広げ、観客に預けておいたカードを、裏向きのまま表向きのデックの好きな所に挿入してもらいます。このとき、できるだけデックを広く広げて、観客の持っているカード以外は全て表向きであることをはっきりと示すようにします。

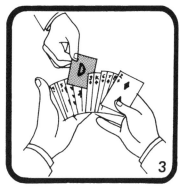

(4) デックを揃えて裏向きにします。これで1枚のカードだけが表向きになっている筈ですが、どうも表向きでいることを嫌がっていることを伝えます。そして、デックの縁をリフルして、すぐに両手の間で裏向きのデックを広げ、観客に表向きのカードを見付けるように頼みます。

(5) どんなに近づいて見ても、ダブルバック・カードの存在に気付かれる心配はありません。

(6)全て裏向きのカードであることを証明した後、デックを一旦揃えて表向きにします。そして、デックの上から1枚ずつ押し出すようにして両手の間で広げはじめ、全てのカードが表向きなので、ひっくり返って表向きになってしまったカードを見付ける方法はありません！」と説明しながら、カードの表を自分の方に向けるように傾けていって（観客には裏面を見せるようにして）真中あたりにあるダブルバック・カードを観客に見せないようにします。

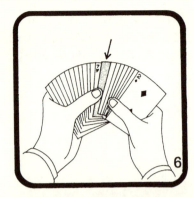

(7)広げたカードの真中あたりにあるダブルバック・カードのところで2つに分け、下半分を上半分に重ねて揃え、ダブルバックをデックのトップにリセットしておきます。

コメント
　ダブルバック・カードをデックのトップにリセットしておくと便利で、以下に解説するほとんどのトリックに利用できますが、この手順の後で2組の5枚のカードで行う「同じようにはできません」（207頁参照）を続けて演じるときには、方法(7)のようにカットしてダブルバック・カードをトップにリセットしておく必要はありません。5枚のカードを使うと言って、デックの適当な個所から1枚ずつ取って、表をちらっと見せながら、3枚をテーブルに裏向きに置き、つづけて、4枚目にダブルバック・カードをその上に、5枚目をまた表を見せて重ねて置きます。そして、デックを観客に渡し、好きなようにして5枚のカードを取り出してもらいます。

背中合わせ

　これは「私と同じように！」で始まり、それを受けて「あなたが自分でおやりなさい」と、観客自身で自分が選んだカードを「魔法使い」のように見付けてしまいます。この観客参加型の驚きの世界はあなたのカード・マジックのプログラムに趣を与えてくれる筈です。

ダブルバック・カード

効果
　デックを2つに分けて、観客とマジシャンとで1つずつ持ちます。観客に、「私と同じようにして下さい」と説明して、マジシャンは持っているパケットを背後に回し、カードを1枚取り出して表を見てから、背後に戻してパケットの上に置きます。観客にも同じことをしてもらいます。次に一旦それぞれのパケットを体の前に出し、マジシャンのパケットを観客のパケットの上に置いて観客が見たカードをデックの真中にします。そして、観客にそのデックを背後に持っていってもらい、トップカードを取って、ひっくり返して表向きにしてデックの何処かに差し込んでもらいます。マジシャンはデックを受け取り、テーブルの上でリボン状に広げて真中あたりに表向きのマジシャンのカードがあることを示します。そして、その表向きのカードと背中合わせになっているカードを表向きにすると、観客が選んだカードです。

秘密と準備
　この不思議のために必要なものは、1組のデックと同じ裏模様のダブルバック・カード1枚です。デックのトップにダブルバック・カードを置き、ケースにしまっておきます（ダブルバック・カードは「D」、観客のカードは「X」で図示してあります）。

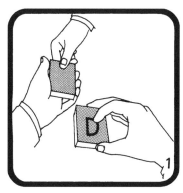

方法
(1)ケースから準備したデックを取り出しできるだけ均等に2つに分けて、下半分を観客に渡します。マジシャンが持っている上半分のトップはダブルバック・カードです。

(2)上半分のパケットを左手に持ち、両手を背後に回して、右手でパケットからカードを1枚抜き出し、体の前に持ってきて表を見て覚えます（♣Aとします）。観客にも同じようにするように頼んで、抜き出したカードの表を見て覚えてもらいます。

(3)互いにカードを見終ったところで、観客に、カードを覚えたら裏向きで後ろに回し、パケットの上に置いて揃えるように伝え、マジシャンもカードを後ろに回してパケットの上に置いた振りをします。実際には、後ろに回したらすぐに表向きにしてパケットのボトムに戻して揃えます。

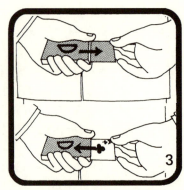

(4)ここで、パケットを体の前に戻し（パケットのボトムにある表向きのカードの存在に気付かれないように扱います）、観客にもそうしてもらいます。そして、マジシャンのパケットを観客のパケットの上に置いて、「私のパケットをあなたのパケットの上に置くと、あなたが覚えカードはデックの真中あたりになります」と説明します。こうすることで、観客の知らない内に、表向きになっているマジシャンのカードが観客のカードの上に背中合わせで重なることになります。そして、デックのトップにはダブルバック・カードがあります。

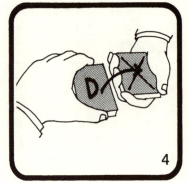

(5)観客にデックを持ってもらい、デックを背後に回して一番上のカード（マジシャンのカードだと思われていますが、実際はダブルバック・カード）を取り上げて……、

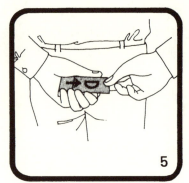

(6)ひっくり返して（観客は表向きにしたように思っていますが、実際はダブルバック・カード）、

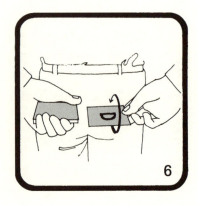

ダブルバック・カード

(7) デックの真中あたりに差し込むように言います。

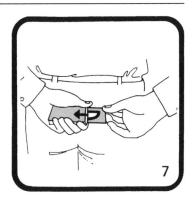

(8) それが終わったら、そのデックを裏向きでテーブルの上に置いてもらいます。「私のカードは♣Aで、今表向きになってデックの中にありますが……あなたのカードは何ですか?」と尋ねます。

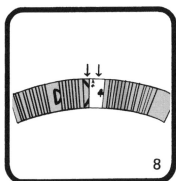

(9) テーブルの上でデックをリボン状に大きく広げて真中あたりにある表向きの♣Aを示し、その下にある裏向きのカードと一緒に取り出します。その裏向きのカードを表向きにして観客のカードであることを示します。観客は、自分が表向きにしてデックに差し込んだカードが、見事に自分のカードの位置を探知していることに、びっくり驚天でしょう。

コメント

マジシャンと観客それぞれがカードを選んで覚えるとき、そのカードを他の観客にも見せておくこともできます。

観客がダブルバック・カードをデックの真中あたりに挿入したとき、表向きのカード(♣A)の真下に挿入してマジシャンと観客のカードの間に入ってしまう可能性がわずかにあるので、リボン状に広げたデックから2枚のカードを取り出すときに覗き見して、表向きのカードの真下のカードがもしダブルバック・カードだったら、次のカード(これが観客のカード)を下に加えて3枚一緒の取り出します。そして、3枚のカードの真中にある裏向きのカード(ダブルバック・カード)を取り除き、「これは神秘のカードで、2人のカードを

193

見事に引き合わせてくれました」と言って、ダブルバック・カードをリボン状のデックに戻しておきます。

完璧なカード・フォース

　これは、ダブルバック・カードの特性をうまく使ったフォース（マジシャンが選ばせたいカードを観客に選ばせる技法）ですが、デックを注意深く慎重に扱わないと秘密が見破られてしまう危険があります。しかし、全く偶然に選ばれたように見えるよい方法なので、偶然性を強調したい特殊なトリックの為に備えておきましょう。

効果
　デックを裏向きでテーブルに置きます。観客にデックをカットしてもらい、そのカットした上部のパケットを残りの部分の隣りに置くように頼みます。マジシャンはカットした上部のパケットを取り上げ、表向きにして残りの部分（裏向き）の上に置きます。このデックを取り上げて観客に渡し、上部の表向きのカードを広げていって、裏向きのカードと接しているところで2つに分けるように言います。そして、裏向きのカードの一番上にあるカードを見て覚えてもらいます。観客が自由に好きな所でカットしたのですが、観客が覚えるカードは、マジシャンが知っているカードなのです。

秘密と準備
　1組のデックと同じ裏模様のダブルバック・カードが必要です。

(A)裏向きのデックのトップに「フォース（強制）」するカード（図では♠8で「F」で示してある）を表向きで置き、その上にダブルバック・カード（「D」で示してある）をその上に重ねておきます。

方法

(1)準備したデックをテーブルの上、観客の前に置き、好きな所でデックをカットして2つに分けるように頼みます。そして、2つに分けたら、上部のパケットを残りの部分の隣に置いてもらいます。このとき、観客の自由意志で好きな所で分けたことを強調しておきます。

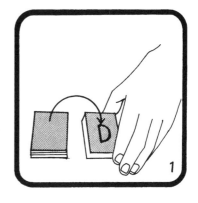

(2)注：観客のカードの扱いによっては、トップのダブルバック・カードがずれて、表向きのフォース・カード（♠8）が見えてしまうことがあるので注意して下さい。そこで、観客に行ってもらうことを説明するために、まず、自分でデックをきちんと丁寧に扱って2つのパケットに分けることを実演して見せることも賢明な策です。

(3)カットが終わったら、上部のパケットを取り上げ、慎重に扱ってひっくり返し、表向きにして残りのパケット（裏向き）の上に重ねて置き、「このようにカットしたカードを表向きにして重ねることで、どこで分けたかの目印になります」と説明します。

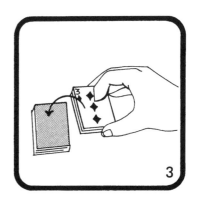

(4)注：以上のようにすることで、秘密の表向きのカードとダブルバックは自動的に裏向きになり、デックの中の裏向きの部分の最初のカードになります。

(5)デックを取り上げて観客に渡します。そして観客に、表向きのグループを広げていって、最初の裏向きのカードの所でデックを2つに分けてもらいます。

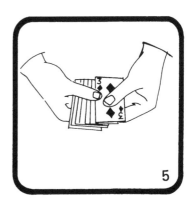

(6) その裏向きのカードを取り出してテーブルに置いてもらいます。

(7) 最初の裏向きのカードは、「フォース」カードの♠8です。このカードをテーブルに出した後、表向きのグループを裏向きに戻してデッキを揃えて演者に返してもらいます。
　完璧なカード・フォースの成功です。

コメント
方法(2)の注で述べたように、観客の軽率な扱いで、トップカード（ダブルバック）がずれて、表向きのフォース・カードが露出してしまってフォースが台無しになってしまう危険が伴いますので、観客が信用できないようなときには、自分でデックを扱う方がよいでしょう。例えば、左手で持ったデックの外端を右手でゆっくりとリフルしていって、観客に人差指を差し込ませて、そこでデックをカットして2つに分け、上部のパケットを慎重に表向きにして重ねるようにすることを勧めます。

2枚のカードのフォース

　これは、ダブルバック・カードを使ったフォースの中でもその効果は抜群で、それ自体、予言のトリックとして扱うことができます。ほとんど奇跡に近い現象ですが、技術は全く必要ありません。この魅惑的なトリックをあなたのプログラムに含める価値は十分あります。

ダブルバック・カード

効果

　まず、予言の封筒を観客に渡してから、カードケースからデックを裏向きで取り出し、トップカードを取り上げて、2人目の観客に裏向きで渡し持っていてもらいます。次に、デックをひっくり返して表向きで左手に持ちます。そして、2人目の観客に、表向きのデックの何処でも好きな所に持っているカードを裏向きのまま差し込んでもらいます。デックを揃え、再度ひっくり返して裏向きにして両手の間に広げていき、表向きのカードが見えたところで止めて、表向きのカードとその前後にある裏向きのカード1枚ずつ、計3枚のカードを観客に取り出してもらいます。ここで予言の封筒を開けて中から2枚のカードの名を書いてある紙片を取り出します。2枚の裏向きのカードを表向きにすると、予言は見事に当っています。

秘密と準備

　このミステリーに必要なものは、1組のデックと同じ裏模様のダブルバック・カード1枚だけです。そして次のような準備をします。名刺大の紙片にフォースする2枚のカードの名前を書き、封筒に入れて封をのり付けして上着のポケットにしまっておきます。次に、デックを表向きで広げて、予言の紙片に書いた2枚のカードを見付けて2枚一緒にデックの真中あたりに配置します。そして、任意のカードを1枚取り出し、裏向きにして2枚の予言のカードの間に入れておきます。最後にデックを裏向きにして、トップにダブルバック・カードを置き、ケースに入れて準備完了です（デックの状態：裏向きで、トップにダブルバック、真中あたりに表向の1枚（♣6）、その上下に予言のカードがあります）。

方法

(1)上着のポケットから準備した封筒を取り出し、「この封筒の中には、2枚のカードの名前を予言した紙片が入っています」と説明して、テーブルの上に置いておくか、観客の1人に持っていてもらいます。そして、カードケースを取り上げます。

(2)ケースからデックを取り出して裏向きで左手にリーディング・ポジションで持ち、右手でトップカード（ダブルバック）を取って、2人目の観客に手渡します。「そのカードは表示板として使いますので、そのまま裏向きで持っていて下さい」と説明します。

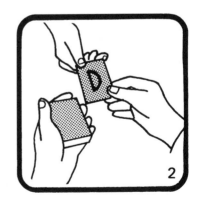

(3) そして、デックを表向きにして左手に持ち、手渡した「表示板」カードを裏向きのまま、表向きのデックの好きな所に差し込んでもらいます。

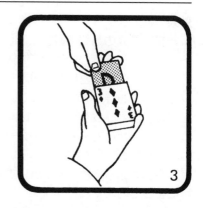

(4) 注：観客は、表向きのデックの中に裏向きのカードを入れると、そのカードだけがデックの中で逆向きになっていると思いますが、そのカードがダブルバックであることは知りません……しかし、デックにはあらかじめ逆向きになったカード（♣6）が1枚準備されています。

(5) 観客が表示板カード（ダブルバック）をデックに挿入したら、デックをきちっと揃えてからひっくり返してデックを裏向きにして、「デックを裏返しにすると表示板カードだけが表向きになっています。そうですね！」と同意を求めます。

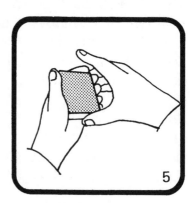

(6) 裏向きのデックを広げていって、真中あたりに表向きのカード（♣6）があることを示し「ありました、表示板カードの♣6です」と説明をつづけます。

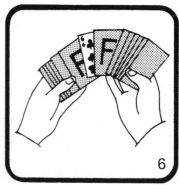

(7) そして観客に、表向きの表示カード♣6の両脇にある2枚のカードを取ってもらいます。

(8) 観客に、取り出した2枚を表向きにしてもらいます。ここで、封筒を預けておいた観客に、封筒を開けて予言の紙片を読んでもらってミステリーを完成させます。

コメント
　表示板カード挿入の別の扱い方もあります。まず、準備したデックを裏向きで観客に渡し、そのデックを左手に持って両手を背後に回してもらいます。そして次のように指示します。「右手で一番上のカードを取り上げて、ひっくり返して表向きにして、デックの好きな所に差し込んで下さい。終ったらデックをきちっと揃えてテーブルの上に置いて下さい」以上が終ったところで、テーブルの上で裏向きのデックをリボン状に広げ、表向きになっている表示板カード♣6を見付けてその両脇にあるカードを取り出します。……この扱い方をするときは、観客の後ろに誰1人居ない状態のときに限ります。

追加メモ：同じ方法で、2枚ではなく1枚のカードをフォースすることができます。表示カードと表が向き合っているカードを使用することを伝えてから※解説してあるように行って、表向きになっているカードの真上のカードを観客に選んでもらうのです。

置き換わり

　3つの要素を組み合わせて生み出した、超不思議現象です。ダブルバック・カードとダブル・リフト（138頁参照）と裏のあるひっくり返しの3つです。この3つの要素の長所を巧みに絡み合わせて観客の思考を惑わせて超不思議を演出しています。

効果
　デックの中から、観客に自由に1枚のカードを選んでもらいます。観客はそのカードの表に自分のイニシャルを書いてマジシャンに戻し、マジシャンはそのカードを裏向きにし

てテーブルの上に置きます。次に、デックを観客に渡し、両手の間で広げてもらい、今度はマジシャンがカードを1枚選び、イニシャルを書いて、テーブルの上の観客のカードの隣に裏向きで置きます。この後、観客に2枚のカードの位置を交換してもらい、2枚を表向きにしてもらうと、誰もが観客がサインしたカードだと思っているカードがマジシャンのサイン・カードになっています。

秘密と準備

　1組のデックと同じ裏模様のダブルバックを用意して、次のように準備します。(A)数の少ないカード（例えば♣3）の表に、マーカーペンで自分の名前（又はイニシャル）を記入します。(B)ダブルバックの両面の4隅に鉛筆で小さな印しをつけます（印しはじぶんだけが分かる小さな「点」にします）。(C)準備：名前を書いたカード♣3を表向きで裏向きのデックのトップに置き、その上にダブルバックを重ねてデックを揃えます（ダブルバック・カードには「D」と図示してあります）。

方法

(1)デックを両手の間に広げて（上から2枚目の表向きのカードが見えないように注意）、観客に1枚のカードを自由に選んで取ってもらいます。

ダブルバック・カード

(2) 選んだカード（例えば◇4）の表に観客自身の手でマーカーペンで観客の名前（又はイニシャル）を書いてもらいます。

　注意：次の方法(3)(4)(5)はとても重要な操作であり、不思議現象を作る真の秘密でもあるので、注意深く読んで下さい。

(3) 観客が名前を書いている間に、右手で補助しながら、密かにデックのトップ2枚目の下（ダブルバックと表向きの♣3の下）に、左手の小指でブレイクを作っておきます。

(4) 観客の署名が終ったら、そのカードを表向きでデックのトップに置き、息を吹き掛けるなどして、署名のインクを乾かす演技をします。

(5) 直ぐにブレイクから上の3枚を1枚のように扱って、デックの上で裏返します。3枚を1枚のように扱うことを「トリプル・リフト」と言います。以上の操作によって、表向きで準備した演者の署名カード♣3が裏向きになってデックのトップになりますが、観客には、自分が署名したカードに見えています。

3枚を1枚のように裏返す

201

(6)注：観客のカード◇4は、裏向きでトップから3枚目になり、ダブルバックが2枚目、トップが裏向きの演者のカードです。

(7)「あなたのカードをあなたの前に置いておきますから、しっかり見張っていて下さい」と言って、トップカード（本当は演者のカード）をテーブルの上、観客の前に裏向きで配ります。

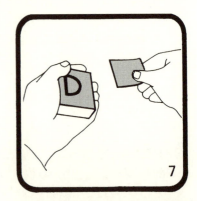

(8)デックを真中あたりでコンプリート・カットして、ダブルバックと観客のカードをデックの真中あたりに配置しておきます。

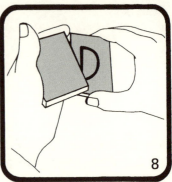

(9)デックを観客に渡します。そして、デックを裏向きで両手の間に広げるように頼みます。

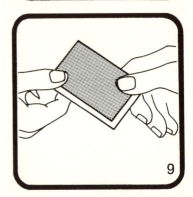

ダブルバック・カード

(10) 観客がデックを広げ始めたら、注意深く見て、隅に小さな鉛筆の点が付いているカード(ダブルバック)を見付けます。

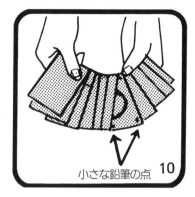
小さな鉛筆の点

(11) ダブルバックを見付けたら、その次(下)のカードを取り出します。このカードが観客の署名のあるカードです。

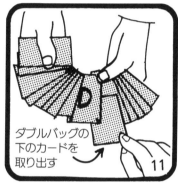
ダブルバッグの下のカードを取り出す

(12) 観客に表を見せないように注意して、マーカーペンを手にして署名をしている振りをして、裏向きでテーブルの上、演者の前に配ります。観客は、そのカードは無作為にデックの中から選ばれ、マジシャンが署名したカードだと思っています。

(13) 仕掛けは完璧です。あとは仕上げだけです。観客に、テーブルの上にある2枚のカードの位置を入れ換えるように指示します。この後、不思議パワーを起こすちょっとした演技をしてから、演者の前にあるカードが、マジシャンのカードに変化したことを示します。びっくりした観客は慌てて手元のカードを見て自分のカードに変わっていることを確認します。不可能な置き換りの完成です!

コメント
　このトリックの秘密は、まだ誰もが漠然と見ている初期の段階で、観客が全く自由に選んだカードの表に署名をしているときに来ます。この時点では、デックは観客の視野の対象外なので、トップの2枚の下に左手の小指でブレイクする時間は十分にあります。この後、トリプル・リフトでトップの3枚を1枚のように扱って裏返したところで仕掛けの殆んどは終っています。

　ダブルバック・カードの鉛筆の点は、できるだけ小さく、そして薄く付けて、そのつもりで探していないと気付かないようにします。そして、必ず両面に付けるようにして、どちらの面が上になっても対処できるようにしておくことを勧めます。
　ダブルバック・カードの中には、使用デックの裏面の色と若干異なっているものもあります。このようなダブルバックであれば、鉛筆の点は必要ないでしょう。

完璧な捜索

効果
　マジシャンはデックを観客に渡して後ろ向きになります。観客は、そのマジシャンの指示に従って、デックを好きなところでカットして表向きにしてカードを覚えたら、カットした部分を元に戻します。ここでマジシャンが向き直り、デックを手にして表向きでリボン状に広げると、裏向きになっているカードが1枚だけあります。このカードが観客のカードを探し出す特別探索カードで、見事に観客のカードを見付け出します。

秘密と準備
　このトリックの唯一の秘密と準備は、デックのトップにダブルバック・カードを置いておくことだけです。後は、観客の行動によって自動的に観客のカードは発見されます。

方法
(1)準備したデックを裏向きで持ち、(ゆっくりと)テーブルの上でリボン状に広げて、全て裏向きであることを何気なく示します(特に観客の注意を喚起こする必要はありません)。これは、手順のほとんどの作業をお客さんにやって頂き、不思議な結果だけは私の功績という「特殊」なカード・トリックです。と説明します。

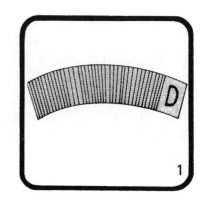

ダブルバック・カード

(2)カードを集めて揃え、裏向きで観客に手渡します。そして、これから後ろ向きになって指示を出すので、観客に従ってもらうように頼みます。

(3)観客に背を向けます。初めの指示で…デックを好きなところでカットして、右手で上部のパケットを取り上げてもらいます。

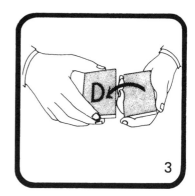

(4)次の指示で……右手で取り上げたパケットをひっくり返して（表向きにして）残りのデック（裏向き）の上に置いて揃えてもらいます。

(5)そして、今デックのトップにある表向きのカード（図では♣5で×印がしてあります）をしっかりと記憶してから…

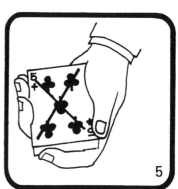

205

(6)デックを広げていって、表向きのカードと裏向きのカードとが出会っているところで分けて、全ての表向きのカードを右手で取り上げるように指示します。

(7)注:観客には分かりませんが、上記のところで分けると、ダブルバックが裏向きのカードのグループの一番上になります。

(8)さらに指示をつづけて……右手で取り上げた表向きのカードを裏向きにして下部の裏向きのカードの上に重ねてもらいます。見た目には、デックを元の状態に戻しただけのように見えています。しかし実際は、観客が記憶したカード（♣5）をダブルバック・カードの真上に置いてしまうことになります。
　以上が終わったところで、演者は前に向き直ります。

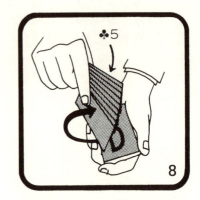

(9)そして、観客に何回かカットしてもらい、デックを良く混ぜてもらいます。但し、カットは全て「シングル・カット」にしてもらいます。観客が望むだけデックをカットしたところで、このトリックの始まりから今まで、デックは観客の手にあり、演者は1度も触っていないことを強調します。

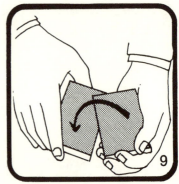

ダブルバック・カード

(10)デックを戻してもらい、テーブルの上で表向きでリボン状に広げて、1枚のカードが裏向きになっていることを示します（実際は、ダブルバック・カードです)、その裏向きのカードに注意を喚起して、1組のカードの中には「探索」専門のカードがあることを説明します。

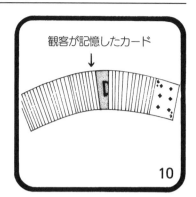

(11)その裏向きの「探索」カードの真下にあるカードを引き出して、それが観客のカード♣5であることを示します。

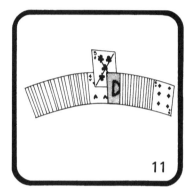

コメント
　全てのことを自分自身で行った観客にとっては、「探索」カードの出来事は、謎のまた謎でしょう。

同じようにはできません

　観客参加型のマジックの導入は、今日のマジックにとって重要な一面であり、「私と同じことをやって下さい」タイプのトリックはそのよい例の1つです。

効果
　マジシャンは、観客と自分に5枚ずつカードを裏向きで配ります。次にマジシャンは、自分のパケットのトップから1枚ずつゆっくりとボトムに、あるときは表向き、あるときはそのまま裏向きで移動して行きます。観客にも全く同じ事を行ってもらいます。5枚のカードを広げて見ますと、マジシャンの5枚は全て裏向きですが、観客の5枚は1枚だけ表向きになっています。もう1度行ってみますが結果は同じで、観客の方はどうしても1

枚だけが表向きです。何故でしょう。

秘密と準備
　このトリックは技法を一切使わず、秘密は、マジシャンの5枚の中に1枚のダブルバック・カードを混入させておくことが秘密です。デックのトップから9枚目にダブルバック・カードを置いておきます。まずデックのトップから1枚ずつ5枚を観客に配り、次に同じように1枚ずつ5枚を自分に配ることで、ダブルバックを自分のカードの上から2枚目に配るのです。裏向きの5枚の上から2枚目にダブルバック・カードを配ることが唯一の秘密です。

方法
(1) 準備したデック（上から9枚目にダブルバック）のトップから1枚ず5枚を観客に、次の5枚を自分に配ります。デックの残りをポケットにしまってから、手元の5枚を扇状に広げて全て裏向きであることを示し（上から2枚目がダブルバック「D」）、観客の5枚も同じように全て裏向きであることを確認してもらいます。

(2) これからカードを1枚ずつ動かしていきますから、私と同じように動かして下さいと観客に説明してから、まず初めに、トップカードを取り上げ、表向きにしてボトムに移します。観客にも同じように行ってもらいます。

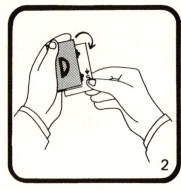

(3) 2回目に、またトップから1枚取って、今回は裏向きのままボトムに移します。観客も同じことをします。以下同様に観客に同じことをやってもらいます。

ダブルバック・カード

(4) 3回目、トップカードを取り上げて表向きにしてボトムに移します。

(5) 4回目、またトップカードを取って裏向きのままボトムに移します。

(6) ここで一旦動作を止め、観客が演者の動きに間違いなく付いて来ているかどうかを確認する為に、手元の5枚を扇状に広げて、3枚の裏向きのカードの間に、2枚の表向きのカードがサンドイッチ状態で挟まれていることを示し、観客の5枚も演者と全く同じ状態であることを改めます。

(7) カード閉じて揃えます。そして、次の動きも正確に従うように指示して、まず裏向きのトップカードを取って表向きにしてトップに戻します。観客も同じことを行います。

(8) 次に、5枚のカードを一括してひっくり返します。

(9) そして最後の動きで、表向きになっているトップカードを取って、裏向きにしてトップに戻します。

(10) ここからが見せ所です。演者の5枚を扇状に広げると、5枚のカードは全て裏向きですが…

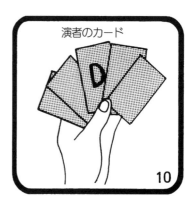

演者のカード

(11) 観客も同じように広げると、4枚の裏向きのカードの真中に表向きのカードが1枚残っているではありませんか？

注：トリックが終った後、裏向きの5枚を揃えてトップカードをボトムに移動するだけで、ダブルバック・カードは所定の位置（上から2枚目）に戻り、トリックを繰り返す準備ができます。

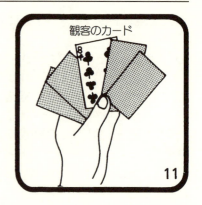

コメント

　記述してある通りに行えば、多くの場合成功裏に終了することができますから、トライしてくれた観客に賛辞を呈して終わるか、他にトライする人を何人か募り、それぞれにカードを5枚ずつ配って、最初の犠牲者と一緒に「グループ参加」の形にして行い、参加者全員が同じことが出来ない結果を大笑いして終了という手もあります。あるいは、既に手中にあるダブルバック・カードを含む別のトリックに移ることもできます。

ダブルフェイス・カード

　伝説のマジシャン、バーリング・ハルは、「ダブルフェイス」カード（両面が表のカード）を開発したときに、画期的な原理に基づく独創的なカード・マジックをいくつか発表しました。この原理によって、マジシャンは長時間の練習なしで「奇跡」を演じ、高度な手練と同等の評価を得ることができることから、今日では広く使われるようになりました。ダブルフェイス・カードは、借用したほとんどのデックで使用可能なので、カード・マジシャンにとっては強い味方になっています。

ツー・カード・モンテ

　普通のデックで演じている一連のカード・マジックの手順に特別なカードを使ったトリックを導入することで不思議さは増幅し、これに熟達した手際を加えることで、一見不可能な現象を作り上げることができます。

ダブルフェイス・カード

効果

　マジシャンは、デックから赤いカードと黒いカードを1枚ずつ対照的な2枚を取り出して、背中合わせで持ちます。この状態で何回か両面を見せた後、表向きの赤いカードを左手に持って、それを背後にもっていきます。裏向きの黒いカードはそのまま右手に持っています。ここで、背後にあるカードは何色だったかを尋ねると、観客は「赤いカード」と答えます。マジシャンが背後からカードを出すと、黒いカードに変化しています。何度か同じことを行いますが、結果は常に同じで、背後に持っていったカードは、右手に持っている裏向きのカードと、いつの間にか入れ替っています。

秘密と準備

　秘密は使用するカード自体にあります。2枚の内の1枚はダブルバック・カードで、もう1枚は、片面が黒いカード（♣5）でもう一方が赤いカード（♡A）のダブルフェイス・カードです。まず、この2枚のカードの特殊操作マスター・ムーブを方法の(1)～(4)で習得して下さい。

方法

(1) ダブルバックを上にして、図のように斜めにずらして重ね、右手で親指を上、人差指と中指を下から当てて持って示します。

(2) 次に、手を矢印の方向に返しながら、上のカード（ダブルバック）を親指で左に、下のカード（ダブルフェイス）を人差指と中指とで右に素早くずらして、2枚のカードの位置を逆にします。このカードの操作は、右手の回転動作の中で実行します。

(3)右手の回転が終わるのと同時にずらし操作も終えます。つまり、手の甲が上になり、違う表(♡A)が見えています。秘密のずらし操作のおかげで、最初に裏向きだったカードの表のように見えます。

(4)ここで今度は、右手を逆に回転（右にひねる）させながら、カードのずれも元に戻して初めと同じ状態で示します。以上がマスター・ムーブです。

(5)マスタームーブがスムーズに行えるようになったら、ツー・カードモンテを始めましょう。
　右手のダブルバック・カードを、黒い面(♣5)を上にしたダブルフェイス・カードの上に重ねて、マスタームーブの持ち方で右手に持ちます。

(6)マスタームーブで2枚のカードの両面を示しながら、「このトリックでは、黒いカードの♣5と赤いカードの♡Aの2枚のカードを使います」と言って。

(7)左手で表向きの♣5（ダブルフェイス）をつかんで背後に持っていきます。このとき、うっかり反対面の♡Aがちらっと見えてしまうことがないように気を付けて下さい。

ダブルフェイス・カード

(8)ここで観客に、右手に残っている裏向きのカードの名前を尋ねますと、観客は「ハートA」と答えるでしょう。この問い掛けのときに、背後に持っていったダブルフェイス・カードを密かにひっくり返して♡Aの面を上にしておきます。

(9)「残念！♡Aはこちらです」と言って、左手を前に戻してきて、♡Aを示します。

(10)左手の♡A（ダブルフェイス）を右手の裏向き（ダブルバック）のカードの下に置いてマスター・ムーブの持ち方で右手に持ちます。お好みなら、繰り返して演じて下さい。

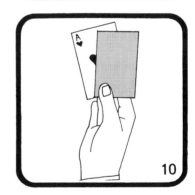

コメント

　モンテ・トリックの導入部として次のような方法があります。あらかじめ、デックのトップにダブルバック、ボトムにダブルフェイスを置いておきます。デックを取り上げ、表向きにしてさらっと広げて普通のカードであることを何気なく示してから、上から（ダブルフェイス）1枚ずつ3枚を表向きでテーブルの上に並べて配ります。デックを裏返して、今度はトップから（ダブルバック）1枚ずつ3枚を裏向きで、今配った表向きのカードの上に配って、ダブルフェイスとダブルバックのペアと2組の表合わせの普通のカードのペアを作ります。デックを傍らに置いてから、まず普通のカードのペアを取り上げてマスター・ムーブの持ち方で右手に持ち、ムーブをしないで何回か両面を示します。もう1つ

213

の普通のカードのペアでも同様にしてから、残っている第3のペア（ダブルフェイスとダブルバック）を使おうといった感じで、2組の普通のカードのペアをデックに戻し、第3のペアを取り上げて手順に入ります。

新しいカード・モンテ

　デックから2枚のカードを取り出し、裏表を示してから、2枚を背中合わせに揃えて空のケースの中に入れます。そして、ケースの中から1枚のカードを表向きで取り出してきて、公然とシャツのポケットに入れます。ここで観客がびっくりするような事がおこります。ケースに残しておいたカードとシャツのポケットに入れたカードとが互いに空間移動してその場所を変え、ケースの中にあるべき筈のカードがポケットから現れます。観客がケースを開けると、ポケットに入れた筈のカードがそこにあります。全てを調べてもらうことが出来ます。

秘密と準備
(A)ダブルフェイス・カードを1枚使います。仮に♡7と♠10のダブルフェイスを使うことにします

(B)トリックを始める前に、上記のダブルフェイス・カードをシャツの胸ポケットに入れておきます。このとき、ダブルフェイスのどっちの面が観客の方を向いているかを覚えておきます（♡7とします）。

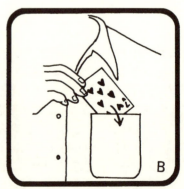

方法

● 第1段──前説

(1) ケースからデックを取り出し、フラップを開けたまま、フラップが下になるように（半円の切り込みが上）ケースをテーブルに置きます。そしてデックを表向きにして両手の間で広げ、ダブルフェイス・カードと同じ表のカード（♡7と♠10）を探し出して取り出すのですが「対照的な2枚を使いましょう」と言って、適当に選んだように見せて♡7と♠10を図のように突き出します。

(2) デックから2枚のカードを取り出し、残りのデックをテーブルの傍らに置きます。そして、手元の2枚のカードを♡7を上にして背中合わせに重ねて揃えます。

(3) ケースを取り上げて、上記の2枚をケースに入れ、フラップを閉めてテーブルに戻します。「これからこのケースの中から1枚のカードを取り出して、私のポケットの中にしまいますので、どっちのカードがケースの中に残っているかを覚えておいて下さい」と観客に頼みます。

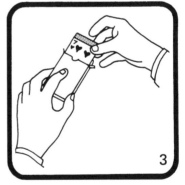

(4) ケースを開けて、中から♡7を取り出してきて、♡7の表を観客の方に向けて、シャツのポケットにしまいます（ポケットの中に忍ばせてあるダブルフェイスの後ろに入れます）。

(5) ここで観客に、ケースの中に残っているカードの名前を聞きます。勿論、答えは♠10でしょう。同時に、演者はシャツのポケットに手を伸ばし、♡7の面が観客の方に向いているダブルフェイスをポケットから取り出して来て（裏面の♠10が見えないように注意）ケースの隣りに置きます。

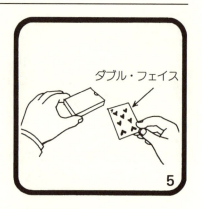

(6) 注：ケースから取り出して、目の前でポケットに入れた♡7をポケットから取り出したように見えています（実際はダブル・フェイスの♡7）。

(7) すぐにケースを開けて、中にある裏向きのカードを取り出し、表向きにして♠10であることを示します。「簡単だったでしょ。それではもう少し難しくしましょう」

● 第2段──入れ替わり
(8) 方法(2)と(3)と同じ操作を繰り返し、2枚のカードを♠10を裏向きにしてその上に♡7（ダブルフェイス）を表向きに重ねて揃え、ケースの中に入れます。

(9) 注：前と全く同じ動作を繰り返して、2枚のカードを背中合わせに重ねてケースに入れたように見えています。

ダブルフェイス・カード

(10)次に、ケースを左手で取り上げ、フラップを閉めてテーブルの上に戻すとき、さり気なく左手を返してケースをひっくり返してフラップが下になるように置きます。こうすることで、ケースの中のカードもひっくり返り、普通の♠10は表向きになり、その下に♠10の面が上になったダブルフェイスがあるという状態になります。

(11)これから前と同じように、ケースから1枚のカードを取り出してポケットに入れるので、2枚のカードのある場所をしっかりと覚えておくように頼んでから、左手でケースをちょっと持ち上げてフラップを開け、下になっているカード(♠10の面が見えているダブルフェイス)を取り出します。観客は、ケースの中に♡7が残っているように思います。

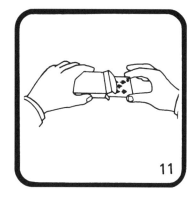

(12)取り出したダブルフェイス・カードを一旦テーブルに置いて、すぐにケースのフラップを閉めて、ケースの中の♠10が見えないようにします。

(13)ダブルフェイス・カードを取り上げてシャツのポケットの中(ポケットに残っている普通の♡7の後ろ)に入れながら「よく見ていて、私にだまされないようにして下さい」と言います。

(14)ダブルフェイス・カードをポケットに入れ終ったら、左手の指先でケースを取り上げ、前後に軽く振りながら「こんな風にケースを振ると、2枚のカードの位置に何らかの影響を与えると思いますか？」と問い掛け、返事が何であれ、右手をシャツのポケットに入れて普通の♡7を取り出してきてテーブルの上のケースの隣に置きます。

(15)そして、観客にケースの中から♠10を取り出してもらって、不可能な配置転換を完了します。

コメント

あらかじめ、普通の♡7をシャツのポケットに入れ、ダブルフェイス・カードの♡7の面を表にしてセットしたデックをケースに納めておくことで、方法(8)から始めることができます。

次のようにします。ケースからデックを出してケースをテーブルに置きます。そして、デックから2枚のカード♡7（ダブルフェイス）と♠10を取り出してテーブルに表向きで置きます。残りのデックを片付けてから、♠10を裏向きにして♡7を重ねます。2枚をきちっと揃えてひっくり返して♠10を示し、再びひっくり返して♡7を示したとき、それとなく2枚を少しずらして♠10の裏面を見せてからケースにしまって方法(9)に移ります。

注：シャツの生地によってはカードが透けて見えてしまうことがありますが、そんなときには上着の内ポケットかズボンのポケットを使用します。もし、ズボンのポケットを使うときには、あらかじめセットしてあるダブルフェイス・カードにゆがみや折れ目が付かないように気をつけましょう。

重要なポイント：このトリックの優れているところは、開始時のデックの中やトリックの終りにダブルフェイス・カードが無く、全て調べさせることができることです。

ダブルフェイス・カード

ひっくり返るカード

　特別なカードの存在がなければ絶対に不可能な現象がひとりでに繰り返してできます。効果を注意深く読んで、観客に与える影響を自分で試してみて下さい。

効果

　観客に、デックを好きなところでカットしてもらい、2枚のカードを選んでもらいます。次に、マジシャンはシャフルを始め、観客のカードを1枚ずつデックに戻してもらいます。すぐに、マジシャンはそのデックをテーブルの上でリボン状に広げて、観客が選んだカードの内の1枚が、デックの真中あたりで表向きになっていることを示します。マジシャンは表向きのカードを取り出して正常な向きでデックに戻してから、もう一度奇跡を見たいですかと尋ねます。観客の「はい！」という答えに応じて、デックを再びテーブルの上でリボン状に広げ、観客が選んだカードのもう1枚が、裏向きのデックの真中あたりで表向きになっていることを示します。全ての動作は公然と行われ、観客の驚きは格別です。

秘密と準備

(A)普通のデックとダブルフェイス・カード（♡Aと♠5）1枚を使います。準備：デックからダブルフェイス・カードと表が同じカード2枚（♡Aと♠5）を取り出して、次の(B)のようにセットします。

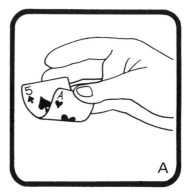

(B)取り出した2枚の内の1枚を（♡Aとします）デックのトップに、もう1枚を（♠5）ボトムに置きます。そして、ダブルフェイスの♠5の面を表にして、ボトムから2枚目にセットしてケースにしまっておきます。

方法

(1)カードケースからデックを取り出し、テーブルの上、観客の前に裏向きで置きます。

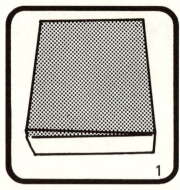

(2)観客に、デックを好きな所でカットしてもらい、カットした上の部分をテーブルに置いてもらいます。このとき、観客が自由に選択した所でデックをカットしたという事実を強調して下さい。

(3)次に演者は、カットされたデックの下の部分をテーブルから取り上げて、図のように上の部分の上に横向きに重ねて置きます。

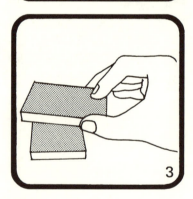

(4)以上のようにすることによって、デックのトップとボトムに準備しておいた♡Aと♠5が、今2つのパケットが交差しているところで一緒になっています。しかし観客は、この2つのパケットの接点を自分がカットして分けた所だと思っています。

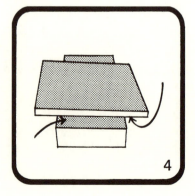

ダブルフェイス・カード

(5)少し間を取ってから「ときどき、自由に選んでもらった2枚のカードが同じスート（マーク）のときがありますので、確認して下さい」と言って、横向きになっている上のパケットを持ち上げて、ボトムのカード（♠5）を引き出してきます。そして……

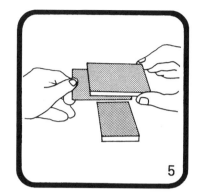

(6)…テーブルの上に裏向きのまま置きます。同時に、持ち上げた上のパケットもテーブルの脇に置きます。

(7)次に、残っている下のパケットのトップカード（♡A）を取り上げて、テーブルの上にある♠5の隣りに裏向きのまま置きます。

(8)以上のようにして「フォース（強制）した2枚のカードが裏向きでテーブルの上にあります。「あなたが選んだ2枚のカードを見て、スートが同じでなかったら、しっかり覚えておいて下さい」と頼んでから、下のパケットを取り上げて、脇に置いておいたパケットの上に重ねてデックに戻します。これでデックのボトムはダブルフェイス・カードになります。

(9) 演者はデックを取り上げてヒンズー・シャフルをしながら、観客に、カードを戻したりしたところで「ストップ」と言うように頼みます。

(10)「ストップ」が掛かったらシャフルを止め、左手のパケットを観客の方に伸ばして、2枚の内の1枚を左手のパケットの上に戻してもらいます。

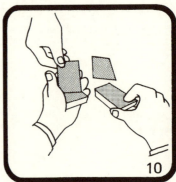

(11) そのままシャフルを続けていき、もう一度「ストップ」を掛けてもらって、2枚目のカードをデックに戻してもらいます。

(12) 注：カードはデックのどの位置に戻してもらっても構いません。

ダブルフェイス・カード

(13) 2枚目のカードが戻してもらったら、右手に残っているパケットを左手のパケットの上に置いてデックを揃えます。

(14) デックの端を何回かリフル（弾く）してから、「こうして魔法を掛けると、1枚目のカードがデックの中で表向きになります。こんな風に！」と言って、デックをテーブルの上で裏向きでリボン状に広げ、♡Aが表向きになっていることを示します。

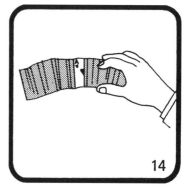

(15) 表向きの♡A（ダブルフェイス）を広げた裏向きのデックから抜き出してテーブルにそのまま置いてから、広げたデックを集めて揃えます。

(16) そして、デックを表向きにして左手に持ち、右手で♡A（ダブルフェイス）を取り上げて、図のようにデックの中に挿入します。観客には、♡Aを「正しい向き」でデックに戻したように見えています。このとき、♡Aの裏面がちらっと見えたりしないように注意して下さい。

(17)「2枚目のカードを見付け出すのは、1枚目ほど易しくはないのですが、トライしてみましょう！」と言って、デックを裏向きにして、再びテーブルの上でリボン状に広げて、♠5（ダブルフェイス）が表向きになっていることを示します。

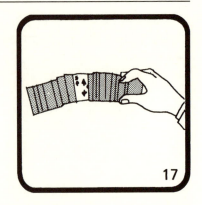

(18)ダブルフェイスのお陰で、怪し気な動きもなく即座にまるで魔法のように、デックの中で1枚ずつひっくり返る現象に観客はただ唖然とするばかりでしょう。

コメント

　ヒンズー・シャフル以外は、これといった技法も使用していないこのトリックで、唯一の懸念はダブルフェイス・カードの取り扱いです。観客がカットして上半分をテーブルに置いた後、演者が下半分を取り上げるとき、うっかりしてボトムにあるダブルフェイス・カードをずらしたり、取り残したりしないように十分に気を配るようにしましょう。

　また、次のトリックに続けるつもりなら、ダブルフェイス・カードを処理する必要があります。一番簡単な方法は、演技が終った後、ダブルフェイスを表向きのデックの上に置いて揃え、一旦デックを上着のポケットにしまい、親指でダブルフェイス・カードをポケットの中に落としてから、思い出したようにデックを取り出して次の手順に入ります。

不可能な予言

効果

　マジシャンは、封のしてある小さな封筒を取り出してテーブルに置いてから、デックを裏向きで観客の前に置きます。観客にデックをカットさせて2つのパケットに分け、分けたところから1枚ずつ2枚のカードを取り出して裏向きのままテーブルに出します。観客にどちらか好きな方を自由に選んでもらったところで、予言の封筒を開けて、中にある1枚のカードを表向きでテーブルの上に出します。観客が自分の選んだカードを表向きにすると、予言が見事に当っていることが証明されます。勿論、封筒の中には何も残っていません。

秘密と準備

　普通のデックと(A) 1枚のダブルフェイス・カード（♣3と♦8）と厚手の小さな封筒（中が透けない紙質のもの）1枚を用意して、(B)ダブルフェイス・カードを封筒に入れて封を

します。このとき、封のある面の方にダブルフェイスのどっちの面（例えば♣3）があるのかを覚えておきます。(C)この封筒をポケットに入れます。そして、(D)デックの中からダブルフェイスの2面と同じ表のカード（♣3と♢8）取り出し、デックのトップに♣3を、ボトムに♢8をセットしてケースにしまっておきます。

方法

(1)これから起こる現象は、マジックというよりは神がかり的なものかもしれませんと言って、ポケットから準備した封筒を取り出し、「これは予言の封筒です」と紹介して、観客の1人に持っていてもらうか、全員が見えるところに置いておくかします。

(2)次に、カードケースからデックを取り出し、裏向きでテーブルの上に置きます。観客の1人に、デックを好きなところでカットして2つに分けてもらい、取り上げた上半分を残っている下半分の傍らに置いてもらいます。

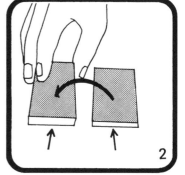

(3)ここで演者下半分を取り上げ、横向きにして上半分の上に交差して置きます。

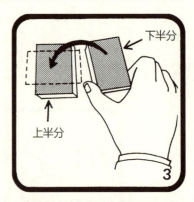

(4)以上のようにすることで、初めにデックのトップ(♣3)とボトム(◇8)にあったカードが、今はデックの真中あたりで一緒になっています(上部のパケットのボトムが◇8で、その下にあるカードが♣3です)。しかし観客は自分が自由にカットしたところが、交差しているところと思い違いをします。

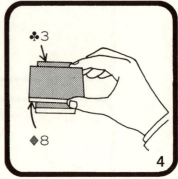

(5)少々間を取ってから、右手で横向きの上部のパケットを持ち上げ、左手でボトムカード(◇8)を引き出して……

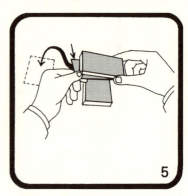

(6)…裏向きのままテーブルに置きます。

ダブルフェイス・カード

(7)次に、残っている下部のパケットのトップカード（♣3）を取って…

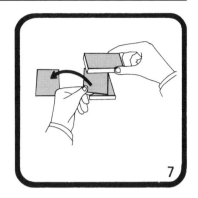

(8)…裏向きのまま、テーブルに置いてあるカード（◇8）の隣りに置きます。

(9)右手に持っているパケットを下部のパケットに重ねて片付けてから、観客に、2枚のカードの内の1枚を自由に選んでもらいます。

(10)仮に◇8の方を選んだとしましょう。演者は、選ばれなかった方を取り上げて表（♣3）を示してからデックに戻します。ここで、予言の封筒を取り上げて、「この予言の封筒は、皆さんの目の届くところにず〜っと置いてありました」と言って、この封筒に誰も触れていないことを強調します。

(11)封筒の封を手掛りにして、選ばれたカードと同じ表（◇8）が上になるように予言の封筒を観客のカードの横に置きます。

(12)ここでまず、観客に彼が選んだカードを表向きにしてもらって全員に見てもらいます。次に封筒を取り上げて端を破り取ります。

(13)そして、図のように破り口からダブルフェイス・カードをテーブルの上に滑らせて出します。予言は大成功です！

(14)すぐに封筒を観客に手渡し、中に何も残っていないことを改めてもらいます。この間に、ダブルフェイス・カードを取り上げてポケットに処理しておきます。

コメント

　この手順には、いろいろなオプションがあります。例えば、観客の１人に予言の封筒にサインをしてもらって、取り替え不可能にしておくとか、観客がデックをカットして２つに分けたとき、上部のパケットの上に予言のカードを置いてから、観客にその上に下部のパケットを重ねてもらって「カットを完了」するアイデアもあります。こうすることで、デックの真中あたりに封筒を挿入したという印象をえることができます。また、手順の仕上げにとりかかる方法(11)の後、観客のカードを表向きにする前に、予言の封筒を開けて予言のカードを取り出し、神秘性を一層高めることもできます。そして、封筒は改めずに、テーブルの傍らに置いておき、予言が当っていることを示してから別のデックを取り出してダブルフェイス・カードをしまいます。この後で、疑い深い観客が封筒を取り上げ、空であることを観客の意思で確認させる手もあります。

集合する4枚のカード

これは、古典的なカード・トリックの代表的な現象の1つで、偉大なマジシャン達が好んで演じた現象です。ここに示した方法は、段取りだけで技術を全く必要としませんので、解説を読んですぐに実行することができます。

効果

デックから4種類の同じ数のカード、例えば4種類（◇♣♡♠）のAを取り出して表向きでテーブルの上に並べます。この4枚のAの上に、それぞれ3枚ずつ裏向きのカードを配って4つのパケットを作り、観客に1つのパケットを選んでもらって、そのパケットを観客の前に置きます。他の3つのパケットは重ねてデックに戻し、何回かカットしてからデックを表向きにします。デックの上で指を鳴らしておまじないを掛け、デックをリボン状に広げると、3枚のAは消え失せています。観客の目の前のパケットを調べると、消えた3枚のAが1枚のAの基に集っています。

秘密と準備

(A) 3枚のダブルフェイス・カードを使います。例えば、表面が3種類（◇♣♠）のAで、裏面がいろいろな別のカードとします。(B) 表向きのデックの上から1枚目、2枚目、4枚目にダブルフェイスの3枚のAを置き、3枚目に普通のA（♡）を置きます。そして、下から7枚目、8枚目、9枚目に3枚の普通のA（◇♣♠）を配置します（B図参照。ダブルフェイス・カードは「D」で表示）。デックを揃えてケースにしまって準備OKです。

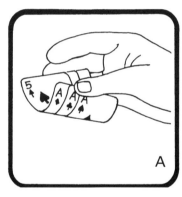

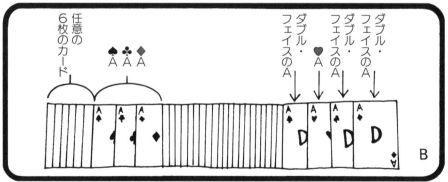

マーク・ウィルソン　マジック大百科

方法

(1)ケースからデックを取り出し「4種類の同じ数のカードを使ったマジックです。分かり易く4枚のAを使いましょう」と言って、デックを表向きにして、4枚のA（3枚のダブルフェイスと1枚の普通のA）を上から1枚ずつ配って、左から右に並べます。普通のA（♡A）は左から3枚目です。

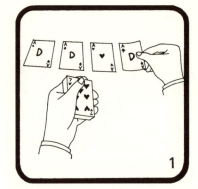

(2)今度はデックを裏向きにして、トップから1枚ずつ3枚のカードを裏向きのまま、左端のA（♢A）の上に配ります。続けて、次のA（♣A）の上にも3枚配り、さらにその次のA（普通の♡A）の上に3枚を（全て普通のA）、最後のA（♠A）の上に3枚配ります。

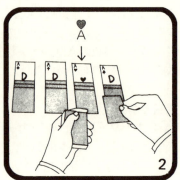

(3)この後、読者のお好きな方法で、左から3番目の♡Aのパケット（全てA）をフォースします（135頁の「サイコロで選ぶ」がいいでしょう）。

(4)4枚のAのパケットを「フォース」したら、残りの3組のパケットをそのままの状態で取り上げて裏向きのデックの上に重ねて揃えます。それぞれのパケットは、Aは表向きで他の3枚は裏向きですが、頓着しないでさっさと集めてデックに重ねてしまいます。

230

ダブルフェイス・カード

(5)デックを何回かカットしてから、今度はデックを表向きにして更に何回かカットします。そして3回指を鳴らすか、デックを3回リフルするかして魔法を掛け、「1回指を鳴らす（又はリフルする）度に、Aが1枚ずつ、あなたが選んだパケットのカードと入れ替ります」と言って…

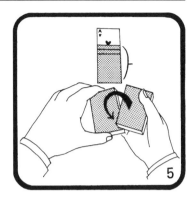

(6)…表向きのデックをテーブルの上でリボン状に広げて（または両手の間に広げる）Aが消えたことを示します。

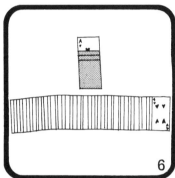

(7)そして、選ばれたパケットの3枚の裏向きのカードを表向きにして4枚のAが勢揃いしていることを示します。勿論、Aに限らず他の数でも同じ効果は得られます。

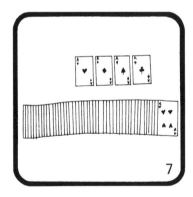

コメント
　ダブルフェイスのAの反対面のカードと同じ表の3枚を事前にデックから取り除いておきましょう。

231

ショート・カード

　ショート・カードはその名の通り通常のカードより何処かが「短い」カードで、カードマジックの秘密兵器として考えられた、最も有用な考案品の1つです。「ロケーター」や「フォーシング」をはじめ「消失」等にも使える用途の広いものです。

ショート・カードの作り方
(1)カードの上端から0.8ミリ位のところに線を引き…

(2)…その線に沿って、カットナイフか鋭い鋏みで切り落します。

(3)切り落とした左右の角を元通りの丸さに仕上げます。

(4)図は普通カード（左）と0.8ミリ位短くしたショート・カード（右）とを比べた図です。実物大で見比べても、ほとんど見分けは付きません。

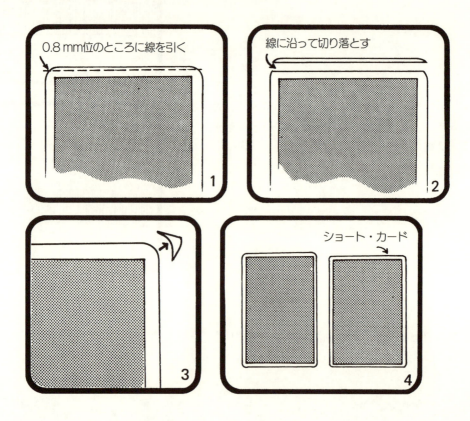

(5) マジシャンの中には、常に専用の2つ折の鋏みを持ち歩いていて、借りたデックの1枚を密かに切ってショート・カードにして使っている人もいます。例えば、借用したデックで演者が部屋の外に出る演出の「メンタル」系のトリックを行い、部屋の外にいる間に密かに持ち出して来たカードの上端を切ってショート・カードを作ったりします。

コメント
　テスト用のショート・カードを、エキストラジョーカーとか広告のカード等で作り、次に解説する方法を試してみて、自分に合った切断の幅を決めてから、使用するカードでショート・カードを作って下さい。

ショート・カードをリフルでトップ

　デックの何処にショート・カードがあっても、指先の感覚で即座に探知してトップにコントロールすることができます。

方法
(1) デックを揃えてディーリング・ポジションで左手に持ちます。右手をデックの上から当て、親指で内端を下から上に軽くリフルします。

(2) 適当な所でリフルを止め、一旦上部のパケットをカットしてデックのボトムに移して揃えます。

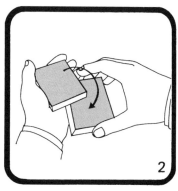

(3) もう一度右手の親指で内端をリフルしていくと、ショート・カードの所で小さく「ぱちっ」と音がしてリフルが止まりますから、

(4) そこでカットして上部のパケットをボトムに移して揃えます。これでショート・カードがデックのトップになります。

ショート・カードをボトム

いくつかのトリックでは、トップではなく、ボトムにショート・カードがある方が便利なことがあります。いくつかの方法があります。

第1の方法
　まず、ショート・カードをデックのトップに持っていってから、オーバーハンド・シャフルでボトムに持っていきます (104頁参照)。この方法だとデックをよく混ぜている表向きの動作の陰で、ボトムにショート・カードを配置することができます。

第2の方法
　非常に簡単な方法です。まず、ショート・カードをデックのトップに持っていったら、デックを表向きにして左手に持ち、前述の方法 (1)〜(4) を行なって、表向きのデックの一番上 (トップ) に持っていってデックを裏向きにすれば、ショート・カードがボトムになります。

第3の方法

　ショート・カードをデックのボトムに持っていく3つの方法の中で、最も巧みな方法ですが、若干の練習が必要です。
　第1の方法では、リフルしてショート・カードをデックのトップに回していってから、シャフルしてボトムに持っていく二重の操作があり、第2の方法では、二重の操作の上にデックを表向きにして扱うので、一番上にきたショート・カードが記憶に残る危険があります。この第3の方法は、上記の2つの方法の「欠点」を回避しています。

(1)デックをオーバーハンド・シャフルのときのように左手で持ち、右手は、親指を内端に中指、薬指、小指を外端に当てて持ち、人差指を曲げてデックの表に図のように当てます。

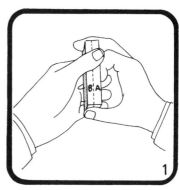

(2)右手の親指でデックの内端をリフルしてショート・カードを探知したところでリフルを止め、

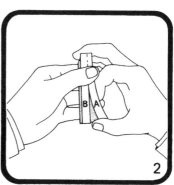

(3)下部（右側）のパケットAをカットして、左手に残っているパケットBの上に置くか（図3参照）、オーバーハンド・シャフルするかして、ショート・カードをデックのボトムに配置します。

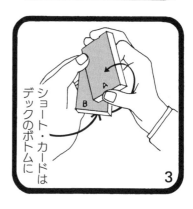

ロケーターとしてのショート・カード

　ショート・カードは、デックの中にある観客のカードとか特別なカードを探し出してくれる「ロケーター（探査機）」としてとても便利なカードで、指先の感覚だけで即座に探知できる優れものです。
　使い方のアイデアの1つは、次に解説するヒンズー・シャフルと組み合わせて使う方法です。

効果
　観客に自由にカードを選択してもらい、そのカードをマジシャンがシャフルしているデックの好きなところに戻してもらいます。この後、何回かリフル・シャフルをするなどして、徹底してデックを混ぜますが、マジシャンは、観客のカードをデックのトップに現わしたり、他の方法で見付けてしまいます。

方法
(1)デックの中にあるショート・カードをデックのボトムに持って行きます。

(2)デックを両手の間に広げて、観客に自由に1枚のカードを選んでもらい、他の観客にも見せて覚えてもらいます。

ショート・カード

(3) 演者はヒンズー・シャフルの態勢を取って、これからシャフルしていくので、好きなときに「ストップ」と言ってカードを戻すように説明しながら、観客がカードを戻す準備が整うのを待ちます。

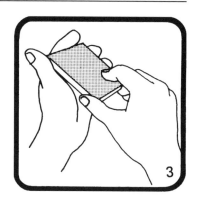

(4) 機を見てヒンズー・シャフルを始めますが、初めの内は少な目に左手に取りながら、ゆっくりとしたテンポでシャフルするようにして、観客の「ストップ」を待ちます。

(5) ストップが掛かったところでシャフルを止め、左手を観客の方に伸ばして、左手のパケットの上に観客のカード(X)を戻してもらい、左手を手前に戻しながら、右手のパケット(ボトムにショート・カードがある)を左手のパケットの上に落としてシャフルを終了します。こうして、観客のカード(X)の直接上にショート・カード(S)を配置します。

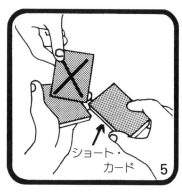

(6) デックを揃え、普通のリフル・シャフルをします。リフルをすることで、ショート・カード(S)とそれより長い観客のカード(X)とは必ず同時に、2枚一緒にリフルされるので、繰り返しシャフルすることもできます。

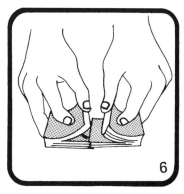

237

(7) 注：事前にリフル・シャフルを何回か試して、間違いなく2枚一緒にリフルされていて、シャフルによって2枚の間に他のカードが侵入する恐れがないことを確認して下さい。但し、ショート・カードの内端がデックの内端と揃ってしまうとショートで無くなってしまうので、デック外端をテーブルに軽く打ちつけて、ショート・カードを外端の方に寄せておきます。

(8) リフル・シャフルが終ったら、両手でデックを揃えながら、右手の親指で内端を下から上にリフルします。パチッとリフルが止まったところでデックを分けますと、下の部分のトップがショート・カード(S)になります。

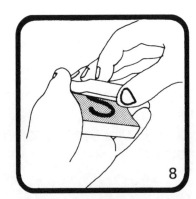

(9) 上記のところでカットして、上部のパケットを下部のパケットの下に移して揃えると、デックのトップがショート・カード(S)になり、その下が観客のカード(X)です。こうして、デックの表を見ることも怪しい動きもせずに、カットしたりシャフルしただけで、目的のカードを見付けます。

(10) 後はお好みの演じ方で不思議を演出して下さい。

コメント
　デックの中に埋没している観客のカードをデックのトップに持って行く必要のあるトリックに、ショート・カードをロケーターとして使ったこの手順は適しています。方法(9)で、観客のカード(X)をトップから2枚目に持って来た後の演出を次に紹介します。

ショート・カードのロケーター・1
驚きの発見

(1) ショート・カードをロケーターとして、観客のカード(X)をデックのトップから2枚目にコントロールした後、次のように進めます。右手でデックのトップカード(ショート・カード)を裏向きのまま取り上げ、デックの上をそのカードでポンポンと軽く叩き、「こうすると、あなたのカードが上に上がって来ます」と言います。

(2) 今デックのトップにある観客のカード(X)を、左手の親指で押し出してテーブルの上に置きます。そして、なに気なく右手に持っているショート・カード(S)をデックのトップに置きます。

(3) テーブルにあるカード(X)を観客に表向きにしてもらい、びっくりしてもらいます。

　もしお好みなら、観客のカードにサインをさせておくこともできます。そして他の観客にカードを表向きにしてもらって、観客全員にびっくりしてもらいます。

ショート・カードのロケーター・2
熟考・熟思

　ショート・カードをロケーターとして使う超能力的演出です。
　デックのトップがショート・カード、2枚目が観客のカードの状態になったところで、ボトムから10枚位をカットしてトップに重ねます。次に、「これから1枚ずつカードを表向きで見せていきますが、あなたは自分が覚えたカードにだけ心を集中させて見ていて下さい。私はその思考の微妙な違いを読み取ってあなたのカードを察知してみます」と説明してから、デックのトップから1枚ずつ取って表向きにしてゆっくりとテーブルの上に置いていきます（重ねて置く）。カードを表向きにしてテーブルに置く度に何かを感じ取っているような演技をします。演者は、観客のカードがどのカードか知りませんが、ショート・カードを表向きにしたとき、次のカードが観客のカードであることを知っていますから、ゆっくりと表向きにしながら、何かを感じ取ったかのように振る舞って、「これがあなたの選んだカードです」と言って、そのカードを観客の前に置きます。

ショート・カードのロケーター・3

　これは上記の方法とは違う、もっと直接的で効果的な使い方です。

方法
　ショート・カードをデックのトップかボトムのどちらかに置いて始めます。両手の間にデックを広げ、好きなところから観客にカードを1枚取ってもらいます。観客がカードを見て覚えているときに、デックをカットしてショート・カードをデックの真中あたりに持っていきます。そして、右手の親指でデックの内端をリフルして、ショート・カードのところでデックを上下2つに分け、左手に持っている下半分（トップにショート・カード）の上に観客のカードを返してもらって、右手のパケットをその上に置いてデックを揃えます。この後、もう一度ショート・カードのところでカットして上下を入れ換えれば、デックのトップにショート・カード、ボトムに観客のカードが配置されます。後はお好みの演出で演じて下さい。

ショート・カードのフォース

　観客に、自分の意思または偶然にカードを選んだと思わせている「フォース」は多くのトリックに不可欠な技法で、様々な方法がありますが（123頁参照）、このショート・カードのフォースは、比較的易しくほとんど自動的にフォースできるだけでなく、デックの何処にあっても、リフル1つで簡単に探知できる利点もあります。

効果
　デックを何度もシャフルしたり、観客にも十分にシャフルさせることも可能です。その後、デックを揃えて左手に持ち、右手でデックの外端をリフルしていきます。観客に「ストップ」を掛けてもらい、そこでリフルを止めてデックを2つに分け、下半分のトップカードを観客に見て覚えてもらいます。そのカードがフォース・カードです。

秘密と準備
　必要なものは1組のデックと1枚のショート・カードだけです。

方法
(1)デックを十分にシャフルした後、カットしてショート・カード(S)がデックの真中あたりにあるようにします。

(2)デックを揃えて裏向きで左手に持ちます。図のように、デックの半分位を左手から突き出すようにして、しっかりと持ちます。注：ショート・カードの内端をデックの内端と揃えておきます。

241

(3) 右手をデックの上から、親指を内端に他の指を外端に当てて持ちます。

(4) デックの外端をリフルして見せてから、このようにデックの端をリフルして、1枚ずつ弾き落としていくので、好きなときに「ストップ」を掛けるように説明します。

(5) 観客が何をすべきかを理解したところで、ゆっくりとデックの外端をリフルし始め、観客のストップが掛かる辺りで、ちょうどショート・カードの所でリフルが止まるように、リフルのスピードをコントロールします。

(6) もし、「ストップ」が若干早く掛り、ショート・カードの所にリフルが届いていないときには、勢いでストップするタイミングがずれたといった感じで、素早くショート・カードで止まる所までリフルしてしまいます。

(7) リフルが止まった所でデックを2つに分け、左手に持っている下部のパケットを観客の方に伸ばし、一番上のカードを取って覚えてもらうように言います。こうしてショート・カードをフォースします。フォースしたカードをデックに戻してもらってシャフルします。後は、下記のコメントを参考にして、お好きな方法で演じて下さい。

コメント

　フォースすることによって、演者は、観客がどのカードを選ぶかを事前に知っていることになるので、予言現象に使えます。演技を始める前に、フォースするショート・カードの名を紙片に書き、それを折りたたんで（または封筒に入れて）観客の1人に渡しておき、フォースの後で予言の紙を開けて読み上げてもらいます。または、観客の頭の中を読み取って当るとか、フォース・カードと同じ表のカードをもう1枚用意しておいて、思わぬ所に飛行させることもできます。

　別の方法としては、フォースしたカードをデックに戻してもらい、観客にデックを十分にシャフルしてもらってから、デックを受け取ります。そして、リフルしてショート・カードの所でカットして、デックのトップカードを表向きにして観客のカードを示します。または、フォース・カードはデックのトップにあるので、この本の中で解説されているいろいろな方法で演じることができます。

神秘の指先

　これは、ショート・カードを使った当惑するようなトリックの1つです。観客は、最初から最後まで困惑しっぱなしです。

　繰り返して演じても効果が落ちることはありません、何回かテストして、あなたのプログラムの中の1つに取り入れて下さい。

効果

　デックをシャフルしてから、マジシャンはそのデックを観客に手渡します。そして観客に、デックのトップから1枚ずつ。裏向きで配ってテーブルの上に重ねていって、好きなときに止めるように指示します。観客が配りを止めたら、配ったパケットのトップカードを見て元に戻し、その上に残りのデックを重ねてもらいます。マジシャンはデックを揃えて

取り上げ、何回かカットした後、トップカードを使って、その次のカードをひっくり返して、観客のカードを示します。

秘密と準備

必要なものは、1組のデックと1枚のショート・カードだけです。デックのボトムにショート・カードを置き、ケースに収納して準備OKです。

方法

(1)ケースからデックを取り出してシャフルします。オーバーハンド・スリップ・シャフル (109頁参照) で、デックのボトムにショート・カードを保持してシャフルします。

(2)注：上記の代りの方法：まず観客にシャフルさせてからデックを受け取り、リフルでショート・カードをデックのトップに持っていってから、オーバーハンド・シャフルでトップをボトムに (104頁参照) でボトムに持っていく手もあります。

(3)ショート・カードをボトムに置いたデックを観客に渡します。そして、デックの上から1枚ずつ裏向きで配って、テーブルの上に重ねていくように説明します。

(4)そして、いつでも好きなときに配るのを止めるように言います。

ショート・カード

(5) 観客が配ることを止めたら、配ったパケットの一番上のカードを見て、そのカードをパケットの上に戻してもらいます。

(6) さらに残りのデックをそのパケットの上に重ねるように指示します。
　観客は知りませんが、以上のようにすることによって、観客の見たカード(X)の上に、デックのボトムカード(ショート・カード)を直接置くことになるのです。

ショート・カード

(7) 観客が希望するなら、シングル・カットを何回かしてもらいます。必ずシングル・カットにしてもらって、デックの中のショート・カードと観客のカードとが分れないようにします。

(8) 観客のカットが終ったら、デックを取り上げて、「私の特別な指先の感覚であなたのカードを見付けてみます」と宣言して、デックを2、3回カットしながらショート・カードのところでカットしてデックのトップに持ってきます。観客のカード(X)はトップから2枚目です。

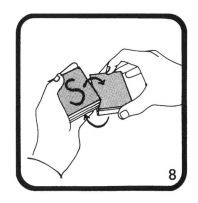

(9)トップカード(S)を右手で取り上げ、このカードの左側で2枚目のカード(X)を起こしてデックの上で表向きにして示します。

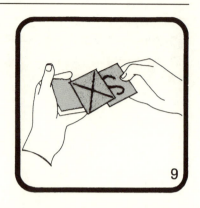

コメント

　ショート・カードを事前にボトムに置いておかなくても、リフルしてカットしてオーバーハンド・シャフルでトップをボトムに簡単にボトムに持っていくことができます。そして、「テーブル・リフル・シャフル（15頁参照）」で、ボトムの数枚を最初にリフルして2つのパケットをリフル・シャフルすることで、ボトムのショート・カードを確保しておくことが出来ます。

　観客の要望に備えて、方法(9)の後で、右手に持っているショート・カードをデックのボトムに戻しておくだけで、この手順を繰り返して演じることができます。

カッティング・4A

　観客の多くは4枚のAを使うトリックに感銘を受けるようです。特に、十分にシャフルしたデックをカットしながら4枚のAを取り出してみせる演技はその顕著な例です。これとほとんど同じ現象を高度な技法を使わず、ショート・カードだけで達成することができます。

効果

　デックをシャフルして、何回かカットしたところで1枚のAを現わしてテーブルに置きます。続けて、シャフルとカットを行っていって、1枚ずつ3枚のAを現わします。

秘密と準備

　この現象は、著名なギャンブラーと同じように、デックの中の特定のカードを巧みにコントロールする能力を示すトリックの完璧な例で、トリックの主役はショート・カードです。

ショート・カード

(A)準備は、4枚のAをデックのトップに置き、その上にショート・カードを置くだけです（図では、4枚のAを「1、2、3、4」で示し、ショート・カードはいつもの通り「S」です）。

方法
(1)ケースから準備したデックを取り出し、オーバーハンド・シャフルを始めます。このとき、トップの5枚のセットを崩さないように、12枚位をまとめて左手に取り、その上に残りのカードをシャフルするようにします。

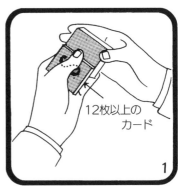

(2)シャフルが終ったら、デックの上部3分の1位をカットしてボトムに移して、ショート・カードと4枚のAのセットをデックの真中あたりに位置するようにします。

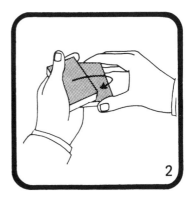

(3)デックを揃えて左手に持ち、右手をデックの上に当てて、親指で内端をリフルしてショート・カードを探知して分けます。

マーク・ウィルソン　マジック大百科

(4)ショート・カードの上にある部分をカットしてボトムに移します。

(5)デックのトップにあるショート・カードを右手で取り上げ、左手の親指で最初のAを右の方に押し出して、デックの右側に2センチ程突き出します。

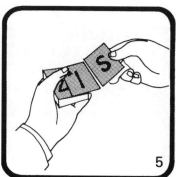

(6)右手に持っているショート・カードの左側で、最初のAの右側を持ち上げてひっくり返し、デックの上で表向きにします。

(7)表向きにした最初のAを左手の親指で押し出してテーブルの上に表向きで置き、右手に持っているショート・カードをデックの上に（3枚のAの上）戻します。

(8)続けて、デックを揃え、方法(1)と同じようにトップの4枚のセットを崩さないオーバーハンド・シャフルをしてから、カットとリフルでショート・カードを再びデックのトップに戻し、ショート・カードを使って2枚目のAを表向きにしてテーブルの上に置きます。

(9)右手のショート・カードをデックのトップに戻し、同様のシャフルとカットとリフルを行って3枚目のAを表向きにしてテーブルの上に置きます。

(10)同様の手続を繰り返して4枚目のAを表向きにしてテーブルの上に置いて終ります。

ジャンボ・カード

　ジャンボ・カードは、通常のトランプの4倍位の大きさのカードで、比較的新しいタイプの手順に使われています。操作上の問題はほとんどなく、配ったり、表向きにひっくり返したり、扇状に表示する等通常のカードと同じように扱うことができます。

テーブルの上で演じるタイプのカード・マジックでは効果が期待できない多数の観客のためには、ジャンボ・カードが適しています。

また、少人数の観客の前での通常のカード・トリックの終りをジャンボ・カードで飾ることもできます。

このコースでは、代表的なジャンボ・カードの効果的な使い方を取り上げました。

選んだカードは大きいカード

ちょっぴりスパイスの利いた不可思議をコメディ・タッチを加えることで、トリック効果を倍増させることができます。このトリックはそのよい例です。

効果
カードが選ばれ、デックに戻され、十分にシャフルされた後、紙袋の中に入れます。マジシャンは、右手に何も隠し持っていないことを示してから紙袋の中に入れます。そして、「神秘の指先」で選ばれたカードを探して見せると宣言して、♣3のような小さい数のカードを紙袋から「どうだ！」といった態度で取り出して示しますが、結果は間違いです。そこでマジシャンは、「もっと大きい」カードですか？と尋ねますと、観客は「はい」と答えます。マジシャンはもう一度トライしますが、あまり大きくないカードを取り出してしまい、失敗します。3度目の正直で、選ばれた「大きい」カード♡9を見事に取り出します。それも数が大きいだけでなく、サイズも4倍の大きさのジャンボ・カードになっています。

秘密と準備
(A) 1組の普通のデックとジャンボ・カードが入る大きさの底付きの紙袋、そして、7以上の数値のジャンボ・カード（♡9とします）1枚を使います。

(B) ジャンボ・カード（♡9）を紙袋に入れます。

ジャンボ・カード

(C)紙袋を平らにしてテーブルの傍らに置いておきます。デックの中から♡9を取り出し、習得した「フォース」(123頁参照)のお好きな方法の準備をしておきます。

方法

(1)お得意の「フォース」で観客に♡9を選ばせ、カードを見て覚えてもらいます。カードをデックに戻してもらい、そのデックを観客に渡してシャフルさせます。そして、デックを受け取り、ざっと目を通して「よく混ざっていますね…これでは目で見てあなたのカードを見付け出すのは難しいので、もう1つの感覚、触覚で探し出すことにします！と言いながら、デックを両手の間で広げ、カードを探している振りで数値の小さいカード2枚（例えば♣3と♠5）をデックのトップまたはボトムに配置してから、見付からない！といった感じでデックを揃えてテーブルに置きます。

(2)ここで、紙袋を取り上げて口を開き、デックを紙袋の中に入れます。このとき、デックのトップまたはボトムに準備しておいた2枚の数値の小さいカードを取り出し易いようにしておきます。

(3)指先の感覚だけで選ばれたカードを探し出してみせる。と言って、右手を紙袋の中に入れ、デックの中にある観客のカードを手探りしている振りをします。

(4) まず、デックのボトム・カード（♣3）を右手で掴んでゆっくりと袋から取り出し、「あなたのカードです」と言って、♣3を示します。勿論答えは「違います」です。ちょっと困った顔をして、「あなたのは、これより大きいカードでしたか？」と尋ね観客の「はい、そうです」を待って……

(5) ♣3を脇に置き、もう1枚のカード（1枚目の♣3よりやや大きい♠5）を紙袋から取り出して示します。観客の答えは「ノー」です。

(6) 演者は更に困惑した顔で右手を紙袋の中に入れ「もっと大きいカード？!」と呟きながら、ジャンボ・カードの♡9を取り出し「この大きさならどうでしょう？!」観客は、同じ表の♡9を見付けたことに驚くだけでなく、サイズも4倍の大きさに拡大していることにびっくりです。

コメント
　紙袋は、たまたまそこに有ったといった感じで、トリックとは何も関係がないように扱って下さい。また、紙袋の中で観客のカードを探し出すときには、実際に全神経を指先に集中させて感覚を通してカードを探知している演技で♣3を、そして♠5を提示することで、観客のカード♡9が、より「大きな」♡9に変身して現れるクライマックスを奇妙で愉快な驚きに仕上げてくれます。

共鳴するカード

　1組の普通のカードと1枚のジャンボ・カードが作りだす本当の「魔法」のような現象です。特別な技術は使いませんが、適切なタイミングが必要です。そこでまず、入念に練習

を重ねて、手順全体を完全に習得して下さい。その後は、ほぼ自動的になります。あなたはきっと、観客がびっくり仰天しているところを見ることになります。

効果
マジシャンはデックを観客に渡し、十分にシャフルしてもらってから、そのデックを裏向きで左手に持ち、1枚のジャンボ・カードを裏向きで右手に持ちます。そして、マジシャンは左手のデックの上から1枚ずつ押し出して、右手のジャンボ・カードの上に配ります。次にそのカードを1枚ずつテーブルの上に落としていきます。

上記の操作を繰り返しながら、観客に好きなカードのところで「ストップ」を掛けるように頼みます。ストップが掛かったら操作を止め、今ジャンボ・カードの上に配られたカードとジャンボ・カードが同一の表であったら、それは「魔法の一致」の証です。と説明して2枚のカードを表向きにします。──2枚は正しく同じカードです！

秘密と準備
このトリックに必要なものは、1枚のジャンボ・カードと1組の普通のカードだけです。
デックの中からジャンボ・カード（♡A）と同じ表のカード（♡A）を取り出し、裏向きにして裏向きのジャンボ・カードの下に置いて右手で一緒に持ちます──親指をジャンボ・カードの上に当て、他の指をジャンボ・カードの下にある普通のカード（♡A）に当てて持ちます（図1の右手参照。X印は同じ表の普通のカード）。この2枚をテーブルの上に置いておきます。

方法
(1) デックを観客に手渡し、シャフルしてもらいます。演者は、ジャンボ・カード（とその下にある普通のカード）を、2枚一緒に右手で取り上げます。
　注：ジャンボ・カードとその下の普通のカードの2枚を素早く簡単に取り上げるアイデアは、後述のコメントの項を参照して下さい。

(2) デックを十分にシャフルしたことを観客に確認してから、左手でデックを受け取り、ディーリング・ポジションで持ちます（図1参照）。
　注：シャフルされたデックを最初に受け取り、左手にディーリング・ポジションで持ってから、ジャンボ・カード（と普通のカード）を右手で取り上げる方がやり易いと思う人は、(1)と(2)の手順を逆にして下さい。

(3) この大きな謎のカードと共鳴する仲のよいカードを、魔法の力を借りて探り出すことを説明します。

(4) 左手の親指でデックのトップカードを右の方に押し出して、裏向きのままジャンボ・カードの上に載せます。

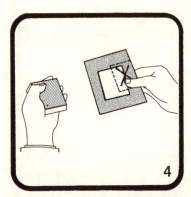

(5) 少し間を取ってから、ジャンボ・カードを傾けて、小さいカードを裏向きのままテーブルの上に滑り落とします。

(6) また左手の親指で次のカードをデックのトップから押し出してジャンボ・カードの上に載せ、少し間を取ってから、小さいカードをテーブルの上に裏向きのまま滑り落とします。以上の操作を続けて、カードを1枚ずつ押し出してジャンボ・カードに載せ、そして、ジャンボ・カードを傾けてテーブルの上に滑り落としていきます。

(7) しばらく続けたところで、観客に、好きなときに「ストップ！」を掛けるように頼みます。
　注：ジャンボ・カードの上に載せたカードをテーブルの上に滑り落とすとき、カードがひっくり返って表向きにならないように注意して下さい。

(8) 「ストップ！」が掛ったら、そこで操作を止めますが、そのとき、左手の親指でカードを押し出しているときとか、ジャンボ・カードの上からカードを滑り落としたときだった

ジャンボ・カード

場合は、観客にどっちのカードのときのストップだったかを尋ね、観客が選んだ方のカードを図6で示したように、ジャンボ・カードの上に載せます（前者だったら、押し出しているカードをジャンボ・カードの上に載せ、後者だったら、滑り落としたカードをジャンボ・カードの上に戻して図6にします）。

(9)注：この時点でのカードの状況――表面上は、観客の意思で選んだ1枚のカード（裏向き）を右手のジャンボ・カードを「お盆」代わりに使って受け取った瞬間の絵ですが、見えていない秘密は、右手に持っているジャンボ・カードの下に、同じ表の普通のカードを隠し持っていることです。

(10)ここで、左手に持っている残りのデックを表向きにして、図のようにリボン状に広げて示し、これらのカードのどれかも選択されるチャンスがあったことを話します。

(11)次に、滑り落として山になっているカードを拾い上げて、すべて表向きにして雑然と広げておきます。そして、若しストップがもう少し早かったら、この中にも選択されるカードがあったことを話します。

(12)方法(11)のストップを掛けるタイミングで選ばれるカードが異なってくる話をしながら、左手の親指を上、他の指を下にしてジャンボ・カードの左側に当てて、選ばれたカードとジャンボ・カードとその下に隠し持っている同じ表のカード（♡A）の3枚を一緒に持ち、右手をカードから放します。

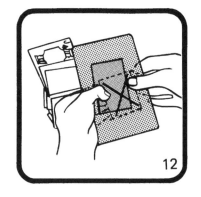

255

(13)そして、右手の人差指でジャンボ・カードの上に載っている「選ばれた」カードを指さして「このカードが、デック内の全てのカードの中から、あなたが選んだ1枚です」と言います。

　注：ジャンボ・カードを右手から左手に持ち替えることで、両手は明らかに空に見えており、観客に、全てが「公明」であるように見せています。

(14)これからの3つの段階（14、15、16）は、この手順の中で最も大切な見せかけの動作です。念入りに練習して下さい。

　右手を元の位置に戻して、ジャンボ・カードの右側とその下に隠れている「同じ表（♡A）」のカードを一緒に持ちます。左手は、「同じ表（♡A）のカードから4指を放し、ジャンボ・カードとその上にある「選ばれた」カードを一緒に持ちます（図12参照）。

(15)ここから、3つの行為を両手同時に行います：第1、両手を手前に起こしてジャンボ・カードの前端（観客側の端）を上に傾けはじめます。第2、同時に右手の4指で「同じ表」のカードを右に引き出してきます。第3、このとき、左手の親指で「選ばれた」カードを、ジャンボ・カードの上にしっかりと押し付けて持ちます。

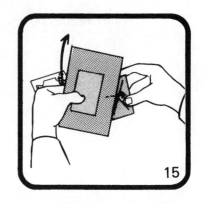

(16)ジャンボ・カードを手前に回転し続けていって、カードの表が観客と正対したあたりで（選ばれたカードはジャンボ・カードの裏に完全に隠れる）、右手で引き出した「同じ表」のカードの表も同じように観客と正対しているようにします。こうして、「選ばれた」カードを、秘密の「同じ表」のカードと交換してしまいます。観客には、「選ばれた」カードを右手に取って、ジャンボ・カードと同時に回転させて表向きにしたように見えています。この「見せかけ」の技法は、全てが説得力のある動きになっています。

(17)ジャンボ・カードと同じ表の普通のカードを更に回転していって完全に表向きにします。この時点で、「選ばれた」カードは、表向きになったジャンボ・カードの下に隠れジャンボ・カードの下に隠しておいた「同じ表」の普通のカードは表向きになって右手にあります。

(18)ここで、表向きになったジャンボ・カード（と下に隠れている選ばれたカード）を、テーブルの上の表向きの普通のカードの山の上に置きます。ジャンボ・カードの下にあった「選ばれた」カードは、表向きのカードの山の中に混ざり込んでしまいます。

(19)ジャンボ・カードの上に、右手に持っている「同じ表」の普通のカード（♡A）をポンと置いて演技を終ります。

(20)この後、ジャンボ・カードと「同じ表」のカードを取り上げ、観客に手渡して改めてもらうこともできます。「選ばれた」カードは、テーブルの上に広がっている多数のカードの中に混ざり込んでいますので、何の心配もありません。
　注：この巧妙な効果は、方法(14)〜(16)で解説した「シークレット・ムーブ」の巧拙に左右されます。このムーブは、観客が自由に「選択」したカードを、ジャンボ・カードの下に準備した「同じ表」のカードと密かに「交換」してしまう一連の操作です。参考の為に、観客側から見た動きを4コマで紹介しておきます。

(21)方法(14)で説明したように、右手をジャンボ・カードのところに戻してジャンボ・カードと「同じ表」のカードを一緒に掴み、

(22)両手でジャンボ・カードの前端を上げて回転を始め、同時に、右手で「同じ表」のカードを右の方に引き出します。

(23)ジャンボ・カードの回転をつづけていくと、「選ばれた」カードはジャンボ・カードの後ろに隠れます。

(24)両手のカードが表向きになったらまずジャンボ・カードをテーブルの上の表向きのカードの山の上に置き、右手に持っている「同じ表」のカードを、観客が「選んだ」カードとして示します。

コメント
　「同じ表」のカードを下に隠したジャンボ・カードを事前に準備しておきたいときのアイデア：(A)ジャンボ・カードと「同じ表」のカードの端を、図のようにテーブルの縁からはみ出すように置いておくことで、いつでも好きなときに(B)図のように、2枚一緒に簡単に取り上げることができます。

ジャンボ・カード

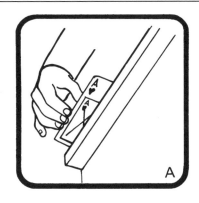
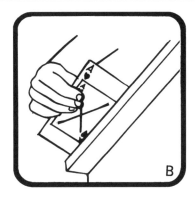

　やや厚目の本とか、テーブルの上に置いてある灰皿や他の小物の上に、(A)図のように2枚のカードの端をはみ出させておいてもいいでしょう。

　提案：「同じ表」のカードへの「交換」ではタイミングが重要な鍵になります。最良の結果を得る為に鏡の前で練習することを勧めます。
　カードを引き出すタイミングは、水平になったジャンボ・カードの前端が観客の目の高さに合って、3枚のカードの前端が一直線に見えた瞬間です。このとき観客の視覚から、カードの裏面が消え、右手で引き出したカードが見えてきます。全ての観客の目は、今見えているカードがジャンボ・カードの上からではなく、下から出してきたと疑うことは決してありません。

拍手カード

　巧妙なカード・トリックの最後を、ちょっとしたギャグで楽しく終わるアイデアです。あなたのマジック・プログラムをシリーズ化したときなど、テーマに合わせたコメディ・タッチの現象でショーの終わりを飾るのも一興でしょう。

効果
　観客はカードを選び、覚えてデックに戻します。マジシャンは、徹底的にシャッフルしたデックを上着のポケットに入れ、これから「指先の感覚」だけで観客が選んだカードを探し出してみせる。と公言しますが、うまくいかず何回か「間違った」カードを取り出した後、やっと観客のカードをポケットから取り出しますが、何と4倍位おおきなカードです。観客が拍手をすると、ジャンボ・カードから「THANK YOU」というメッセージが垂れ下がってきます。

秘密と準備

(A)普通のカード1組とジャンボ・カード1枚の他に、幅8cm、長さ60cmの明るい色の紙を用意して、この紙に「ありがとう！」とか、「GOOD BYE」、「はくしゅ」などのメッセージを書き（メッセージの上部に8cm位の余白を確保しておきます）、ジグザグ折りをします。

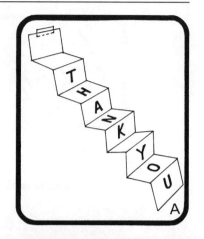

(B)垂れ紙の上部をジャンボ・カード（◇4とします）の裏面の中央に貼り付けて固定します。そして、垂れ紙の下部に500円玉を図のように貼り付けて錘りにします。

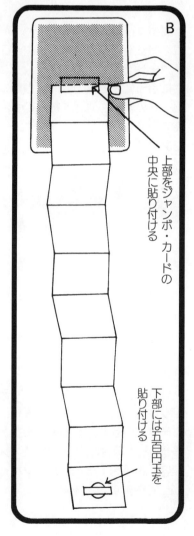

(C)垂れ紙を折りたたんでから、表面を観客の方に向けて上着の左内ポケットに入れておきます。

方法

(1)観客に◇4を「フォース」(123頁参照)します。他の観客にも覚えてもらってからデックに戻し、観客の1人にデックをシャフルしてもらいます。

(2)観客に、シャフルが十分だったかどうかを尋ね、もし望むなら、満足するまでシャフルしてもらいます。シャフルが終ったら演者はデックを受け取り、カードを見ずに指先の感覚だけで観客のカードを探すことを宣言してから、デックを上着の左内ポケット(ジャンボ◇4が入っている)にしまいます。

(3)注:デックを観客から受け取ったとき、何気なくデックのボトムの2枚を見て◇4が無いことを確認しておきます。もし、いずれかが◇4の場合は、次の方法(4)のときに、でデックのトップからカードを取り出して下さい。

(4)上着の内ポケットに右手を入れ、デックのボトムカードを取り出してきて観客に示し、自信満々で正しいかどうか尋ねます。答えは勿論「いいえ」です。そこでもう一度チャレンジすると言って、2枚目のカードを取り出し、今度は大丈夫といった感じで観客に尋ねます。しかし今回も「いいえ」です。

(5)演者はやや恥かしそうな顔で、もう一度チャンスをくれるように頼み、今回は観客にカードに集中してもらい、その思考を頼りに探知することを宣言します。「選んだカードの絵を大きく、大きく思い浮かべて下さい!」と言って、右手をポケットに入れ、準備したジャンボ・カードを掴みます。親指で折りたたんである垂れ紙を押さえて開かないようにします。

(6) 観客に、思っているカードを大きな声で言ってもらいます。同時に、ジャンボ・カードを取り出します。

(7) ジャンボの◇4を示しながら、「あなたが思い描いた大きな　大きなカードがこれです！」と言います。

(8) 思いがけないジャンボ・カードの出現は、常に笑いと拍手を得るでしょう。観客が驚きに反応しているときに、親指で押えている垂れ紙を放して「ありがとう！」のメッセージを示します。観客のより大きな反応は間違いありません。

コメント

　このちょっと変わったカード・トリックは、100～200名位のグループで演じることができます。例えば、ステージから観客席に降りていって、1人の観客にカードを「フォース」した後、演者が後ろ向きになり、他の観客にもカードを覚えてもらいます。カードをデックに戻してもらい、演者はステージに戻ります。このとき観客にもステージに上ってもらい、コメディタッチのカード当てに参加させることもできます。いずれにしても、非常に巧妙な最後を飾るに相応しい優秀なマジックです。

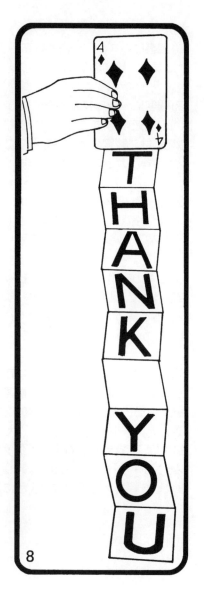

2重のメッセージ

　1枚のジャンボ・カードの裏に、2つのメッセージを書いた垂れ紙を付けておくこともできます。例えば、最初の垂れ紙に「大当り!!」と書き、その垂れ紙に「はくしゅ！」と書いた2番目の垂れ紙をのり付けしておきます。ジャンボ・カードを取り出し、垂れ紙の半分を放して最初のメッセージ「大当り!!」を表示した後、そこで垂れ紙を千切って落とし、残りの半分を親指で押えて保持しておきます。そして親指を放して2番目のメッセージ「はくしゅ！」を落として表示します。この2番目のメッセージを最初の垂れ紙の裏面に書くこともできます。観客に最初のメッセージを示した後、ジャンボ・カードをひっくり返して裏面のメッセージを示します。この場合、垂れ紙の下端に貼り付けてある500円玉の個所に紙を貼ってカバーしておきましょう。観客はいつでも、巧妙で不思議な、そしてちょっぴりコミカルなマジックが大好きです。

2段おち・1

　コミカルな現象は、その場を和やかにしてくれる効果があるので、ショーの前に、いくつかの準備をしておくことを勧めます。これはその1つで、「大きな」カードで「大きな」笑いを取るアイデアです。

効果

　前述の「拍手カード」トリックに似ていますが、結末が異なる点が違っています。観客はカードを選んで、覚えて、デックに戻してシャフルします。マジシャンは、観客が選んだカードを「触感」で探知してみようということで、デックを上着の内ポケットにしまい、手触りだけでカードを取り出しますが、「間違った」カードを何回か取り出してしまいます。そこで、前述の「拍手カード」のときのように、観客に最後のお願いをして、選んだカードの絵を頭の中で大きく思い描いてもらいます。そしてマジシャンは、内ポケットの中から「大きな」♠7を取り出し始め、半分程出したところで「あなたのカードですか？」と尋ねます。観客の答えは「ノー」で、♠5を選んだと言います。これを受けてマジシャンは、「そうです！これがあなたのカードです！」と言って、♠7を全てポケットから引き出すと、下3分の1が欠けていて、♠のマークが5つしかないないカード（即ち♠5）であることを示します（笑い）。

秘密と準備

普通のカード1組の他に、下記のような数値のジャンボ・カード1枚を使います。

ジャンボ・カードの一部を切断して「マーク」の数を減らして、観客に「フォース」するカードの数に合わせておきます。例えば♠7（図A）の下部1/3を切断して♠5（図B）にします。他の数値では、3→2、6→4、9→7、10→5などが使えます。以上のように準備したジャンボ・カードを上着の左内ポケットに入れ、そのマークの数にマッチしているカードをあなたの好きな「フォース」の位置にセットすれば準備OKです。

方法

このトリックの手順は、前述の「拍手カード」トリックと同じで、ギャグに使用するジャンボ・カードが違うだけです。

コメント

最初に、上着の内ポケットからジャンボ・カードを半分程引き出してくるときには、図Aのように、インデックスが良く見えるようにします。その後、上着から完全に引き出すときには、図Bのように、インデックスを指で隠して持ち、マークだけを見せるようにします。

2段おち・2

パート1とは趣を変えた演出です。

方法

準備したジャンボ・カードと同じ数値のカードを「フォース」します。そして、他の観客にもそのカードを見せてからデックに戻し、よくシャフルするように頼みます。納得がい

くまでシャフルしてもらったデッキを受け取り、超能力とも言われている「第6感」を使って観客のカードを探知することを宣言します。まず、観客の思考をカードに集中してもらいます。次に、その思考を読みながら、デッキを表向きにしてざっと目を通し、わざと違うカードの名前を呼び上げて間違えてみせます。2度3度間違えた後、マジシャンの多くは、「特別に、トリックを間違えたときの為のトリック」を持っていることを説明してから、得意気に、上着の内ポケットに右手を入れてジャンボ・カードの♠7を取り出してきて、図Aのように半分程見せます。

「あなたが集中しているカードはこれでしょう！」と言います。勿論答えは「ノー」です。そこで、選んだカードの名前を聞いて、答えが来たところで、「そうでしょ！これがあなたのカードですよ！」と言って下辺1/3が切断されたジャンボ・カード（♠が5つ）を現わして示します。

コメント

普通サイズの♠7を切断して、即席的に演じることもできます。この場合、切断したカードはシャツの胸ポケットとか上着の外ポケット、または財布の中から取り出すようにします。

神秘のボード

多くのカード・マジックの効果をはるかに越えた神秘現象です。カード・マジック・ショーの呼び物の1つとして使用することをお勧めします。

効果

観客にカードを1枚覚えてもらいます。そして、デッキに戻してもらい、シャフルした後、マジシャンは、珍しいやり方でカードを見付け出してみましょうと言って、2枚のボードを取り上げ、両面を改めてから重ねてテーブルの上に戻します。ここでマジシャンは、選ばれたカードを2枚のボードの間から現わしてみせると説明して、デッキを厚板の上にぽいと投げます。2枚のボードを分けて改めますが、何も起っていません。そこで、もう一度やってみると、大成功で、2枚のボードの間には、観客が選んだカードと同じ表の大きなカードが現れています。

秘密と準備

普通のデッキと1枚のジャンボ・カードの他に、20センチ×25センチ角の厚板紙またはベニヤ板2枚を用意します。

(A) 1枚のボードの一面に、ジャンボ・カードを表向きで接着します。解説の為に、準備したボードを灰色、普通のボードを白色で描きました。そして、ジャンボ・カードを接着してある面を「表」と呼ぶことにします。

(B)準備したボードを「表向き」に置き、その上に普通のボードを重ねて置きます。このとき少し斜めに置いて、図のように、準備したボードの4隅が少し見えているようにします。

(C)デックから、ジャンボ・カードと同じ表のカード（この場合は♡10）を取り出し、「フォース」し易い位置に準備しておきます。

方法
(1)お好きな方法で♡10を観客に「フォース」します（123頁参照）。観客にカードを覚えてもらい、デックに戻して、デックを良くシャフルしてもらいます。

(2)デックをテーブルの傍らに置き、2枚のボードを左手で、親指を上他の指を下にして取り上げ「ここに2枚のボードがあります」と言いながら…

ジャンボ・カード

(3)…2枚のボードの右側を、右手で、4指を上親指を下にして掴み（左手を放して）、2枚のボードを前方に回転させてひっくり返します（準備したボードが上になり「表は下向き」になっています）。

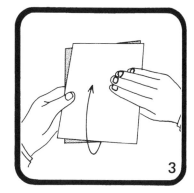

(4)2枚のボードの左側に左手を添え、右手で上部のボードだけを持って、

(5)すぐに2枚を左右に引き離していきます。

(6)2枚が離れたら、左手に持っている普通のボードを、右手に持っている準備したボードの上に載せて右の方に滑らせて行き、2枚がぴたっと重なったところで、

(7) 上部の普通のボードを右手に、下部の準備したボードを左手に持ち替えて左右に引き離して行きます。

(8) 2枚のボードを完全に離したら、

(9) 右手を手前に返して、持っている普通のボードをひっくり返して裏面を示し、「両面共に何もない普通のボードです」と説明します。

(10) すぐに右手を前方に返して、普通のボードを元の状態に戻します。

(11)左手の準備したボードを右手の普通のボードの上に重ねてテーブルの上に置きます。

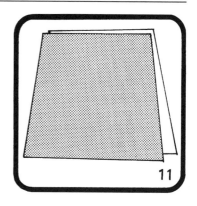

(12)注：以上の操作によって、観客は、2枚のボードの裏表を全てはっきりと見たと思っています。

(13)ここで演者はデックを取り上げ、観客が選んだカードを、この2枚のボードの間に現わしてみせようと言って、デックを裏向きでボードの上に投げ落とします。

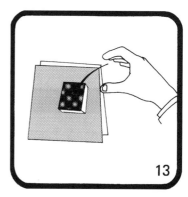

(14)デックを脇に退けて、2枚のボードを取り上げ、上部の準備したボードを右手で、下部の普通のボードを左手に持って2枚を左右に離します。カードが見付からないので、操作に「ちょっとした」エラーがあったのでもう一度やってみることを観客に告げます。

(15)そして、左手を手前に返して普通のボードをひっくり返して裏面を示します。

(16)左手のボードをすぐに元に戻し、

(17)右手の準備したボードが上になるように2枚のボードを重ねます。

(18)すぐに右手を図のように持ち変えて（親指をボードの下、他の指を上に当てる)、右手で2枚のボードをひっくり返します。こうすることで、準備したボードが「表向き」で下になり、その上に普通のボードが重なっていて♡10を隠しています。

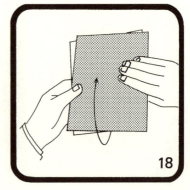

(19) 2枚のボードをテーブルに置き、デックを取り上げます。「今度は間違いなく旨くいくはずです」と言って、デックをボードの上に投げ落とします。

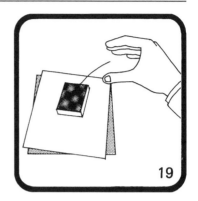

(20) デックを脇に退け、2枚のボードを取り上げます。上部の普通のボードを取り除いて、大きな♡10を現わします。

コメント
　この素敵な効果は、ショーの仕上げに最適でしょう。また、アンコール用としても使えます。このトリックの効果は、スムーズで華麗な操作に起因しています。練習の積み重ねによって、全ての動作が習慣になることで、大きなクライマックスが自動的に手に入ってきます。

特殊なカード・トリック

　やや珍しい方法や手順に依存しているある種のカード・トリックは、「特殊な」ものとして分類することができます。ある意味で、高度なカード・トリックとも言えます。と言っても、演技や技法が難しい訳でもありませんので、一般的な普通のタイプのマジックを習得した後で、これらの「特殊な」カード・トリックを1つずつ正規のプログラムに組み込んでみて、ミステリアスな効果の向上を読者自身で確認して下さい。

スロップ・シャフル

普通のデックを取り出し、いろいろなシャフルをしてみせます。最後に、デックを裏向きにして両手で持ち、一風変わった混ぜ方をして見せると言って、数枚ずつ表向きにしたり、裏向きにしたりして繰り返し混ぜ合わせていって、デックを裏、表複雑に、ごちゃ混ぜにしてしまいます。デックを揃えてトップを指で弾いておまじないを掛け、テーブルの上でデックを広げると、表向きのカードは独りでに裏返り、全てのカードは裏向きで整然と並んでます。

方法
(1)オーバーハンド・シャフル、ヒンズー・シャフル、リフル・シャフル等、いろいろなシャフルを実演して見せるところから始めます。

(2)デックを揃えて裏向きで両手で持ち、右手の親指でデックの上部の数枚を左手の方に押し出して左手で掴みます。

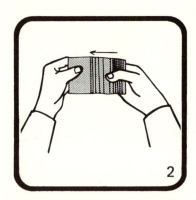

(3)左手を手前に返して、掴んでいるカードを表向きにしてデックの上に若干左にずらして重ねます。つづけて、右手の親指で次の裏向きのカード数枚を、表向きの数枚の下に押し出して行きます。

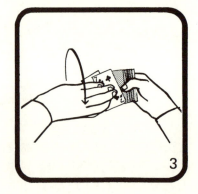

特殊なカード・トリック

(4)左手で、表向きのカードとその下に押し出されてきた裏向きのカードを持って、矢印の方向にひっくり返してデックにずらして重ね、すぐにまた、右手の親指で次の裏向きのカードを左手に持っているカードの下に押し込んでいき、左手で掴んでまたひっくり返します。

(5)右手に残っている裏向きカードを全て左手のカードの下に押し込んでしまうまで同じ操作を繰り返していって左手に持ちます。

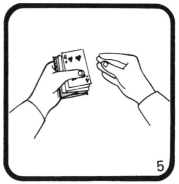

(6)注：見た目には、表向きのカードと裏向きのカードが複雑に混ざり合っているようですが、実際には、2つの部分に分かれているだけで、上半分が全て表向きで下半分が全て裏向きになっています。

(7)デックを揃えて左手に持ち、「デックは今、表向きのカードと裏向きのカードが混ざり合って手のつけられないような状態になっています」と言いながら、デックの2/3位を右手でカットして取り上げ、手を返して「こんな風に、表と裏だったり…」と言って、右手のパケットの表向きのカードと左手のパケットの裏向きのカードを示します。

(8) 右手のパケットを元に戻して揃え、すぐに、上部の1/3位を右手でカットして、手を返して「こんな風に、表と裏だったりしています」と言って、今回は、右手のパケットの裏向きと左手のパケットの表向きを示します。

(9) また、右手のパケットを戻して揃え、今度はデックの真ん中あたりで、上下2つのグループが裏面と裏面とで出合っている所を右手でカットして、手を返して、裏と裏が出合っていることを示します。デックの上部の表向きのグループと下部の裏向きのグループが背中合わせになっている所は、表向きのパケットの反りと、裏向きのパケットの反りとが相反しているため、自然な「分け目」が出来ていることで、カットは簡単にできます。

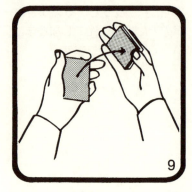

(10) この後、右手のパケットを左手のパケットの上に戻すのですが、今迄のように手を返して戻すのではなく、そのままの状態で裏向きのまま左手のパケットの上に滑らせるようにして置きます。こうすることで、右手で取り上げた上半分のパケット（全て表向き）を裏向きにして左手のパケット（全て裏向き）の上に戻したことで、全てのカードは裏向きになっています。

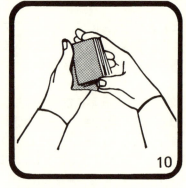

(11) デックを揃えて左手に持ち、右手の人差指の先でデックの上を軽く「トン、トン」と叩いておまじないを掛けてから、デックをテーブルの上でリボン状に広げて、全て裏向きになっていることを示します。

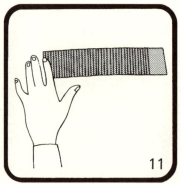

コメント
　この手順では、いい加減に混ぜ合わせているように見える「スロップ・シャフル」以外には技法らしい技法は使いません。本当に裏表をでたらめに混ぜ合わせているように見えるまで練習をする必要があります。

スロップ・シャフルでカード当て

　カードが選ばれ、記憶されてデックに戻され、シャフルされます。そして、デックを両手に持ち、風変わりな「スロップ・シャフル」をして、裏向きのカードと表向きのカードとを複雑に混ぜ合わせます。その後、デックを指で軽く叩いておまじないを掛け、デックをテーブルの上で広げて、選ばれた1枚を除いては、全て裏向きになっていることを示します。

方法
(1) 選ばれたカード (♡5) をデックに戻してもらった後、デックのボトムにコントロールします。例えば「ヒンズー・シャフル・ピックアップ・コントロール (85頁参照)」でまずトップに持っていってから、「オーバーハンド・シャフルでトップをボトムに (104頁参照)」でボトムに持っていきます。

(2) 別の方法としては、「ヒンズー・シャフル」の途中でシャフルを止め、左手のパケットを観客の方に出して、その上に観客のカードを戻してもらいます。このときに、右手のパケットのボトムカードを「ちらっと見て」キー・カードにして、右手のパケットを左手のパケットの上重ねて揃えます。

(3) デックを2、3度シングル・カットした後、デックの表を自分の方に向けてざ～っと目を通してキー・カードを見付けておいてから、首を振って、カードを見付けるのが困難な事を告げますが、選んだカードはしばらく覚えておくように頼みます。そして、キー・カードの1つ手前にあるカード (選ばれたカード・♡5) の所でカットしてデックのボトムに持っていきます。

(4) 注：どちらの方法を使う場合でも、選ばれたカード (♡5) がデックのボトムにあることを悟られないように注意して扱って下さい。

(5) 観客のカードをボトムに置いたデックで「スロップ・シャフル」を行って、表向き、裏向きと混ぜ合わせていきます。

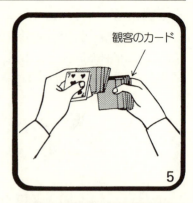

観客のカード

(6) 残りが少数枚になるところまでスロップ・シャフルを続けていき、左手の甲が上に向いて親指が下になったところで、右手の親指でボトムの1枚（♡5）を除いた残りの全てを左手のカードの下に押し込みます。

(7) 左手を返した後（親指が上になる）、右手に残っている裏向きの1枚（選ばれたカード♡5）を左手のパケットの上に置いて「スロップ・シャフル」を終え、デックを揃えます。

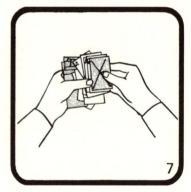

(8) デックをカットして、カードが表、裏複雑な状態で混ざっていることを示します（あるときは2/3、あるときは1/3位をカットして、表と裏とか裏と表になっていることを見せます）。

特殊なカード・トリック

(9)最後に、裏と裏が背中合わせになっているところでカットして裏と裏を見せた後、右手のパケットを裏向きにしたまま左手のパケットの上に戻して揃えます。これで、選ばれたカード（♡5）1枚だけが表向きで裏向きのデックの真中にある状態になります。

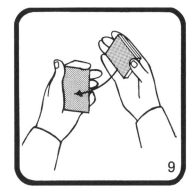

(10)デックをテーブルの上で広げて、裏向きのデックの真中に選ばれたカード♡5が表向きであることを示します。

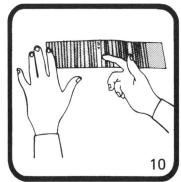

三重のミステリー

　マジシャンがカード・トリックをどのようにして成立させているかを観客に説明することから始まるこの作品は、ここから1つ1つトリックを積み重ねていってびっくりするようなクライマックスに到達させます。このトリックはどちらかというと、少々マジックの知識を持っている観客向きのもので、「キー」カードを使ったカード当ての原理をひもときながら「大困惑」という結末に導いていきます。

効果

　観客にカードを選んでもらい、デックに戻してもらいますが、このときマジシャンは、「選ばれた」カードの上に置くカードを記憶しておいて、そのカードを手掛りにすることで、簡単に「選ばれた」カードを見付け出すことができることを説明しながら、その筋書きに添って手順を進めていき、選ばれたカード（と思われる）カードを裏向きでその観客の前に置きます。そして、その次のカードを他の観客の前に置き、手掛りにしたカードを自分のポケットにしまいますが、3枚の表をそれぞれ示しますと、3枚のカードのあるべき場所がそれぞれ入れ違っています。

秘密と準備

(A)使用するデックと同じ裏模様の余分な1枚が必要です。例えば◇4としましょう。デックの中にあるもう1枚の◇4を取り出して、2枚の◇4をデックのボトムに置きます。図では◇4(A)と◇4(B)と記入します。

(B)そして、デックの中から適当に1枚のカード（例えば♡A）を抜き出して、裏面を外に向けてシャツの胸ポケットに入れおきます。このカードの名前を覚えておく必要は特にありません。

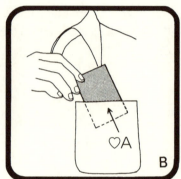

方法

(1)カード当てトリックを「教えてあげよう」ということで、まず、デックを裏向きで両手の間に広げて観客にカードを1枚選んでもらいます（仮に、Xと標記したカード♠6が選ばれたとします）。

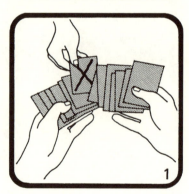

(2)観客がカードを見ているときに、デックを揃えてヒンズー・シャフルの持ち方でデックを持って上半分を左手に取り、その上に観客のカードを返してもらいます。

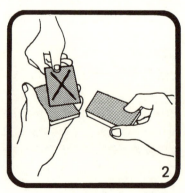

特殊なカード・トリック

(3) そして、意図的に右手のパケットのボトムカードを見せて、◇4であることを示しながら、選ばれたカードを見付けるために必要なことは、デックのボトムカードを密かに覚えておいて、それを手掛りカードにして選ばれたカードの上に置くことを説明します。

(4) 右手のパケットを裏向きに戻して左手のパケットの上に置きます。そして、「手掛り」のカード(A)が観客のカードのすぐ上にあり、それが◇4であることを確認してから、デックを左手にディーリング・ポジションで持ちます。

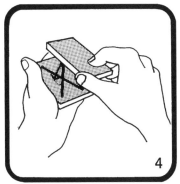

(5) デックのトップから1枚ずつ右手に取り、

(6) 表向きにしながらテーブルの上に配り、少しずつずらして横に並べていきます。始めは若干早めに配っていき…

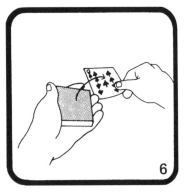

279

(7)…真中近くになったらスピードを落とし、最初の◇4(B)が出てくるまで配っていきます。もう1枚の◇4(A)はその次のカードですから、今、左手のパケットのトップにあります。

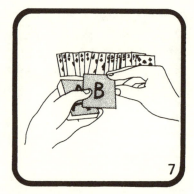

(8)最初の◇4(B)が表向きになったところで、「この手掛りのカード◇4が出て来たということは、次のカードがあなたが選んだカードということになります」と説明します。

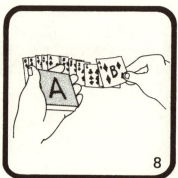

(9)注：観客の知らない事実は、次のカードが手掛りカード◇4(A)であることで、選んだカード(X)は、その次にあるということです。

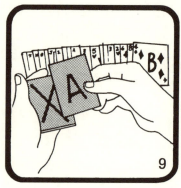

(10)左手のパケットのトップカード(A)を右手で取り上げ「あなたが選んだカードを、手でしっかりと押さえていて下さい」と言って、右手のカードを裏向きで観客の前に配り、押えてもらいます。

特殊なカード・トリック

(11)次に、もう1人の観客の前に、次のカード(X)を裏向きで配り、同じように手で押えてもらいますが、そのカードが何であるかを誰も知らないので、取りあえず「ミステリー・カード」と呼ぶことにします。実際は、最初の観客が選んだ(X)カード♠6です。

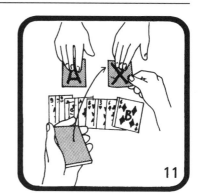

(12)ここで、最初の観客に「あなたは今、あなただけが知っているカードを持っています。そして…」と言って、2人目の観客に「…あなたは誰も知らないミステリー・カードを持っています」と続けてから、テーブルの上から表向きの◇4(B)を取り上げて「皆さんがご存知の私の◇4を私のポケットにしまっておきます」と言って…

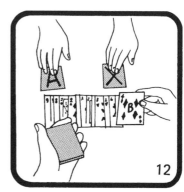

(13)取り上げた◇4を、裏面を観客方に向けてシャツのポケットにしまいます。

(14)すぐに怪訝な顔をして、同じ動作の中で、ポケットの中に準備しておいたカード(♡A)に持ち換えてポケットから取り出してきて、表見て困惑した顔で…

281

(15)「なんてことだ！これは私のカードではないぞ！」と叫んで、最初の観客の方を見て「これはあなたのカードですか？」と続け、カードの表を示して、♡Aであることを示します。

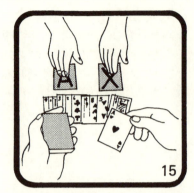

(16)そして、その最初の観客が押えているカードを表向きにしてもらうと、びっくり仰天、それは彼が選んだカード（♠6）ではなく、演者がポケットに入れた筈の「手掛り」のカード◇4(A)に変っています。「何故私のカードを持っているの？あなたのカードは何？」と尋ねますと…

(17)観客は「♠6です」と答えますから、2人目の観客に向い「それじゃあ、誰も知らないミステリー・カードを見てみよう！」と言って、2人目の観客が押えていたカードを表向きにしてもらうと、それが最初の観客が選んだ♠6であることが分かります。まさに三重のミステリーです。

コメント
　実際には三重の変化ではなく、観客が選んだカードと「手掛り」のカードとの入れ変り現象なのですが、2人目の観客の「ミステリー・カード」が無くなって別のカードが出てくることで、三重の変化のような効果になっています。

　このトリックの巧妙なところは、2枚の「手掛り」カードの内の1枚は、早期の内にシャツのポケットの中に安全に処理されているところです。残っているのは完全な1組のデックだけです。観客に調べさせることも、他のトリックに移ることも全て可能です。

フラリッシュ

　装飾的で華やかなカード捌き「フラリッシュ」が芸として登場してくるのは、ボードビルの時代で、自称「カード・キング」たちの活躍振りは沢山の石版画によって描かれています。

　確かなことは、カード・フラリッシュが観客に感銘を与えているということです、その為には、カード捌きの練習に多くの時間を割くことで、観客はあなたの腕前を識別し、それを尊重します。

　より多くの練習によって、カード捌きはより良く改善され、演技全体が効果的になります。

ワンハンド・カット・基本形

　多くの人にとっては、片手でデックを格好良くカットすることは、カード・エキスパートならではの至難の技という印象がありますが、実際は、見た目よりはるかに簡単です。

方法
(1) 親指と他の指の先端でデックの周囲を支えて持ちます。図のように、人差指と小指で両端を支え、親指と中指、薬指とで両側を支えるようにします。各指は軽く伸ばした状態でデックを指先で保持し、デックと手の平の間に深い「お椀状」の空間を確保しておきます。

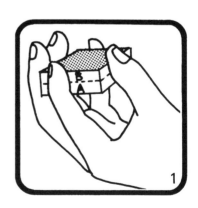

(2) まず、親指を軽く曲げてデックの下半分（パケットA）を、お椀状の手の平の中に落とします。上半分（パケットB）は、親指の先端と中、薬小指とで保持しています。

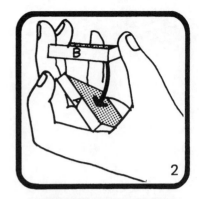

(3) 次に、人差指を曲げてパケットAの下に指先を当てて、パケットAの右側を押し上げるようにしてパケットBの下面に沿って滑らせていきます。

(4) 図のように、パケットAの右側が立ち上がって、親指に当るまで押し続けます。

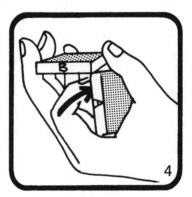

(5) ゆっくりと押し続けていって、パケットAの立ち上がった右側がパケットBの左側を越えたところで、落ちてきたパケットBの左側を曲げた人差指の先で止めます。

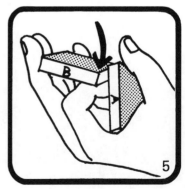

フラリッシュ

(6) 人差指を深く曲げて手の平の方に下げながら、パケットBを一緒に降ろしてきます。ここでパケットBは下半分になります。

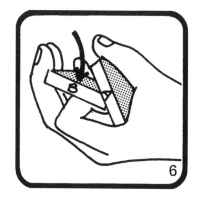

(7) ここで、上半分になったパケットAをゆっくりと親指で押して、2つのパケットを一緒にします。

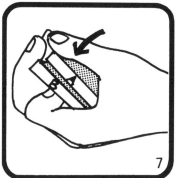

(8) 人差指を伸ばしてデックの前端に当ててデックを揃えます。
　挿絵は全て観客側から見た左手の指の動きです。

コメント
　一読しただけでは、かなり難しいように見えますが、デックを手に持って、一度図示した手順に従って行ってみれば、「ワンハンド・カット」が思った程難しくないことが分かる筈です。初めの内は、やや幅の狭いブリッジ・サイズのデックで練習し、こつを覚えたところでポーカー・サイズに切り替えるのもひとつの工夫です。

ワンハンド・カット・変形型・1

　これは、ワンハンド・カット基本形の変化技の1つで、他の基本的なカード捌きにも役に立つと同時に、器用さを示すこともできます。

効果
　デックを片手に持って基本形のワンハンド・カットを始めますが、途中から3段カットに切り替り、ボトム部分、中央部分、トップ部分が美しく印象的に移動転換しながら手の平の中に納まるフラリッシュです。

方法
注：挿絵は全て左手で操作している状態で描いてありますが、お好きな方の手を使って行って下さい。

(1) ワンハンド・カットの基本形と同じ持ち方でデックを持ちます。このとき、各指の先を「上」または、やや「右」を指す状態で構えます。

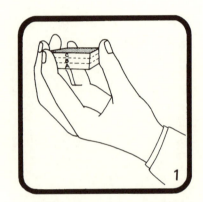

(2) 今回は、デックを2等分してカットする基本形とは違えて、まずデックの下部3分の1（パケットA）を手の平の中に落とします。

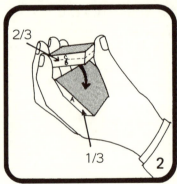

(3) 人差指をパケットAの下に当てて、パケットAの右側を図のように押し上げ、

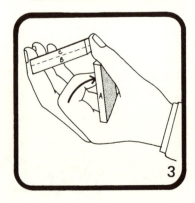

フラリッシュ

(4) 親指に押し続けながら、親指の先を第1関節のところで深く曲げます。

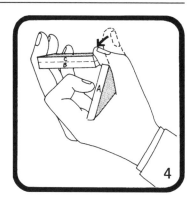

(5) 注：4図のように、深く曲げた親指の先端と他の指とでデックの残り3分の2を保持し、下3分の1（パケットA）は親指先の腹と手の平とで支えるようにします。

(6) そして、親指の先端を緩めて、支えているパケット(B、C)の下半分（デックの中央3分の1）Bをお椀状の手の平の中に落とします。

(7) また人差指をパケットBの下に持っていって、パケットBの右側を押し上げて、パケットAと合致させます。パケットCは親指の先端と他の指とで保持しています。

(8)ここで、パケットCの左側から親指を放して手の平の中に落としますが、このとき、人差指の先でパケットBのボトムを押して、パケットCが落下し易い空間を広げるようにします。

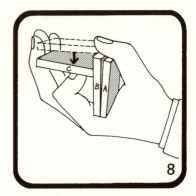

(9)手をゆっくりと閉じて3つのパケット(A、B、C)を揃えてカットを完成させます。

(10)最後に、人差指を伸ばしてデックの外端に当てて、デックをきちっと揃えます。

コメント

　この3段カットでは、ポーカー・サイズより幅の狭いブリッジ・サイズの方がより扱い易いので、まずブリッジ・サイズで練習し、後で、あなたの指の長さがポーカー・サイズの幅に適応するのであれば広いサイズのカードに切り替えて下さい。

　さて、このカットで一番の難所は方法(6)の中央の3分の1（パケットB）を落とすところで、このときの親指は、パケットAとCの2つの縁を保持しながら、パケットBを操作したとき、誤ってパケットAがパケットBの上に倒れてしまうこともままありますが、その状態のままパケットCをその上に落として、元々の計画とは少々異なる「カット」を完成させましょう。

フラリッシュ

ワンハンド・カット・変形型・2

　この方法は、既に説明したものと互換性のあるワンハンド・カットの変形の1つです。1つのカットを2つに分けてカットしたように見えるカットです。

効果
　この3段カットは、分けて落とした下部のパケットを、更に2つに分けてその間に残りの上部のパケットを落としてカット完成させます。何回か繰り返し行って、あるときはスローモーションで、またあるときは超高速でのカットを習得して下さい。

(1)ワンハンド・カット基本形と同じようにデックを持ちます。

(2)まずデックの下部3分の2をお椀状の手の平の上に落とします。このとき、パケットが手の平から滑り落ちないように小指で止めておきます。

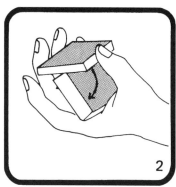

(3)人差指を曲げて落ちて来たパケットの下に当てて押し上げ、パケットの右側を残りのパケット下面に沿って滑らせていって、図のように立ち上げて親指の腹に押し付けます。

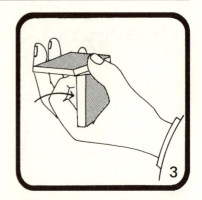

(4)すぐに親指でこのパケットの上半分を保持し、下半分を人差指の上に落として口を開けます。

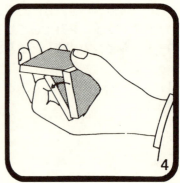

(5)そして、親指を緩めて、指先で保持している第3のパケットを、口を開けて待っている2つのパケットの間に落し込みます。

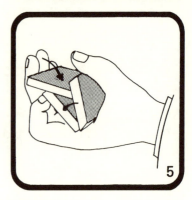

(6)ゆっくりと手を閉じ、3つのパケットを一緒にしてカットを完成します。最後に人差指をデックの前端に当ててデックをきちんと揃えておきます。

コメント

このワンハンド・カットの変形の目的は「フラリッシュ」だけでなく、デックのトップカードをデックの真中あたりに埋没させたり、または、ボトムが変わらないカットとしても使えます。

ワンハンド・カットの別法

このワンハンド・カットは、今までのやり方とは違ってデックは全く別の持ち方で開始され、対照的な操作によってカットは完成します。このこと自体があなたの「フラリッシュ」技の1つに加えるべき理由です

効果

マジシャンは、横向きで垂直に立てたデックを親指の先端で押さえて持ち、まず、下部の3分の1を指先で分けて摘み持って取り分け、指先で垂直に立てます。そして、次の3分の1を分けて手の平の上に落とします。つづけて指先のパケットを「折り畳む」ようにしてその上に置き、更につづけて残りのパケットをその上に落としてカットを終了します。最初の3分の1を分けた後は、3つのパケットがほぼ同時に、パタン、パタン、パタンと整然と折り畳まれてくるところは、観客に強い効果を与える3段カットです。

方法

(1) デックを横向きで垂直に立てて左手に置き、上の縁に親指の第1関節の先端を当て、下の縁は親指の付け根の近く押し込むようにして保持します。（図1と2は、観客側から見た図です）。

(2) デックをしっかりとこの位置で保持したまま、中指以外の3本の指先を曲げてデックの表面に当て、中指をデックの縁の上に伸ばして、デックの下部3分の1を分けて引っ張り出します。

(3)この図は図2を自分の方から見た図です。デックからパケットAを中指で引き離しているところで、他の3指は曲げてパケットAの表面にもしっかりと押し付けています。

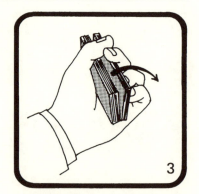

(4)パケットAを引き倒すように開いて、

(5)パケットAの縁を、中指を上に当て、人差指と薬指と小指を下に当てて挟んで持ち、ゆっくりと4指を伸ばしてパケットAを起こしていって図のような位置に持っていきます。
　パケットAは、中指と人差指、薬指との間でしっかりと保持し、残りのデックは元の状態のまま親指で保持しています。

(6)すぐに親指を緩めて、残りのデックの半分（パケットB）を放して手の平の上に倒します。

フラリッシュ

(7) つづけてその上にパケットAを倒して重ね、

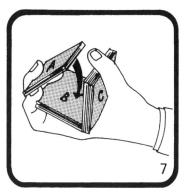

(8) 更にその上に親指で保持しているパケットCを重ねるように手を閉じます。

(9) 同時に4指を伸ばして、一緒になった3つのパケット（C、A、B）を揃えて手に持ちます。

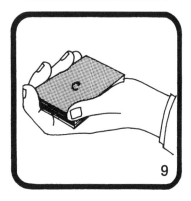

コメント
　このワンハンド・カットの難所は、垂直に立てたデックを親指で押えて保持していなくてはいけないところで、親指の長さと手の大きさが決め手になり、西洋人に比べて手の小さい日本人には不向きな技法の1つですが、ブリッジ・サイズのデックでチャレンジしてみて下さい。
　この形態のワンハンド・カットでは、前者とは逆に、トップ部分はそのまま残り、ボトム部分は真中に移動してしまいます。

マーク・ウィルソン　マジック大百科

リボン・スプレッド

効果

　カード・トリックを行うとき、デックをテーブルの上にリボン状に広げて、観客に、裏面や表面を全て示して改めることがあります。以下に、どうやって上手く美しく「リボン・スプレッド」実行するこかについて説明してあります。

方法

注：カードをリボン・スプレッドするとき、滑り易い硬い表面のテーブルの上では難しいときありますので、柔らかい厚みのあるフェルト製の敷物等の上で行うようにしましょう。マジシャンの為の「クロースアップ・マット」があれば最適です。

(1) デックを裏向きでテーブルの上に置きます。

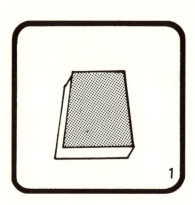

(2) 右手の4指をデックのトップに置きます。このとき、指の先端第1関節のあたりをデックの左側の縁に当てます。

(3) 軽く上から押えながら、手（と腕）を右方向に動かしていって、ボトムの方から等間隔で均等に広げていきます。

(4) 全てのカードを均等に「リボン状」に広げます。

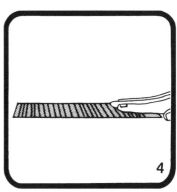

コメント

個々のカードを等間隔で均等に広げるためには、軽く、一定の圧力を掛けつづけながら、淀みないスムーズさと、適度な速度が肝心です。練習は成功の鍵です！手（と腕）の動かし方によって、弧状にカードを広げることもできます。

リボン・スプレッド・ターンオーバー

これは、テーブル上でカード・トリックをするときの理想的なフラリッシュです。簡単に学ぶことができる上に、見栄えは抜群です。実演を通してカード・マジシャンとしての評価を高めていって下さい。

効果

マジシャンは、デックを裏向きでリボン・スプレッドします。そこで、綺麗に並んでいるカードの端を持ち上げて傾けると、カードの列は端から表返っていって全て表向きになってしまいます。

方法
(1) デックを裏向きでテーブルの上に置きます。

(2) 右手でデックを左から右にリボン・スプレッドします。等間隔できちんと広げるようにします。もし「乱れたり」とか「割れ目」があったりすると、表返りが中断してしまいます。

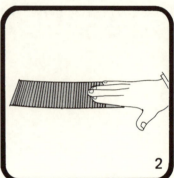

(3) 完成したスプレッドの左端のカード (一番下のカード) の縁を、

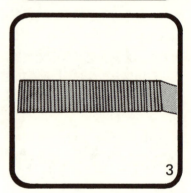

(4) 指先でゆっくりと持ち上げて右の方に傾けていきます。

フラリッシュ

(5)左端のカードから順序よく表返っていって、

(6)全てのカードが綺麗に表向きになります。

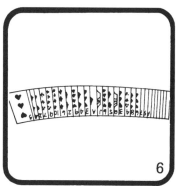

コメント

　以上が「基本的」なタンノーバーのやり方で、簡単にこつをつかめると思います。そこで、若干の技術的な要素を加えて、次の２つの変化形を組み込むこともできます。

逆・ターンオーバー

上記のリボン・スプレッド・ターンオーバーを完了した後、すぐにターンオーバーを逆転させて全て裏向きに戻してしまう方法です。

方法
(1)右手の指先で、今表向きになったスプレッドの右端のカードを掴み、このカードを「てこ」に使って裏向きになるように傾けていくと、

(2)表向きのスプレッドが順々に裏返っていって…

(3)…元通りの裏向きのスプレッドに戻ります。

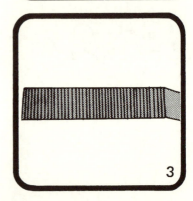

コメント
スプレッドの左端のカードの上に左手を、右端のカードの上に右手を当てておくことで、最初に表向きにそして、すぐ裏向きにと、ターンオーバーを行ったり来たりさせることができます。華麗な技と幻想的な動画の世界です。

タンノーバー・コントロール

これは、もう1つの華麗なるタンノーバーの技で、カード・トリックの間などで、素敵な効果を発揮する方法です。

方法
(1)デックを裏向きでテーブルに置き、リボン・スプレッド・タンノーバーの方法(1)〜(5)までを行い、半分ほど進んだところで、右手で右端のカードを1枚取り上げ、そのカードの縁を、図のようにタンノーバー中の山の頂上に軽く当てて支えます。

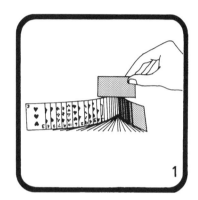

(2)この右手のカードを、タンノーバー中の山の頂上に当てたまま左横に動かしていくと、それに合わせてカードが反転しながら頂上が左に移動して行きます。

(3)右にでも左にでも、右手のカード1枚で自由にタンノーバーを操ることができます。

タンノーバー・ピックアップ

　上記のコントロールで使用した1枚のカードを使ってタンノーバーを格好良く締め括ることができます。

方法
(1) 右手の1枚のカードでタンノーバーを右端の方に移動させていって（前記の図3）、最後の1枚がテーブルの上に「倒れる」瞬間に、右手に持っている「コントロール」カードをその下に挿し込みます。

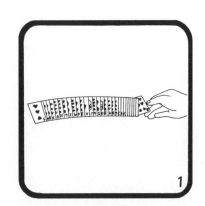

(2) そして、そのカードと右手を「杓子」のように使って、リボン状に広がっているカードを一気に掬い集めて右手で取り上げて、一連のリボン・ストローク・タンノーバー・ショーを格好良く締めくくります。

コメント
　タンノーバー・フラリッシュの巧拙には、最初にテーブルに広げるリボン・スプレッドが等間隔に均等に広がっているかどうかに起因しています。このリボン・スプレッドと組み合わせるスプレッド・タンノーバーや逆タンノーバー、そしてタンノーバー・コントロールとタンノーバー・ピックアップ等は、比較的簡単に学ぶことができますので、まず、リボン・スプレッドを完全に習得する必要があります。そして、柔らかいテーブル・クロスとかフェルト製のテーブル敷等の上で行って下さい。出来れば、マジシャン用のクロースアップ・マットがベストです。

フラリッシュ

プレッシャー・ファン

　あなたの演技をプロフェッショナルに見せる1つの要素は、カットやシャフルなどを滑らかで格好良く扱う手捌きです。ここで取り上げるプレッシャー・ファンもその1つです。

効果
　マジシャンは片手に持ったデックを、もう一方の手の指で、巧みに円形に広げていって大きな「扇形」を示します。インデックス・コーナーが隅から隅まで均等に美しくカラフルに広げられています。

方法
(1) 右手の親指と他の指とでデックの両端を挟んで持ちます。図のように、親指を下端の真中に当て、人差指、中指、薬指を並べて上端に当て持ち、小指は側面に添えておきます。

(2) 右手に持ったデックを左手の上に、図のようやや斜め左に傾けて置き、下端の真中あたりを左手の親指で押さえます（図は、右手を省略してあります）。

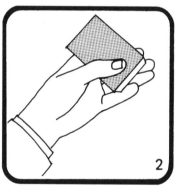

(3) デックの両端を挟んで持っている親指と他の指を絞って、デックを下向きに湾曲させます。

301

(4)方法(3)の状態を観客側から見た図です。

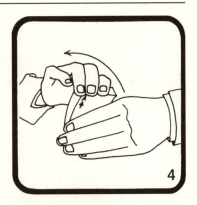

(5)次に、1つの連続した動きで—右手の指先から、デックの上端から1枚ずつ「絞り出す」ようにしながら、デックを時計回りで円を描いていきます。この時、左手の親指で押さえている所を回転の中心点として使います。

(6)カードを絞り出しながら回転動作を続けていって、左手の指先の周りを1周させて大きな円を描きます。

(7)方法(6)を観客側から見た図です。

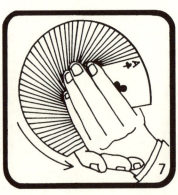

(8) よいプレッシャー・ファンを作る唯一の秘密は練習です。最初の内は、カードが「束になって」出てきてばらばらに広がったり、時によっては手から「跳び出したり」して、落胆の連続でしょうが、練習を重ねるにつれて、少しずつこつをつかんでいき、最終的には等間隔で均等に開いた美しいファンを手に入れることでしょう。早くこつをつかむには、デック半分での練習が有効です。最も重要なことは、右手の圧力加減と、一定の速度を保った、切れ目のない、さっと掃くような動作です。

コメント
ファンを作る為に必要な適度な右手の圧力は、使用するデックによっても異なります。真新しいデックでは、右手の親指と他の指とでデックを湾曲させる圧力はより必要になりますが、シャフルを何回か繰り返した後のデックでは、圧力を下げることができます。また使い過ぎて「汚れ」の目立つようなデックでは、均等なファンを作り難くなります。

ファンを閉じる

方法
(1) ファンを閉じるには、右手の指先を手前から、ファンの左端に当て…

(2) 右手を時計回りで、円を描いて掃くようにカードを回して…

(3)ファンを閉じて、1つのデックにまとめます。以上
(1)〜(3)の図は全て観客側から見た図です。

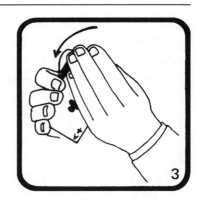

ファンを片手で閉じる

　広げたファンが、ひとりでに閉じていくように見える片手だけでファンを閉じる方法は、かなり印象的です。

方法
(1)デックを「プレッシャー・ファン」で開いたとき、ファンの前面にぴんと伸ばして当てている4本の指と、ファンの裏面の回転軸に当てている親指とで挟んで保持しています。

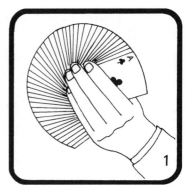

(2)ファンを閉じるために、まず人差指を動かしてファンの一番前にあるカードに指先を当てます。

(3) 人差指で一番前のカードをしっかりと押し付けながら、右方向に円を描いて（図2の矢印の方向）いって、ファンを閉じていきます。

(4) ファンが半分位閉じたあたりで（図3）、他の指を開いてスペースを作り、その空間に、人差指で残りのファンを一気に下方に回転させて閉じます。

片手でファン

基本的にはカード「フラリッシュ」の1つですが、様々なトリックに関連した便利な技法でもあります。

効果

右手の指先に持っているデックが、華麗な動きで、広く大きなファンに開き、インデックス・コーナーが鮮やかに表示されます。ファンを閉じてデックを裏向きにして、もう一回ファンに開いて、観客にカードを選ばせることも出来ます。

マーク・ウィルソン　マジック大百科

方法
(1)デックの左端の表に親指を、他の4指を伸ばして裏面に平らに当てて右手に持ちます。

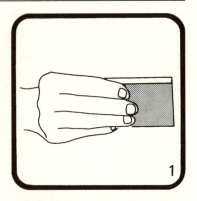

(2)このとき、右手の親指は、下端の隅に当てるようにします。裏面に当ている4指は、デックの半分位を覆うように持ちます（図1）。

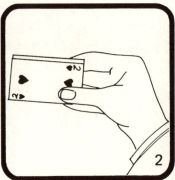

(3)ここから、連続した1つのスムーズな動きで、カードの前（表）部を親指で上方右方向に押し上げ始めます。同時に裏面に当てている4指を軽く曲げながら下方右下にカードの後（裏）部を下げていきます。

(4)上記の動きを続けてファンに開いていきます。

(5)注:デックの表(上)半分を親指で時計回りで開き、裏(下)半分を4指で反時計回りで開くことで、等間隔で均等に開いて美しいファンを作ります。その為には、親指と4指との圧力の掛け方を習得して下さい。

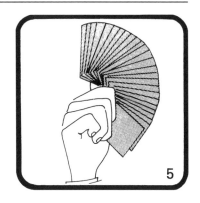

(6)図5のように、4指をぐっと曲げて握り、手の平にカードを押し付けるようにして保持していることに注目して下さい。

コメント

　もしトリックの中で、半分のデックをファンに開けたときでは、全てのカードが均等に開き、インデックスの隅が大きく広がって、フルデックのときと同様に美しく効果的です。また、少数枚のカードでのトリックのとき、例えば4枚のAトリックのときなどで、片手ファンで4枚のAを示すことで印象的な効果を与えることができます。そしてまた、デックを半分に分け、左右の手に1つずつ持って、それぞれ片手ファンに開いて見せることもできます。

スプリング・ザ・カード

　カードが手から手に1枚ずつ跳び出していくという、他のカード・フラリッシュより、一段と派手なフラリッシュです。最初は、両手を近づけて近距離で練習し、徐々に距離を広げていって完全習得しましょう。

効果

　マジシャンは、右手に持ったデックを、1枚ずつ連続して全てのカードを空中に弾き飛ばして左手でキャッチするという超派手で印象的な効果のあるフラリッシュです。

方法

(1)デックの上端に人差指、中指、薬指を当て、下端に親指を当てて持ちます。このとき、図のように指の先端で持つようにします。

(2)左手は、カードをキャッチする為に、手の平を上に向けて各指の間隔を広げ、指先を上に向けるように関節を曲げて構えます。

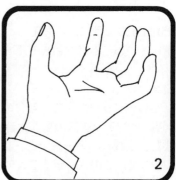

(3)右手の親指と他の3指とでデックを上下から絞って、手の平の方に凸状にデックを曲げて、図2の状態の左手の手前8センチ位上に持っていきます。

(4)右手のデックを絞り続けながら、指先から1枚ずつ、左手の中に弾き出していきます。

フラリッシュ

(5)注：弾き出した右手のカードの前端が、左手の人差指に当てて止るようにして、カードが左手から跳び出さないようにします。

(6)カードが右手から左手に連続して飛び始めたら、両手の距離を徐々に離していきます。

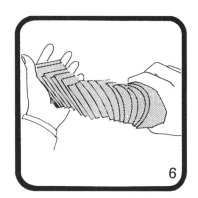

(7)ほとんどのカードが左手に到着したあたりで、右手を左手に近付けていって、両手を合わせカードを揃えます。

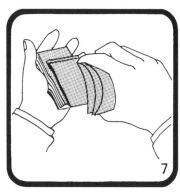

コメント
　初めの内は右手のデックのすぐ下で左手を構え、5～6センチの距離位でカードを弾き出し、まずカードが1枚ずつスムーズに且つ均等に連続して弾き出すこつを習得してから、徐々に両手を離していって、最終的には30センチ位離して実行できるようにしましょう。最初は、柔らかで曲げ易い使い古しのデックの使用をお勧めします。
　また、ある程度の失敗は避けられないので、カードが散らばっても良いように、座布団とかベッドの上などで練習するのもよいアイデアです。スプリング・ザ・カードを習得した方への最終提案：カードを弾き飛ばしているときに、体を左から右に回しながら行うと、両手の間の距離が誇張され、50～60センチ位の距離があるような錯覚を作り出します。

アーム・スプレッド・キャッチ

　最も華麗なカード・フラリッシュの1つで、結構難しいものの1つです。正しい技法と、細心の注意と、妥当な量の練習によって、マジックの中の特別な曲芸技として印象的な効果を発揮してくれます。

効果
　マジシャンは、伸ばした左腕の上にカードをリボン状に並べます。そして、カードがきちんと並んでいる状態のまま左腕をひょいと上げ、一瞬空中に浮かんだカードの列を、右手で内に向けてさっとすくい集めて、1枚も散らすことなく取り上げるという見事な技です。

方法
(1)デックの内端中央に右手の親指を、外端に他の4指を当てて持ちます。次に、左腕を前方に、手の平を上に向けて伸ばし、右手のデックを少少湾曲させて（スプリング・ザ・カードと同じ）左手の平の指の上に当てます。

(2)右手の指の先端から、ゆっくりと、カードを1枚ずつ左手の上に絞り出しながら…同時に右手を左手の前腕に沿って手前に引いていってカードを等間隔で均等に並べていきます。

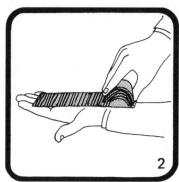

フラリッシュ

(3)こうして、全てのカードを左手の指先から前腕に並べます。練習によって、指先から肘の内側まで一直線できちんと並べることを習得して下さい。

(4)注：左腕に並べたカードを落とさないように注意しましょう。

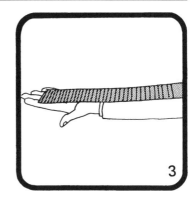

(5)右手を軽く「椀状」に曲げて左手の指先近くに持っていって、きちんと並んでいる状態のカードをすくい取る準備をします。

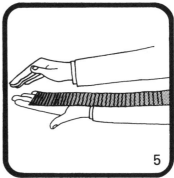

(6)左腕を上方にひょいと上げて、リボン状に並んでいるカードを一瞬空中に停めます。

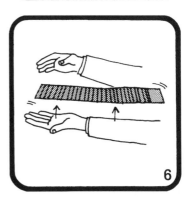

(7)躊躇せず、一つの連続した動作で、体を左手前に振るのと一緒に、右手を掃くようにさ〜っと動かして空中にあるカードの帯を、端から端まですくい集めて掴みます。

311

(8) 練習を重ねることで、床に1枚も落とすことなく、全てのカードを掴むことができる筈です。最初は、半分のデックで左腕の上に短く並べてそれを掴む練習から始め、徐々にカードを増やしていくことを勧めます。

コメント

最初の内は、左腕の上にカードを並べるときに、並びが不揃いになったりすることがありますが、その場合は、素早く左腕を下げて、並んでいるカードを左手の中に滑り落として集めて下さい。このこと自体は、これから行うウルトラ技の前触れにも見えています。

ウォーター・フォール

効果

マジシャンは、右手に持ったデックを、1枚ずつ瀧の水が流れるようにカードを落として下で構えている左手の中に納めていく美しい姿は、まさにフラリッシュの極致といえます。

方法

(1) 左手に持ったデックを、指でぴんと伸ばして広げている右手に縦長で当てます。このときに、図のように、デックの両端に当てている親指と他の4指がトップカードの縁だけに当っているようにします。

フラリッシュ

(2) 指をぴんと伸ばしたまま、デックの両端をゆっくりと絞り込んでいって、図のように湾曲させていきます。このとき、「スプリング・ザ・カード」のときとは違って、カード1枚ずつの間に僅かな隙間を確保します。この隙間が大切です。

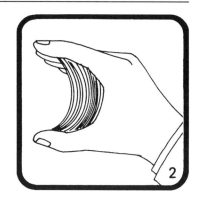

(3) デックは裏側の方（親指の付け根の方）から少しずつ、僅かな隙間をあけながら弧状に曲がっていって、手いっぱいに広がって持つことになります。

(4) 右手で上記のようにデックを保持したら、体の前で構え、その真下に軽く指を曲げた左手を置いて、落ちてくるカードを受け取る準備をします（図は観客側から見た図です）

(5) ゆっくりと右手の親指と他の4指を広げていくと、デックの前方（表面）からカードが1枚ずつ、連続して左手の中に流れ落ち始めます。

313

(6)同時に、左手を降ろしていくと、まるで滝の水の流れのように落ちていきます。

(7)両手の間の距離を大きくして、流れをさらに長くするためには、左手を降ろすのと同時に右手を10センチ位上げ、30センチ程のカードの滝を見せることができます。

(8)右手から全てのカードが流れ落ちたら、すぐに両手を合わせてカードを揃えてフラリッシュを終ります。そして、次のウォーター・フォールを続ける準備をします。是非習得してカード熟達者としての名声を得て下さい。

コメント

　ウォーター・フォールで一番肝心かなめのところは、方法(1)と(2)で説明したデックの握り方で、特に図2のように絞り込んでいくところが大切です。初めは、両手を近づけてカードの落ち方を練習し、こつを覚えたところで、徐々に両手を離すようにします。そして、使用するデックも取っ換え引っ換えして自分の手に合ったデックを見付けて、完璧な「カードの滝」を演出して下さい。

カード投げ

　世界最大の劇場の一番高いバルコニーにカードを投げ入れたと語り継がれている著名なマジシャン、ハーマン、サーストン、レイモンドたちと同様の結果を達成するためには、どれ位練習するかによって決まります。

方法

(1) まずカード投げの為の正しい「スローイング・ポジション」でカードを持つことが必要です。カードを飛ばす目的によって2通りの正しい持ち方があるので、両方の持ち方を試してみて下さい。まず最初に、カードを遠くに飛ばすときの持ち方を説明します（もう1つの持ち方は、次項で説明します）

(2) カードの前端ぎりぎりのところを図のように、伸ばした右手の人差指と中指との間に挟んで、カードが「垂れ下がらない」ように持ちます。この位置を保つ為に、カードはしっかりと挟み持っています。

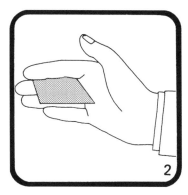

(3) これは観客側から見た正しい「スローイング・ポジション」の図です。

(4) 次に、挟んでいるカードの右下隅が親指丘に触れるところまで4本の指を手前に曲げます。

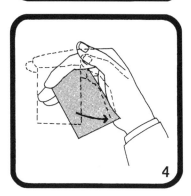

(5) 同じ動きの中で、今度は手首をぐっと内側に曲げます。

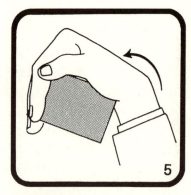

(6) ここですぐに、手首を素早く、そして強く伸ばすのと同時に、指を真直ぐに伸ばしてカードを放し、カードに回転を掛けて空中に飛ばします。

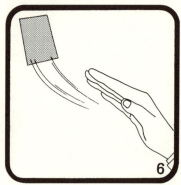

コメント

　指でカードを水平状態に維持した上で手首の動きを同調させることは、カードをうまく「投げる」上で不可欠な要素です。長い時間をかけてこのテクニックを身に付けて下さい。さらに飛行距離を延ばす為には、腕の動作を手首の動作と連動させることで飛躍的に延びていきます。

ブーメラン・カード

　上述のカード投げを観客に披露した後、今度は天井に向けてカードを投げると空中に舞い上がったカードは大回転をして、ブーメランのようにマジシャンの手元に戻ってきます。

フラリッシュ

方法

(1)「ブーメラン」効果を実践するためには、次の2通りのカードの持ち方があります。1つは前述の「カード投げ」方法(2)(3)で説明した位置での保持で、もう1つは、次のようのな新しい位置での保持です。カードの前端右隅あたりを親指と中指とで掴み、左隅の頂点に人差指の先を当てて持ちます。この人差指が当っているところが回転軸になります。

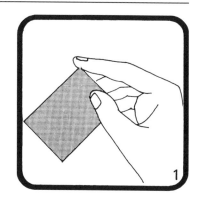

(2) カードをこの位置で保持したら、上述のカード投げと同じ手首と腕の動作でカードに回転をつけて空中に投げます。

(3) ブーメラン効果を達成するには、カードを投げるときに、45度以上の角度で斜め上方に、2～3メートル位飛ばす力で投げます。このとき、カードに可能な限り多くの回転を掛けるようにします。それには、カードを手から放す瞬間に、手首のスナップを使って鋭く手を引き戻すようにします。このとき、回転軸になるカードの右外隅に当ててある人差指が大きく機能し、カードに強い回転力が生まれます。

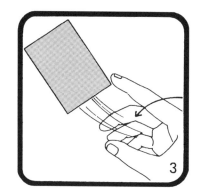

(4) カードが空中に跳び出し2～3メートルに達した所で下降して来ますが、45度以上の角度と回転力の援助によって、放物線を描いて手元に戻って来ます。

コメント

　練習によって、適切な角度と力加減、回転の与え方などを習得し、いつでも正確にブーメランしてくるようにして下さい。ブーメラン・カードは素晴しい技巧と器用さの印象を作り出し観客の驚嘆を得ます。一度投げるこつを掴めば、ブーメランは簡単にできる筈です。

317

ジニー・カード

この項で使うカードは、今まで使って来たゲーム用の普通のカードとは違って、特別なトリック用途の為に特別にデザインされたカードですが、カード・トリックの一部としてこの章で取り上げることにしました。

この「ジニー・カード」で何通りかのトリックを演じられます。いずれも易しく出来て素晴しいトリックですが、同じショーで繰り返して演じないでください。そこで、いくつかのジニー・カードを使う、トリックを用意しておいて、その時に備えておくことを勧めます。

観客がどんな不思議を期待しているのかは、全てのマジックにとって重要な要素です。もしあなたが望むなら、用意しておいたジニー・カードの1つをショーの導入に使ったり、普通のカード・トリックの合間に余興芸として演じることも出来ます。常に余裕を持って観客の期待に対処できるようにしておきましょう。

ジニー・カードとその手順の数は、本章で使用する為に特別に考案したものですから、演技者にとっても観客にとっても大きな感動をもたらす筈です。―最大限に活用して下さい。

右図のジニー・カードと煙だけの半分のカードをコピープリントして下さい。手順では、ジニー・カードの方は消耗品ですから多数枚コピーし、煙カードの方は、予備を含めて5枚位あれば十分です。

魔法のランプ

アラジンと魔法のランプの物語りのおかげで、このジニー・カードのトリックは大きな効果を上げることが出来ます。

効果
(A)輪ゴムで留めてある煙が出ている魔法のランプが描いてあるカード10枚位を示します。(B)アラジンの魔法のランプであることを説明してから、観客に魔法のランプの絵の中にイニシャルを書いてもらいます。そして、アラジンがランプをこするとランプの精（ジニー）が現れてくる話しをしながら、カードの束を裏向きにしながらイニシャル・カードを裏向きで引き出し、(C)カードの束をテーブル置いてから、その手でランプを何回かこすってから、(D)カードを表向きにして、煙の中にランプの精が現れていることを示します。

秘密と準備
これは、ジニー・カードを使って演じる他の全てのトリックの基本となるトリックで、自然な動作の中でどのようにして密かにカードをすり替えるかが勝負どころです、このすり替えの技巧を「マスター・ムーブ」と呼びます。

(E)煙が描いてある半分のカード1枚（図の左側）とランプとランプの精が描いてあるジニー・カード10枚を使います。

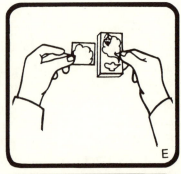

(F)10枚のジニー・カードの束の上に半分の煙のカードを置いて、一番上にあるカードの上半分（煙の中にランプの精が描いてある部分）の上にぴったり重ねて置きます。

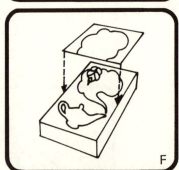

(G)やや巾広の輪ゴムを準備した束の中央に掛けて、半分のカードの下端との境目を覆い隠します。こうして、煙が立ち昇っている絵のカードの束を輪ゴムで留めてあるように見せます。

方法とマスター・ムーブ
(1)ジニー・カードの束を観客に見せて、一番上のカードのランプの絵にイニシャルを書くように頼みます。

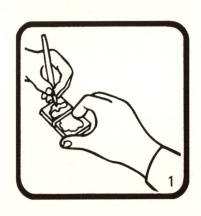

(2) ここからが「マスター・ムーブ」です。図のようにジニー・カードの束を左手で下から両側を掴んで持ち、ランプの絵のある前端を右手の人差指の先で持ち上げます。

(3) ここでゆっくりと左手を手前に返しながら、右手でジニー・カードを引き出し始めます。

(4) つづけて左手の束をゆっくりと返していき、表の絵が見えなくなったあたりで、右手は3分1位引き出してきます（図は、このときの状態を下から見た図です）。

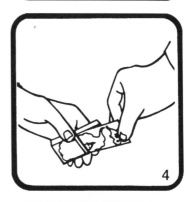

(5) 左手の束が完全に裏向きになったときには、右手のカードも裏向きで束から引き出されています。秘密の半分のカードは輪ゴムのおかげで束に留まっています。左手に持っている束を裏向きのまま観客の手の届かない所に置くか、ポケットに処理するかして…

(6)左手で、右手に持っているカードの逆の端を摘み、右手の指先をカードの下に持っていって、ランプの絵のあたりを何回かこすります。

(7)カードを表向きにして、ランプの精が煙の中に現れていることを示します。勿論、このカードのランプの絵には、観客のイニシャルが有ります。

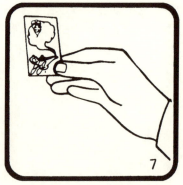

コメント
　マスター・ムーブによって、秘密裏に観客のカードの上半分の絵を別の絵に変えましたが、カードに観客のイニシャルがあることで、他のカードとすり替えることは不可能に見えます。まさにランプの精の魔法の力です。マスター・ムーブそのものが奇跡の一部であり、他の手順と組合せることで、さらに強力になります。これらの追加したトリックの詳細は、続けて紹介するジニー・トリックで取り上げてあります。

ジニーの数の予言

　このトリックは、観客が思った数を使って計算をしてもらいます。ジニーはその計算の結果をぴったりと予言しています。

秘密と準備
(A)ジニー・カードの束の一番上のカードの煙の中に「1089」と書いて、(B)その上に半分のカードを置いて輪ゴムで留めておきます。

ジニー・カード

方法
(1) 観客に、ランプから煙が出ているカードの束を示してから、一番上のカードのランプの絵のところにイニシャルを書いてもらいます。

(2) イニシャルを書いてもらったカード（1089と書いてある）をマスター・ムーブで裏向きで引き出してテーブルに置きます。

(3) メモ帳と鉛筆をその横に置きます。

323

(4)ここで観客に向い「100から1000までの間の数で、同じ数がダブらない3桁の数をそのメモ用紙に書いて下さい。勿論私にはその数を言わないで下さい」と頼みます。
「318」と書いたとします。

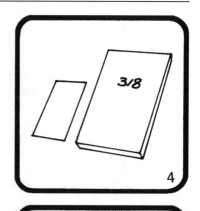

(5)さらに話しを続け、「その3つの数の並びを逆にして、大きい数の方から小さい数を引き算して、その答をそのメモに書いて下さい」と頼みます。ここでさらに付け加えて、「もしもその答えが100以下だった場合には、その2桁の数字の前に「0」を加えて、3桁の数にしておいて下さい」と言います。図は、最初の数が「318」だったときの計算の例です。

(6)観客が計算を終った頃を見計らって、「そして、その答えをまた逆順にしてその下に書き、今度はその2つの数字を足し算して下さい」と頼みます。

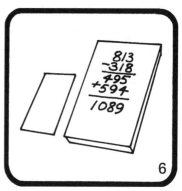

(7)続けて「答えが出たら、その答えの数字を○で囲んでジニー・カードの横に置いて下さい」と頼みます。

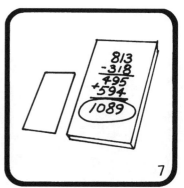

(8) ここでランプの精を呼び出して、あなたの計算をチェックすることを観客に告げて、ジニー・カードを取り上げてメモ帳の上に置きます。そして、ジニーを呼び出しているような演技で、ジニー・カードをメモ帳に2～3回なすり付けます。

(9) ちょっと間をおいてからジニー・カードを表向きにしてもらい、煙の中に現れたランプの精が、答えと同じ数「1089」と書いてあることを示します。

コメント

観客の思った3桁の数が何であっても、333とか555のように全て同じ数字でなければ、合計は常に「1089」になりますが、時によっては、「463」のように逆並びにした数「364」で引き算すると「99」になってしまうこともあるので、方法(5)で説明したように、一番前に0を付けて「099」にして次の方法(6)に移ってもらえば、総合計は必ず「1089」になります。

もしも観客の総合計が違っている場合は、彼の計算を彼にもう一度チェックさせて、ランプの精がその間違いを正して、正しい答えを書いてくれていることを説明します。

ジニーの予言

このジニー・トリックでは、ジニー・カード1式の他に、普通のカード1組が必要ですが、借りたカードでも構いません。

マーク・ウィルソン　マジック大百科

効果
　輪ゴムで留めたジニー・カードの束を示し、煙を出している魔法のランプの絵を観客に示します。そして、ランプの絵のところにイニシャルを記入してもらってから、そのカードを束から裏向きで引き出してテーブルに置きます。次に、普通のデック取り出して、観客にカードを1枚選んでもらって表を見ずにジニー・カードの隣に裏向きで置いてもらいます。ここで、マジシャンはジニー・カードを取り上げ、右手の指をカードの下に回してランプを数回「こすり」ます。そして表向きにするとランプの精が現れていて、「クラブの3」と書き込みがあります。観客が選んだカードを表向きにすると、それは♣3で、ジニーの予言は大成功！です。

秘密と準備
　ジニー・カードの束の一番上のカードの煙の中に「クラブの3」と書き、その上に半分のカードを置いて輪ゴムで留めておきます。次に、普通のカードのデックの中から♣3を取り出してデックのトップに置いて、「スリップ・フォース（124頁参照）」とか「ロールオーバー・フォース（129頁参照）」の準備をしてからカード・ケースに入れ、テーブルの傍らか、上着のポケットにしまっておきます。

方法
(1) ジニー・カードの束を表向きでテーブルに置き、その横に、準備したデックをケースから取り出して裏向きで置きます（X印が♣3です）。

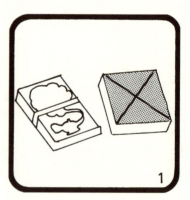

(2) ジニー・カードの束を取り上げ、絵を見せながら見たところ、魔法のランプの精は今日はまだランプの中に居るようですね」などと説明してから、ランプの絵の中に観客のイニシャルを書いてもらいます。

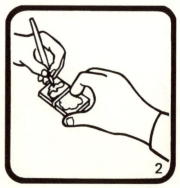

326

ジニー・カード

(3)そして、マスター・ムーブでイニシャル・カード（予言が書いてある）を裏向きで引き出して裏向きのままテーブルに置きます。

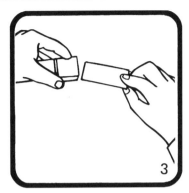

(4)ジニーの残りの束を片付けてから、準備したデックを取り上げ、観客に自由に選んでもらったように見せて、実際は♣3をフォースして、表を見せずにそのまま裏向きで、テーブルの上のジニー・カードの隣りに置きます。

(5)デックをテーブルに置き、ジニー・カードを取り上げて、右手の指をカードの下に回してランプをこすります。そして、ジニー・カードを観客に渡し、ランプの精が現れて、クラブの3と予言していることを改めてもらいます。

(6)そこで、観客に自分が自由に選んだカードを表向きにしてもらうと、ランプの精の予言は見事に的中していることが証明されます。

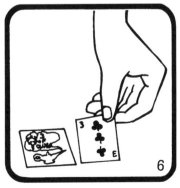

コメント

このトリックを演じているとき、方法(4)のところで、もし、残りのジニー・カードの束を見て、輪ゴムが正しい位置にあって、半分のカードがずれたりしていないことが確認できたら、その束を表向きにして、何気なくテーブルの傍らに置いておくことも可能です。また、イニシャルとランプの精の予言を鉛筆で書いておくと、後で消して再度使用することも出来ます。

サンドイッチ・ジニー

これは前述の「ジニーの予言」と同じ、予言のトリックですが、一度に2枚のカードを予言できる巧妙な方法です。

効果

ジニー・カードの束の一番上のカードのランプの絵の中に観客のイニシャルをもらったら、そのカードを裏向きで束から引き出し、普通カードのデック真中あたりに裏向きのまま挟みます。そして、カードをリボン状に広げて挟まれているジニー・カードを表向きにすると、そこにランプの精が現れていて、煙の中に2枚のカードの名前が書いてあり、そのカードがジニー・カードの両隣の2枚のカードなのです。

秘密と準備

ジニー・カードの束と普通のカード1組と鉛筆を使います。(A)ジニー・カードの束の一番上のカードの煙の中に、2枚のカードの名前を書いておきます。例えば、「クラブの6」と「スペードの2」とします。このカードの上に半分のカードを置いて、(B)輪ゴムで留めます。次に普通のカードのデックから♠2と♣6を取り出し、(C)♣6をデックのトップに(A印)、(D)♠2をボトムに(B印)セットしてケースにしまっておきます。そして、表向きのジニー・カードの束と鉛筆とカードのケースをテーブルの上に置いておきます。以上で準備万端とといました。

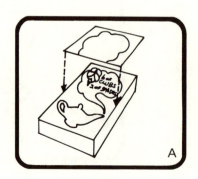
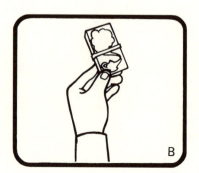

ジニー・カード

方法
(1) ジニー・カードの束の一番上のカードのランプのところに、観客のイニシャルを書いてもらいます。

(2) マスター・ムーブでイニシャル・カードを裏向きで引き出して、そのままテーブルに置きます。

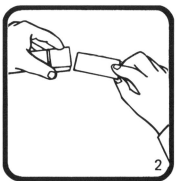

(3) そして、その裏向きのジニー・カードの裏にも観客の名前を書いてもらい、その間に、カード・ケースを取り上げ、準備したデックを裏向きで取り出してテーブルに置きます。

マーク・ウィルソン　マジック大百科

(4)次に、観客にデックを好きな所でカットして2つに分けてもらい、上半分をテーブルに置いてもらいます。

(5)注：ここで、観客の意思で自由に、好きな所でカットした事実を確認しておきましょう。

(6)観客にサインしたジニー・カードをカットした上半分の上に載せてもらい（♣6の上に置くことになります）、

(7)その上に、デックの下半分を載せて、（ボトムの♠2がジニー・カードの上に重なります）デックを揃えてもらいます。

(8)注：観客は、自分が自由に分けた所の間にジニー・カードを挟んだと思っていますが、実際はカットした間ではなく、カットした上部のパケットのトップ（♣6）と下部のパケットのボトム（♠2）との間に挟まされたのです。

(9)「魔法のランプの精を呼び出してこのトリックを手伝ってもらうことになっています

330

が、多分この辺りにいると思うので」と言って、空中に手を伸ばして捕まえたランプの精をデックの中に入れた演技をします。

(10)そして、鉛筆を取り上げてデックの手前の端に当て「ランプの精は物分かりがいいので、きっとこの鉛筆で何かを書いてくれる筈です」と言って、鉛筆をデックの上を撫でるように前後に動かしてから、鉛筆を脇に置きます。

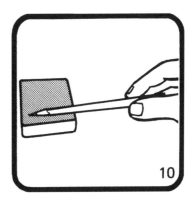

(11)「きっと、ランプの精はメッセージを書いてくれている筈ですから、彼を見付けて見てみましょう」と言って、デックをテーブルの上でリボン状に広げます。

(12)そして、真中辺りにあるジニー・カードと、その左隣のカード(A)と右隣のカード(B)の3枚を、デックの中から押し出します。

(13)「まずジニー・カードを表向きにして、ランプの精のメッセージを見てみましょう」と言って、ジニー・カードを表向きにして、煙の中に2枚のカードの名前（クラブの6とスペードの2）が書いてあることを示します。勿論、観客のイニシャルも有ります。

(14)そこで、両隣のカードAとBを表向きにして、メッセージ通りの♣6と♠2を示して終ります。

コメント
　前回のときと同じように、ジニー・カードの束からイニシャル・カードを引き出した後、残りのジニー・カードの束の状態（輪ゴムや半分のカードのずれ等）を確認した上で、表向きにしてテーブルに置いて、それとなく、2枚目のジニー・カードの絵を見せておくことが出来ます。

ジニーの救援

　このジニー・トリックは、マジシャンの予言の間違いを、ランプの精がその間違いを「修正」してくれるという二重の驚きのある現象になっています。ご存知の「マスター・ムーブ」と「フォース」のお陰です。

秘密と準備
　事前に、ジニー・カードの束の一番上のカードの煙の中にフォースするカード（例えば♣3）の名前を記入して、その上に半分のカードを置いて輪ゴムで留めておきます。次に、

ジニー・カード

普通のカードのデックの中から♣3を抜き出して、読者の得意な「フォース」の位置にセットしておきます。

方法

(1)「あなたが多分選ぶであろうカードを予測して、このジニー・カードの煙の中に書いておきます」と言って、ジニー・カードの束の一番上のカードの煙の中に適当なカード(フォースする♣3以外)の名前、例えばハートの5と、観客の目の前で書きます。

(2) 次に、そのカードのランプの絵の中に、立会人として観客にイニシャルを書いてもらいます。

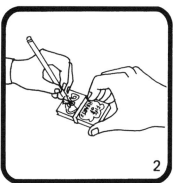

(3) そして、マスター・ムーブで予測カードを裏向きで引き出してテーブルに置き、その上にコインとか指輪など小さな品物を置きます(演者がハートの5と書いた半分の煙のカードは、ジニーの束の方に残っています)。

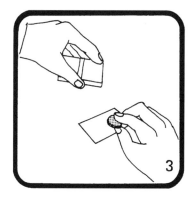

(4)注：ジニー・カードの上にコイン等を置くことは、誰かがそのカードをあけたり取り上げたりさせないようにする為です。

(5)残りのジニー・カードの束をポケットにしまい、カードケースを取り上げてデックを取り出し、観客に♣3を「フォース」します。

(6)そして、観客にカードを見て、演者の予測が当っているかどうかを尋ねます。答えは勿論「NO！」です。

(7)そこで、苦しまぎれの一策、ランプの精を呼び出して援助を頼みます。そして、コインを取り上げ、観客に予測カードを表向きにして確認してもらうと、煙の中にランプの精が「魔法のように出現」していて、マジシャンが予測した♡5を♣3に訂正していることが分かります、有難う！ジニー!!

コメント
　このトリックの3つの現象：1つは予測の実現。2つ目は、神秘的な変換。3つ目は、観客が間違いと思っていることを正して証明。を組み合わせてあることによって、観客のびっくり度は数倍に増大します。

ジニーの黙読

　このトリックでは、ジニー・カードの束の他に、他のトリックにも使える巧妙な自作の仕掛けが必要です。

効果
　観客にジニー・カードの束の一番上のカードのランプの絵にイニシャルを書いてもらってから、裏向きで引き出してテーブルに置きます。
　次にマジシャンは、1冊のペーパーバックの本を取り出してきて、指でぱらぱらと本の頁をめくり始め、観客に、好きなときに「ストップ」と言うように頼みます。そして、ストップが掛かったところで動作を止め、その隙間に大き目の封筒を挿入して目印にします。

そして、観客のストップで選ばれた頁の右上隅にある単語（又は単文）を見てメモしてもらいます。それが終わったところで、ジニー・カードを取り上げ、選ばれた頁の隙き間に差し込んで、その頁を撫で下ろして表向きにすると煙の中にランプの精が現れ、観客がメモした単語が書かれています。

秘密と準備

(A)適当な厚さのペーパーバックの本（柔らかい紙表紙の本）を選び、真中あたりの1枚を慎重に切り放します。本より大き目（天地、左右が本から若干はみ出す程度）の横封筒の表、フラップの折り目のある縁に細長くゴム糊（又は紙用ボンド）を塗り付け、

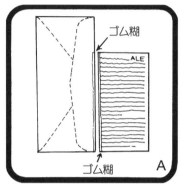

(B)本から切り放した1枚を、下端をきちんと合わせて糊付けします。難しく感じるかもしれませんが、挿画をじっくりと見て、やってみれば以外と簡単に出来ます。この「特別な」封筒が、このトリックの全てです。

(C)注：まず使用する本を見付けてから封筒を探し、何回かテストをしてサイズを決めて下さい、探せないときは自作して下さい。

(D)封筒の仕掛けが完成したら、本に挿入して左側と下端を揃えてから、封筒とその上部を開いて「秘密の頁」が下部の頁とぴったり合っているかどうかをチェックします。チェックが終った封筒を図のように本に挟んでおきます。

(E)次に、ジニー・カードの束の一番上のカードの煙の中に「フォース」する頁(封筒に糊付けした頁)の右上隅にある単語(又は単文)を書き、半分のカードを上に置いて、輪ゴムで留めておきます。

方法
(1)まず、ジニー・カードの束をテーブルに置き、次に、封筒を挟んだ本を示し、両面をさらっと改めてから、「表を上にして」右手で封筒を抜き出します。このとき、封筒の裏面に貼ってある本の頁を見せないように注意して下さい。

(2)テーブルからジニー・カードの束を取り上げて、いつものように一番上のカードのランプの絵に観客のイニシャルを貰い、マスター・ムーブでイニシャル・カードを裏向きで引き出し、裏向きでテーブルの上に置きます。

(3)次に、本を左手で取り上げ、親指で頁をぱらぱらと弾き落としながら、このようにしているので、いつでも好きなときに「ストップ」と言うように頼みます。

(4)ストップが掛かったら動作を止め、

ジニー・カード

(5)頁が開いているところに準備した封筒を挟みます。このとき奥深くそして下端が揃うように挿入して本を閉じます。

(6)躊躇せずに、本を右手に持ち直し、本の下端をテーブルの上で軽くたたいて微調整します。

(7)すぐに本をテーブルに置き、イニシャルを書いてもらったジニー・カードを取り上げます。

(8)注：ここでジニー・カードを取り上げる理由は、封筒を挟んだ本を一旦テーブルに置くための巧妙な手段です。もしジニー・カードを取り上げる必要がないのなら、封筒を目印として本に挿入したときすぐそこで選ばれた頁を観客に見せない理由はありません。

(9)取り上げたジニー・カードの前端を、本に挟まれた封筒の下に差し込み、「今、この本の中に多分居ると思うランプの精を捜しているのですが、運が良ければ、あなたが選んだ言葉を伝えてくれる筈です」と言って、ジニー・カードをす〜っと撫で下ろしテーブルに置きます。

(10)本を取り上げて両手の親指の先を封筒の縁に軽く当て

(11)封筒を左手の親指で開き始め、同時に右手の親指でその下の頁(封筒貼ってあるタネの頁)を押さえて本を半分程開いて、右上隅の単語(又は単文)を観客に覚えてもらい、念の為にメモしてもらいます。

(12)注:上記のことを行っているとき、演者は本から顔を背けて、本を見ないようにします。

(13)本を閉じてから、右手で秘密の頁付きの封筒を引き出し、裏面を見せないようにしてテーブルの脇に置くか、上着の内ポケットにしまって下さい。

ジニー・カード

(14)ちょっと間を取ってから、観客が選んだ単語（又は単文）を聞き出してから、ジニー・カードを表向きにして、ランプの精が現れて、観客が選んだ言葉を伝えていることを示します。

コメント

　このトリックで使用する本としては、日本では、横組で220頁位の新書判（ソフト表紙で、縦18センチ、横11センチ）が使い易い。

　仕掛け封筒を慎重に扱い過ぎて、不必要な注意を呼び起こさないようにして下さい。封筒の役割りは、選ばれたところの単なる目印、栞の代りとして扱って下さい。目印の役目が終ったら何気なく内ポケットにしまって演技を続けて下さい。多分観客は、本以外の追加の「小道具」があったことを忘れてしまうでしょう。

特別な注意：解説してきたジニー・カードの数々のトリックは、全て同じ半分のサイズのカバー・カードとマスター・ムーブを使用しているので、プログラムの中では1つの手順だけにして、決して2つ以上の手順を演じないようしましょう。

マネー・マジック

　コイン（硬貨）を使ったトリックは相当に古くから有り、ほとんど魔法の起源と同じ時代にその原型があったとも言われています。今日では、クロースアップ・マジックの１つとして人気があり、誰もが持ち歩いていて、借用が容易なことから、即席的なマジックとしてもコインは便利なマジック用具で、いくつかのコイン・トリックを習得していることで、いつでも不思議な魔法使いになることも可能です。この章では、易しく出来るもの、難度の高いもの、特別用具を使うものなど、いろいろなタイプのトリックを豊富に網羅してあります。

　良いトリックの中にも易しく出来るものもいくつか有りますが、多くのものは練習を必要とします。しかし、いくつかの基本的な動作は習得し易く、この章でくわしく説明してあります。これらの技法についての智識は、あな自身の効果的な手順を構築することを可能にします。更に、合理的な練習法で簡単に出来るいくつかのコイン・フラリッシュもこの章に含まれています。

　特別に加工したコインをあなたの一般的なプログラムに組み込むことで、コインの手順を包括的に拡張することができます。それらのいくつかは本章に含まれていますので、必要に応じて使用して下さい。その際、仕掛けのない普通のお金を使っているように見せることが大切で、時によっては、観客から借用したコインと一緒に使うことで、全てが洗練された技術によって行われているように見せる演出も必要になります。あなたのマネー・マジックは、あなたが思っている以上に素晴しいものに見えています。習得に励み、結果を信じて演じて下さい。

※本書の翻訳の中で、お札を切ったり、貨幣に文字を書いたりする箇所がありますが、日本ではこれらの行為は好ましいことではなく、重い罪になることがありますので取り扱いには注意してください。
　また、これらによるトラブルについては、出版元・著者・監修者は一切の責任を負いかねます。

包んだコイン

　観客からコインを1枚借りて、後々の証明の為に、マーカー・ペンで目印しを付けてもらいます。このコインをメモ用紙で包み込んで完全に閉じ込めてしまいます。この小さな包みの中にコインがあることを証明するために、テーブルの上に打ちつけてみせた後、コインは包みの中から魔法のように消えてしまいます。消えたコインは、観客の上着の襟とか肘など、思ってもいないところから現われます。勿論、観客の付けた目印しのあるコインです。

秘密と準備

　8×12センチ位のメモ帳とマーカー・ペン1本を用意しておきます。使用するコインは、大きさ、重さ共に500円玉が最適で、観客から借りて下さい。万が一に備えて1枚用意しておくことを勧めます。

方法

(1) 観客から500円玉を1枚借り受け、その人にマーカー・ペンを渡して好きなマークとかイニシャルを描いてもらいます。ペンをしまってから、メモ帳から1枚はがし取って左手に持ち、500円玉を右手の親指と人差指の間で図1のように持って示します。そして「今お借りした目印し付きのこの500円玉を紙で包んで閉じ込めておきます」と説明します。

(2) 500円玉を紙の中央に置き、左手の親指で上から押さえて図2のように保持します。

342

(3)まず、紙の上部を手前に折り返えして、500円玉を完全に覆い隠します。このとき、図3のように、紙の下部に1.5センチ位の余白が出来るように折ります。

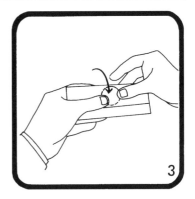

(4)次に、紙の左側を向う側（図4の矢印の方向）に折り返えして左側を閉じますが、500円玉の縁ぎりぎりで折らずに、若干（5ミリ位）の「遊び」をおいて折るようにします。

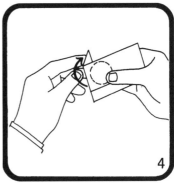

(5)つづけて紙の右側を折り返り返えして（同様に5ミリ位の「遊び」をつくる）、右側を密封してしまいます。

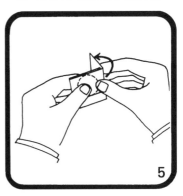

(6)注：この時点で500円玉は、下端を除いて、上、左、右側の全てが密封された状態になっています。折り目を付けるときには、開いている下端から500円玉が滑り落ちることがないように、紙の上からしっかりと押さえて折るようにします。

(7) 最後の折り返えしがキー・ポイントです。もし、下端の余白部分を手前（自分の方）に折り返えすと、500円玉は包の中に閉じ込められてしまいますが、反対に、向う側（図7の矢印の方向）に折り上げますと、包の下端は開いたままですから、500円玉の脱出口になります。

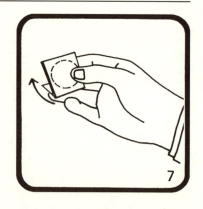

(8) 最後の折り上げが終ったら、上下、左右の折り目を更にしっかりと押さえ付けながら、500円玉の縁に紙面を押し当てて、紙面に500円玉の輪郭を付けておきます。手順の後半で、500円玉を抜き取った後の包みを示すシーンで、この輪郭によって、500円玉が包の中にあることを観客に納得させることになります。

(9) 包み紙を右手の指先に持って、「500円玉はこの包の中に密封されています」と言いながら、折り目の所をテーブルの上で軽く叩いて、トン、トンと音を立てて、500玉の存在を確認します。

(10) この後、包みの中の500円玉を、次のようにして抜き取ります。包みの下端「開口部」のところを右手の指先に持ちます。指先の力を緩めると、500円玉の重さで自然に包みの開口部から抜け落ちてきます（図10）から、

(11) この500円玉を右手の中指と薬指の付け根のあたりで隠し持ち（フィンガー・パームと言います）し、左手で包みを取り上げます。

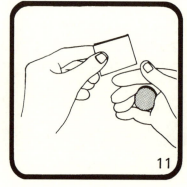

344

マネー・マジック

(12)左手の包みの裏表を軽く示します。このとき包み紙の表面に付いた500円玉の輪郭が十分な役割りを果します。

(13)注：このとき、お望みなら、右手にフィンガー・パームしている500円玉を何気なく上着のポケットに一旦処理しておくことも出来ます。

(14)左手を体の前に戻して、両手の指先で紙包みをまず半分に破ります。このとき、まだ500円玉をフィンガー・パームしている場合は、図のように500円玉をパームしたまま、包みを破いてテーブルの上に落とします。500円玉をポケットに処理している場合は、半分に裂いた紙を更に何回か引き裂いてテーブルに散らし、完全に「消失」してしまったことを示します。そして、上着のポケットから500円玉を取り出し、消えた500円玉が、ポケットの中に飛行していることを示します。

右手に500円玉をフィンガー・パームしている場合は、観客のネクタイの裏とか襟の裏、またはあなたの望む場所から取り出し、マーク（又はイニシャル）を確認してもらいます。

コメント
　この「包んだコイン」は、コイン消失の標準的な方法であり、多くのコイン・トリックと併用することができます。

ハンカチーフを通り抜けるコイン

　ポケット・ハンカチーフとコインを使った巧妙なトリックです。500円玉が最適です。

効果
　マジシャンは右手の指先に持ったコインの上にハンカチーフを掛けて覆いますが、コインはハンカチーフを通り抜けて出てきます。勿論ハンカチーフには、傷跡1つありません。この後、観客にコインとハンカチーフを渡して改めてもらうこともできます。

方法

(1)使用するハンカチーフは自分のものでも構いませんが、観客に借用したものを使う方がより効果的になります。いずれの場合でも、まずコインを右手の指先に持って示します。図1のように、親指を手前に、指先を上に向けてコインの一面を観客に示します。

(2)左手に持ったハンカチーフの中心をコインの上に掛けるようにして右手にハンカチーフを被せます。

(3)コインに掛かっているハンカチーフの中心を左手で調整しながらハンカチーフとコインを一緒に指先でつまみます。同時に、ハンカチーフの中にある右手の親指で、コインの手前に掛っている布を少したるませてひだを作り、図3のように左手の親指の爪のあたりに折りたたみます。

(4)折りたたんだところをコインと一緒に右手で持ち(図4の点線で描いてあるように、右手の親指とコインの裏面の間にハンカチーフのひだを「挟んで」持ちます)、左手を放します。

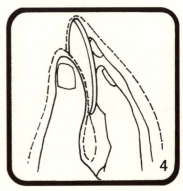

マネー・マジック

(5)ここで、右手に掛かっているハンカチーフの向う側（右手の甲側）の縁を左手で上に持ち上げて、コイン越しに手前に回わして（図5の矢印）コインを示します。このことは、コインが確かにハンカチーフの中にあることの確認動作のように見えています。

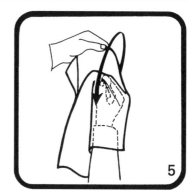

(6)次の操作が、このトリックの重要な秘密です。左手に持っている縁と一緒に手前に掛かっているハンカチーフの縁を持ち、両縁を持ち上げてコイン越しに向う側（図の矢印）に2枚一緒に垂らします。

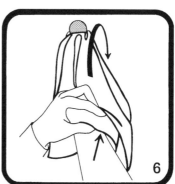

(7)以上の動作は、ハンカチーフの前方を持ち上げて、中にあるコインを見せた後、持ち上げたところを元に戻したように見せているのですが、実際は、図7のような状態になっています。

(8)左手の指先で、二つ折りになってコインに掛っているハンカチーフの中心部とコインを一緒に摘み、右手を放します。

(9)すぐに右手で垂れているハンカチーフをしごきながら、

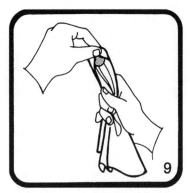

(10)ハンカチーフをねじっていってコインを包み込んでいきます。

(11)ハンカチーフ越しにコインの形状がはっきりと現われるまでねじっていきます。

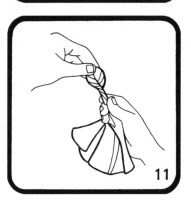

(12)ひだになっているところをコインの手前にうまく被せてハンカチーフをねじっていき、コインとねじりの付け根のところを右手の指先でしっかり摘んでいると、ハンカチーフに包まれたコインの裏表を示すことができます。

(13)左手でコインに覆い被さっているところをゆっくりと広げながら、徐々にコインを引き出していきます。

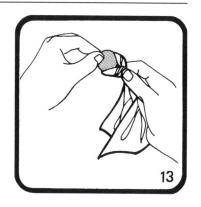

(14)コインを完全に引き出したところで、ハンカチーフと一緒に観客に渡して改めてもらいます。

ハンカチーフを通り抜けるコイン・2

　前述の「ハンカチーフを通り抜けるコイン」とほとんど同じ現象ですが、方法は全く異なります。前作より更に直接的で大胆な方法なので前作の方法を知って人もだますことができます。この独創的で巧妙な作品は、ご存知ジーン・グラントの考案によるものです。

効果

(A)マジシャンは1枚のコインを右手の指先に持って示します。そして、左手に持っているハンカチーフをコインと右手に掛けて覆ってから、

(B)左手の指先で布越しにコインを摘みます。右手をハンカチーフの中から抜き出して左手で持っているところを右手に持ち直し、左手で垂れ下がっているハンカチーフの4隅を握ります。

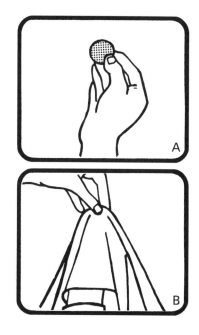

(C)その瞬間、右手で布越しに持っているコインをぴっとハンカチーフから抜き取ってしまいます。

方法
(1)右手の指先でコインの下端を摘んで示します。

(2)左手にハンカチーフを持って(隅ではなく縁の真中あたりを持ちます)、右手とコインを覆いはじめます。

(3)コインと右手を完全に覆いますが、このとき、ハンカチーフの前方(観客側の方)の縁が、手前(自分の方)の縁より下に垂れているように調整します。

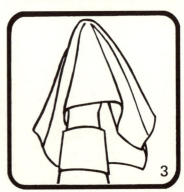

(4)そして、左手の指先で布越しにコインを摘みます。

(5)ここで、ハンカチーフの中から右手を出しますが、指先にコインを持ったままゆっくりと下に降ろしていって、ハンカチーフの手前の縁から出します。左手はハンカチーフの中にあるコインを布越しに持っているように、そのままハンカチーフの真中を持っています。

(6)右手の指先のコインが手前の縁から出たところで、今度は逆に、そのまま上げていって、指先のコインを左手の親指の下に押し込み、摘んでいるハンカチーフの真中の後ろで左手で一緒に持ちます。

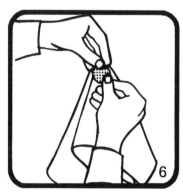

(7)その後、右手の指でハンカチーフの右ひだの方をつまんで下にしごいていきます。

(8)そして、左手で摘んでいるところ（ハンカチーフの真中とコイン）を右手に持ち換え、

(9)左手の指でハンカチーフの左ひだをしごき下ろしてから、

(10)ハンカチーフの4隅を集めて左手でしっかりと握ります。

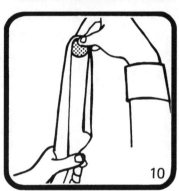

(11)次に、左手で鋭くハンカチーフを引き降ろして、右手の指先からハンカチーフの真中を引き放し、右手の指先に残っているコインを示します。

　最後に、ハンカチーフとコインを観客に改めてもらって終ります。

マネー・マジック

コメント
　大胆に見えるかもしれませんが、全ての動きは自然であり、正しく演じさえすれば、鋭い観察者の目を恐れることはありません。

　自然な動きと手順をしっかりと身に付ける為に、はじめは、コインを本当にハンカチーフの中に残して説明した手順でリハーサルを重ね、納得できたところで実際の手順で練習を繰り返し、全く同じように見えたら、ハンカチーフを通り抜けるコイン・2を演じる準備完了です。

倍増するコイン

　すっきりとした理想的な即席マジックの1つです。準備も簡単で、観客が鑑賞できる距離であれば、いつでも、どこでも演技可能です。

効果
　マジシャンは、右手の親指と人差指とで100円玉の両縁を挟さんで示します。他の指は大きく広げています。100円玉以外には何も持っていないことが分かります。
　マジシャンは、左手が空であることを示してから、指先で右手の100円玉を摘みます。そして、両手をゆっくりと左右に引き離すと、両手の指先には500円玉が1枚ずつ現われています。お金が魔法で10倍に増えています。

秘密と準備
　秘密のほとんどは、2枚の大型コインの巧妙な隠蔽形態にあります。技量は最小限に抑えられていますが、手の位置と角度がポイントなので、説明に従って、鏡の前でのテストが必要です。

準備
500円玉2枚を重ね、水平にして右手の親指と人差指とで500円玉の縁を囲むようにして持ち、その親指と人差指の先端で、垂直にした100円玉の縁を両脇から挟さむようにして保持します（この状態を真上から見ると図Aで、←印の方向が観客です）。これで演技を始める準備ができました。

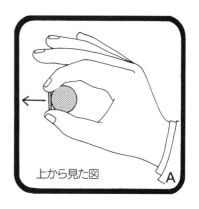

上から見た図　A

353

マーク・ウィルソン　マジック大百科

方法
(1)右手の指先に持っている100円玉を、観客の正面で示します。このとき、後ろに隠し持っている500円玉の縁が観客の目の高さと水平になるようにして下さい。このように示すことで、2枚の500円玉は、図1のように小さな100円玉で完全に隠蔽されてしまいます。

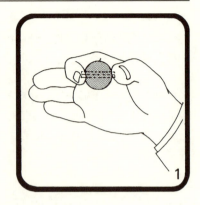

(2)右手の高さを保ちながら（同じ高さで水平に左右に動かすことは可能です）、左手の裏表を軽く示します。

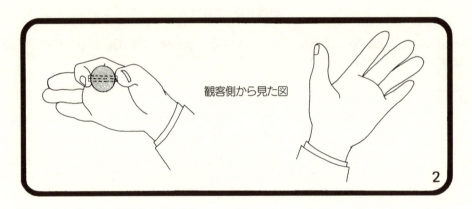

(3)ゆっくりと慎重に両手を近付け、左手の親指を下、人差指を上にして両手の指先を合わせ（他の指は若干開らき気味にします。図3）、左手の親指を100円玉の下縁に当てます。注：右手は正しい位置を維持していて下さい。

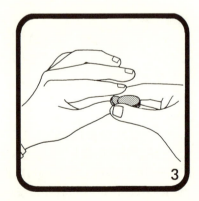

マネー・マジック

(4)左手の親指で100円玉の下縁を右の方に押して回転させながら500円玉の下に押し付け3枚を重ねて一緒にしながら……

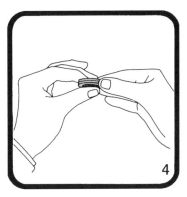

(5)……両手の親指と人差指とで3枚を掴んで前方に回わして立て、500円玉の正面を観客の方に向けます。

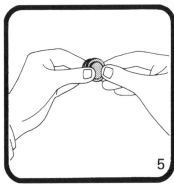

(6)動きを止めずに、左手の親指と人差指とで前方の500円玉を持ち、残りの500円と100円玉の2枚を右手の指先に持って、左右に分け……

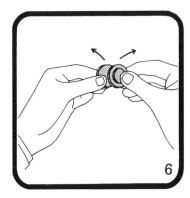

(7)……両手を左右に離して、1枚の100円玉が2枚の500円玉に変化したことを示します。

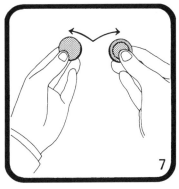

(8) 観客に2枚の500円玉を示しているときに、右手の500円玉の裏に隠してある100円玉をずらしたり落したりしないように注意しましょう。

コメント
　簡潔な手順ですが効果は抜群です。唯一の問題は、100円玉の密かな処理です。テーブルを前にして座って演じているときには、方法(7)で2枚の500円玉を示した後、腕の力を軽く抜きながら両手をテーブルの端近くに降ろして来て、右手を左手のちょっと後ろに一時的に置きます。その瞬間、右手の親指を100円玉から放して、膝の上に落としてしまいます（小品を密かに膝の上に落とす行為を「ラッピング」と言います）。すぐに両手を前方に伸ばし、2枚の500円玉をテーブルの上に軽く投げ出して、両手に何も持っていないことを示します。もし立って演じていた場合は、単に右手の500円玉（と100円玉）をポケットにしまい、左手の500円玉を使ってお好きな演技を続けて下さい。

集合する4枚のコイン

　この非常に効果的なテーブル・トリックは、日常的な品物：4枚のコイン（500円玉）と2枚のカードと食卓用の布ナプキンか、かなり厚手のハンカチーフを使って行います。

効果
　テーブルに敷いたナプキンの4隅近くに1枚ずつ、4枚のコインがあり、真中辺りに2枚のカードが無造作に置いてあります。マジシャンはカードを取り上げて両手に1枚ずつ持ち、このカードで2枚のコインを覆い隠すさまざまなやり方を示してから、まず、対角にある2枚のコインの上に1枚ずつカード置き、カードを置いてないコインを1枚ずつナプキンの下からカードの下に浸透させていきます。そして最後には、全てのコインが1枚のカードの下に集まってしまいます。

方法
　この演技のポイントは、観客の注意を、トリックの柱になっている直接的な技法からうまく遠ざけるように設計された手順にあります。以下に説明する詳細に従って学習し、習得して下さい。

マネー・マジック

(1)ナプキンの4隅（A～D）の近くに、コインを1枚ずつ置き、真中辺りに2枚のカードをぽんと投げ「ここに4枚のコインと2枚のカードとナプキンがあります」と説明調で言います。

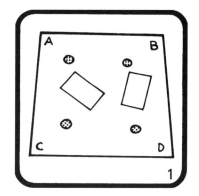

(2) 2枚のカードを両手で1枚ずつ取り上げ（親指を上、他の指を下にして持ちます）、手前の両隅（CとD）にあるコインをそれぞれに覆いながら、「このカードを使って、こんな風にこの列にある2枚のコインを隠すことができます」と説明します。

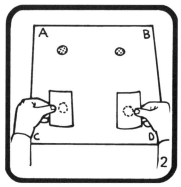

(3)すぐにカードを持ち上げて、前方の両隅（AとB）のコインを覆って「あるいは、この列のコインを隠すこともできます」と続けます。

(4)次は、まず右手のカードを持ち上げて右下隅(D)のコインを覆い、つづけて左手のカードを右上隅(B)に移して、「または、このように右側の列のコインを隠すこともできます」

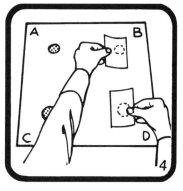

357

(5)このとき、右手の親指を、覆っているカード越しにコインの左縁に押し付けて、コインの右縁を僅かに浮かせ、その微妙な空間に中指の先を滑り込ませてカードと一緒に取り上げられるようにします。

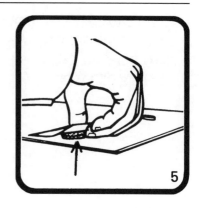

(6)注：コインをカードの下で「密かに」取り上げるときは、カードを持ち上げる自然な動作の中で、できるだけ無駄な動きをしないように心掛けて下さい。クロースアップ・マットのような柔らかで弾力のある敷物の上では、簡単に行えます。

(7)つづけて、左手を下に降ろして来て、左手のカードを右手のカードの上方に持ってきます。

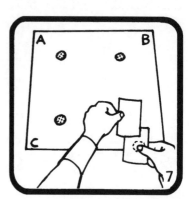

(8)すぐに右手のカードを手前に引いて左手のカードの下から退けますが、このとき、右手のカードと一緒にコインを持ってきます。そして、そのコインがあった場所に左手のカードを置きます。図8は、正にその瞬間を下方から見た図です。

マネー・マジック

(9)右手は動きを止めずに、そのまま斜め左上の隅(A)のコインの上にカード(と隠し持っているコイン)を置いて、「こんな風に斜めに置くこともできます」と説明します。

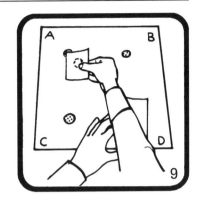

(10)ここまでの動作とタイミングをおさらいしてみましょう。まず初めにC―Dに、次にA―Bにカードを置くときには、両手のカードをほとんど同時に置いていますが、次のB―Dのときには、まず右手をBからDに移してから、左手をAからBに移しています。ここで一瞬Bのコインを見せていることによって、次の左手をBからDに移したときも、流れとタイミングによって、観客は左手のカードを置く前にDのコインを見たように思ってしまいます。ここが手順中で一番重要なところです。

(11)今、対角の隅(AとD)にあるコインの上にカードが置いてある状態です。ここで、見えている2枚のコインの内の1つ、左下隅(C)のコインを右手で取り上げ、左手でナプキンの左下隅を持ち上げます。ここからが「魔法」の始まりです。

(12)ここでもう1つの秘密の操作を次のように行います。コインを持っている右手をナプキンの下に入れながら、左手の人差指と中指の先で右手のコインを挟み取ってしまいます。

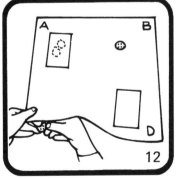

359

(13)秘密のコインの受け渡しを分かり易く描いた図です。

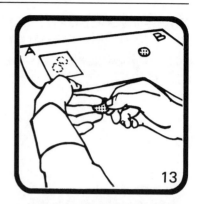

(14)空になった右手を、ナプキンの下で左上隅(A)にあるカードの方に動かしていって、布地を下から指先で「軽く突き上げ」、カードの下の2枚のコインを打ち合わせて音を立て、あたかも右手に持っていたコインが布地を「貫通」してきたかのような演出をします。

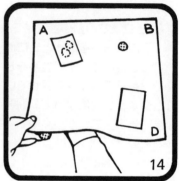

(15)右手をナプキンの下から出し、手が空であることを示してから、左上隅(A)にあるカードの右下隅を持って取り上げます。左手は指先にコインを挟んだままナプキンの左下隅(C)を持っています。

(16)右手に持ったカードを返えして、隅(A)に2枚のコインがあることを示したら、同じ動作の流れで左手の方に右手を動かし、カードを伏せながら左手の親指の下にそのカードを滑り込ませるようにして渡します。

(17)左手をナプキンから離しながら、指で挟んでいるコインをカードに下から押し付けてカードと一緒に持ち、左上隅(A)の方に動かしていきます。

(18)左手のカード(とコイン)を左上隅(A)の2枚のコインの上に置きます。

(19)左手を左下隅(C)に戻し、右手で右上隅(B)のコインを取り上げている間に、ナプキンの隅(C)を左手で持ち上げます。そして「このコインもナプキンを貫通させてみます」と告げます。

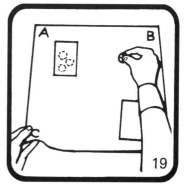

(20)前と同じように、コインを持った右手をナプキンの下に入れながら、密かに左手の人差指と中指とでコインを挟み取ります。

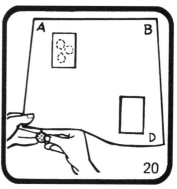

361

(21)右手をナプキンの下に潜らせて左上隅(A)のカードの下にコインを貫通させる演技をします。

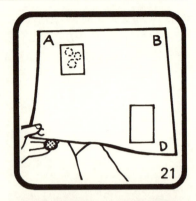

(22)右手をナプキンの下から出し、左上隅(A)のカードを持ち上げます。

(23)カードを返えして3枚のコインを示しながらカードを伏せて左手の上にカードを置きます。

(24)前と同じように左手のカードの下にコインを隠し持ち、このカード(とコイン)を左上隅(A)の3枚のコインの上に置きます。このとき、カードの下に持っている「内緒」のコインが他のコインとぶつからないように注意してカードを置きます。

コイン・マジックの技法

(25) ナプキンの上にはコインは見えていませんが、右下隅(D)のカードの下にもう1枚コインが残っていることを観客に思い出させてから、そのコインに左上隅(A)のカードの下にある3枚と合流するように命令します。隅(D)のカードを持ち上げると、下にあった筈のコインは見事に消えています。

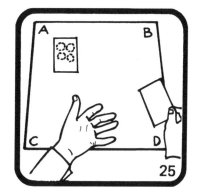

(26) 左手で隅(A)のカードを持ち上げて、集合している4枚のコインを示します。

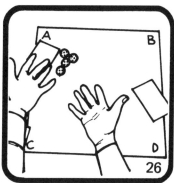

コメント

全体的に淀みなくスムーズに手順を運べるようになるまで練習を重さね、「秘密の操作」も躊躇せずに行えるようにしましょう。隅(D)のコインを密かにカードの下に取り上げるときの右手に集る観客の注意を少しでも緩和したい方は、次の手順を試してみて下さい。方法(3)で隅(A)と(B)のコインを覆った後、まず右手のカードを隅(D)の上に持ってきて隅(A)と(D)を覆って見せます。そして、今度は左手を隅(A)から(B)に移動させて（このときに、右手で隅(D)のコインをカードの下に取り上げます）、(A)と(D)を覆って見せます。これで観客の注意は移動している左手の方に向きます。ここから、通常の方法(7)につづけて実行していきます。

コイン・マジックの技法

皆さんが持ち歩いているコインを使って行う「純粋」な手練業（スライハンドと呼んでいます）でのコインの消失現象を4つ程紹介しておきます。これらの技を習得した後、いつ

でも何処ででも、準備無しで演じることが可能なトリックを手に入れただけでなく、神秘的な魔法の世界への扉を開くことになるでしょう。

フレンチ・ドロップ

方法
(1)左手の親指と他の指の先端の間で、コインを水平にして持ちます。指先を上に向け、指の間をしっかりと閉じておきます。図は、演者側（A）と観客側（B）との2つの方向から描いてあります。

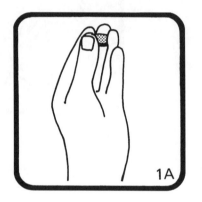
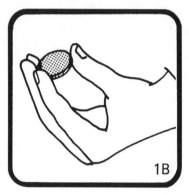

(2)右手の甲を上にして、親指を左手のコインの下に、他の指が上になるようにして左手に近付けていきます。

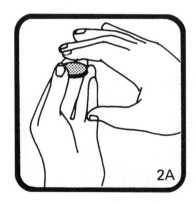
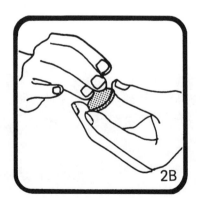

(3) 更に近付けていって、右手の4本の指を軽く曲げてコインを覆います。

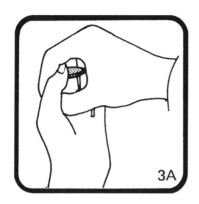

(4) その瞬間に左手の親指の圧を緩めて、コインを中指と薬指の付け根のあたりに落とします。

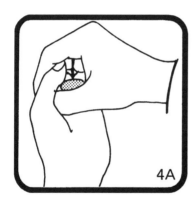

(5) 同時に右手を握って、左手の指先にあるコインを握り取ったように見せます。

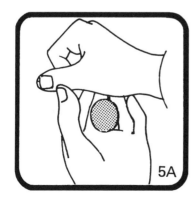
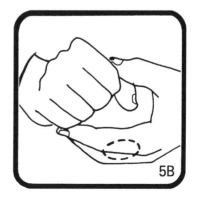

(6)動きを止めずに、両手を右に返えしながら（図の矢印）、右拳を右の方にゆっくりと回わしていきます（握った指の爪が観客の方に向いたあたりで止めます）。

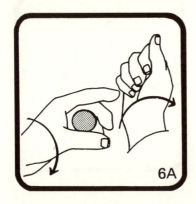

(7)右手が離れていく動き（演者もこの動きを目で追うようにします）の陰で、左手の指を軽く曲げてコインを保持（フィンガー・パーム）しながら、体の方に若干近付けていきます。

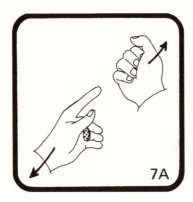

コイン・マジックの技法

(8)右手に握っているコインを揉み消しているように右手の指をゆっくりと擦り合わせてから右手を開いてコインが「消えた」ことを示します。

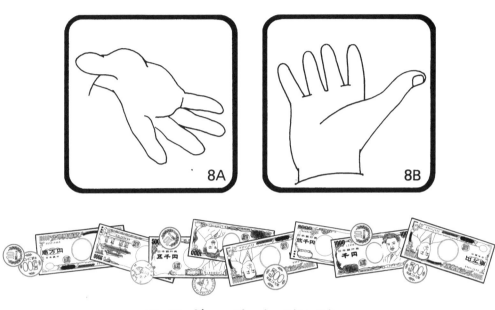

フィンガー・パーム・バニッシュ

このバニッシュ（消失法）では、コインは最初から最後まで右手の同じ位置に保持していますから、あなたの好みに合わせて、素早くでも、ゆっくりでも、好きなように演じることができます。解説図は、演者側と観客側との2つの方向から対照的に描いてあります。

方法
(1)右手の中指と薬指の付け根のあたりにコインを置いて示します。

(2)左手も手の平を上にして軽く開き、両手を体の前、腰のやや上あたりで構えます。図のように、右手の小指の側面が左手の指先に軽く触れるようにします。

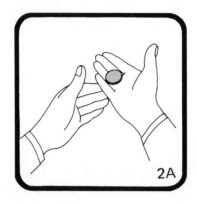

(3)右手を手前に(図の矢印)返えしながら、指を軽く曲げてコインを隠し持ちます(フィンガー・パーム)。

(4) 動きを止めずに、右手を傾けていきます。見た目には、この瞬間に右手の上のコインが左手の上に落ちた時ですが、実際は、コインはフィンガー・パームで右手に留まっています。

(5) 左手は落ちてきたコインを握ったように緩やかに閉じ、右手を左手から離し始めます。

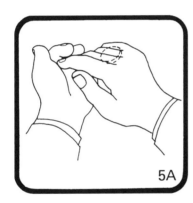
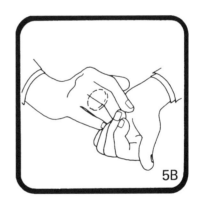

(6) 右手を一旦止め、人差指で左拳の中にコインがあることを、暗に示唆してから、……

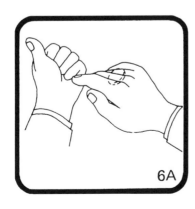

(7)右手をゆっくりと下に降ろしていきます。このとき、演者は左拳の方を見続けて、観客の注意を左拳の方に向けておきます。

(8)左手に握っているコインを揉みしだいているかのように指を動かして手を開き、コインが「消えた」ことを示します。

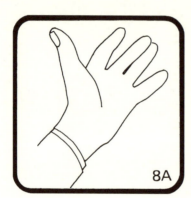
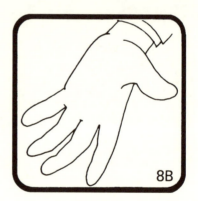

ピンチ・バニッシュまたはドロップ・バニッシュ

方法
(1) 左手の指先（小指を除く）でコインの縁を摘んで図のように立てて示します。指を揃えて隙き間がないようにします。

(2) 左手のコインを掴み取る為に右手を近付けていきます。

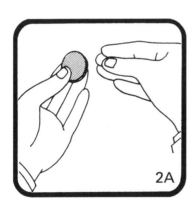

(3)右手の指でコインを完全に覆って、正にコインを掴み取る瞬間に……

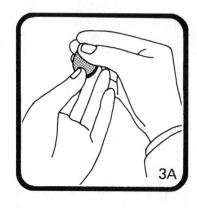

(4)左手の親指をコインから放して、コインを指の付け根のところに滑り落とします。

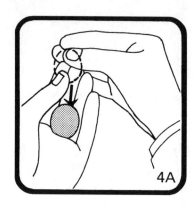
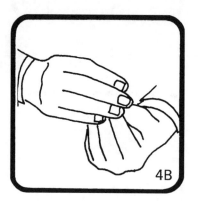

(5)左手はコインをフィンガー・パームし、右手は掴んだ(ように見せている)コインを持って右の方に離していきますが、演者の目線は常に右手に「注ぎ」観客の注意を右手に向けておきます。この間に左手をゆっくりと体の左側に降ろしておきます。

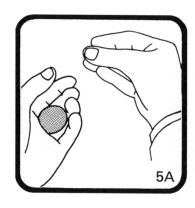
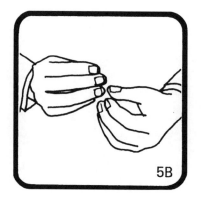

(6) 右手の親指と他の指とを細かく擦り合わせてコインを「溶かす」演技をして……

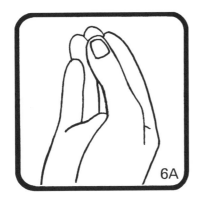
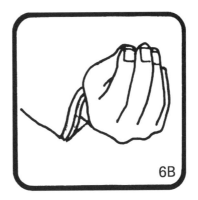

(7) ゆっくりと手を開いてコインの「消失」を示します。

注：方法(6)(7)でコインを消すときに、決して手を握らないで下さい。コインを溶かすまで、左手からコインを掴み取った形を維持しておきます。

コメント

　コインが明らかに一方の手から他方の手に移されたように見せ掛けた後の演者の目線は、コインを持っている（と見せ掛けている）方の手の動きについていくようにします。他のバニッシュのときも同様で、観客は演者が注視している所を見るものです。

　コインの消失技法を練習するときには、まず実際に左手の指先にあるコインを右手で掴み取って手順通りに行ってみることです。これには2つの目的があります。1つは、本当にコインを取り去ったときの両手の形、力加減と腕と体の動き等を体験することによって、自然な動きを身に付けるためです。2つ目は、そのときの視線を認識することです。

　鏡の前に立って、左手の指先にコインを持ち、本当に右手でコインを取り上げることを、何度も何度も繰り返すことで、「取り上げ」動作を体に染み付けた上で、もう一度鏡の前に立って、見せ掛けの技法—右手でコインを取った「振り」をして、コインをフィンガー・

パームしている左手をゆっくりと降ろしていく等─を実際に演じて見ることで、鏡と解説図の2つのセットを使って、観客にどのように見えているかを認識して下さい。そして、常にコインを持っているように見せ掛けている手に視線をおいて下さい。

クラシック・パーム

　コインを手の中に隠し持つコイン・マジックの基本技法の中で、最も古く、最も習得が難しい技法の1つです。しかし、一度習得してしまえば、コインだけでなく、他の品物をパームするときにも広く役に立つ技法です。

方法
(1) 右手の中指と薬指の先端(肉丘)の上にコインを置き、親指で上から押さえて持ちます。

(2) 親指をはずしながら、中指と薬指を内側に曲げて、コインを親指の下側に沿って手の平に達するまで滑らせていきます。このとき、手の力を緩めて、親指丘と小指丘の間を大きく広げるようにして、コインの面が手の平にぴたっと付くようにします。

コイン・マジックの技法

(3) 中指でコインを手の平にしっかりと押し付けながら、親指丘と小指丘を内側に収縮させてコインの縁を両側から挟さんで保持します。親指は力を抜いて軽く人差指に添わせておきます。不必要に力を入れ過ぎて、緊張した窮屈な手にならないように注意して下さい。

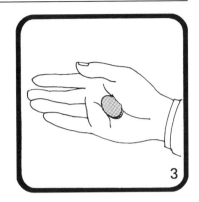

(4) 指の力を抜いて、各指を軽く付けておくことで、手の甲側か見たときにリラックスした自然な形に見えます。

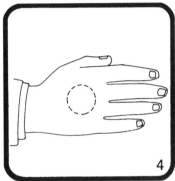

(5) しかし、手に何も持っていないことを強調したい為に、図のように不自然な手の広げ方をしてしまうという一般的な過ちはしないようにしましょう。何も隠し持っていない、普段の自然な手に見えるようなクラシック・パームに挑戦して下さい。

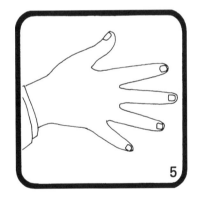

コメント
「パーム」という用語は、実際にパーム（手の平）でコインを保持するところから来ています。その語源になっている手の平（パーム）のどの位置にコインがあるのが、読者の手の形状に適うのかを探り出し、自然な手の形になるまで練習して「第二の天性」になるようにして下さい。一度こつをつかめば、様々なサイズのコインをパーム出来ます。また、コインをパームしたままで指を鳴らしたり、片袖を引き戻したり、テーブルから物を摘み上げたり、通常の行為をパームした手で行うことによって、注意をそらすこともできますが、やり過ぎると逆効果になるということも憶えておいてください。

注：コインをクラシック・パームするときには、中指と薬指と親指の3本だけで行い、他の指での補助なしでクラシック・パーム・ポジションにもついていかなければいけません。また、左右どちらの手でも同じように「パーム」できるように練習して下さい。

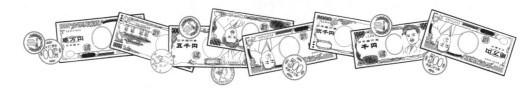

楽しいコイン・マジック

　読者の皆さんは、コイン・マジックの4つの基本的な技法—フレンチ・ドロップ、フィンガー・パーム・バニッシュ、ピンチ・バニッシュ、クラシック・パーム—を学び、次の段階、本格的なコイン・マジック習得の準備が整いました。

ハンカチーフの中から消えるコイン

効果
　マジシャンは、観客からコインを借りて目印しをつけてもらいます。そのコインをハンカチーフの中に入れて、観客にしっかりと持ってもらいます。ハンカチーフ越しにコインの形がはっきりと見えています。マジシャンは、このコインをハンカチーフの中から見事に消してしまいます。

秘密と準備
　コインを消すためのハンカチーフの仕掛けを次のように作ります。

(A)男性用のハンカチーフを用意して、テーブルの上に平らに広げて置きます。観客から借りる予定のコインと同じ大きさのコインをハンカチーフの右下隅に置きます。

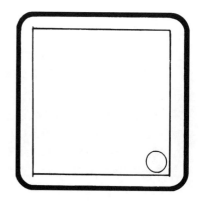

(B)使用するハンカチーフと同じ布地の小片でコインを覆って4辺をハンカチーフに縫い付けます。

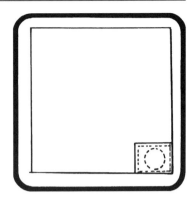

方法
(1)準備したハンカチーフを折りたたんで上着のポケットにしまっておくか、テーブルの上に置いておきます。日常的に使用しているハンカチーフを使うことで、特殊な用具ではないという印象を与えることができますから、使用するハンカチーフの布地や柄に合わせて、収納ポケット(上着の胸ポケットまたは左右のポケットとかズボンのポケット等)を決めて下さい。

(2)観客の1人に出てきてもらい、ハンカチーフに取り付けてあるコインと同じ大きさのコインを観客から借りて、そのコインにイニシャルとかマークを書いてもらいます。その間に準備したハンカチーフを取り出します。

(3)マークされたコインを受け取り、左手の親指と人差指とで摘んで、指先を上に向けて持ちます。右手で、準備したハンカチーフをコインを持った左手に被せます。このとき、コインを隠してある隅を図のように自分の方に垂らすように掛けます。

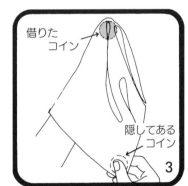

(4)右手の親指と人差指とで秘密の隅の中のコインを掴んで、ハンカチーフの中から左手で持っているコインの隣りに持っていきます。

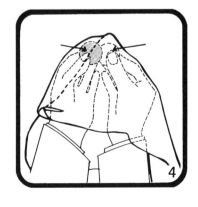

(5) 同時に、左手は持っているマークのあるコインをフィンガー・パームしながら降ろしていって、ハンカチーフから出します。

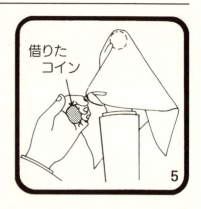

(6) 注:以上の動作は、左手に持っているコインをフィンガー・パームするだけの行為ですから、右手の方がフィンガー・パームが得意な人は、解説文の左手を右手に、右手を左手に読み変えて下さい。図5は右手で持っているハンカチーフの中のコイン（秘密）を観客に示しているときの、コイン（マーク付き）をフィンガー・パームしている左手の状態です。

(7) すぐに左手でハンカチーフ越しに秘密のコインを摘み、右手をハンカチーフから出して、コインの下でハンカチーフをひねって、コインの存在を示します。

(8) そして、ハンカチーフの中に包み込んだコインを観客に持ってもらいます。このとき、左手にフィンガー・パームしているコインを密かに上着のポケットの中に落として処理するか、後述する「毛糸玉の中に飛び込むコイン（418頁参照）」に続ける為に秘密のチューブの中に落とします。

(9) ここで観客に、ハンカチーフの中にコインがまだ有るかどうかを尋ねます。観客は「はい」と答えるでしょう。

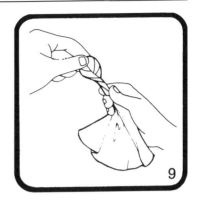

(10) 演者はハンカチーフの垂れ下がっている隅の1つを掴み「ぐいっと」引っ張ってハンカチーフを観客の手から放し、観客が掴んでいたコインが消えたことを示します。

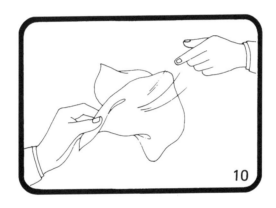

(11) ハンカチーフを広げて軽く裏表を示してからポケットにしまいます。この後、読者の好きな方法で、借用したコインを再現させて下さい。

ハンカチーフの中から消えるコイン・第2の方法

効果
　コインの下でハンカチーフをよじった後、更に輪ゴムで固定することを除けば、効果は前述の方法と同じです。

秘密と準備
　前述の方法と同じ仕掛けをしたハンカチーフの他に、上着の左ポケットに輪ゴムを1本

準備しておきます。

方法
(1)前述の方法(1)〜(7)まで演じたところで、

(2)左手を堂々と上着のポケットに入れて、パームしているコインを残して輪ゴムを取り出してきます。

(3)そして、この輪ゴムを図のようにハンカチーフをひねったところに止めます。

(4)注：輪ゴムを使う理由は2つです。1つは、フィンガー・パームしているコインを一時的にポケットの中に処理する時の自然なやり方が可能になることです。もう1つは、観客がハンカチーフ越しにコインを持っているときに、視覚的にハンカチーフの内容を調べることが出来ないと思わすことです。

(5)ここで前述の方法(9)につづけて、コインがハンカチーフの中に有るかどうかを尋ね、観客が「はい」と答えた後、輪ゴムを取り外します。そして、ハンカチーフの1隅を持って素早く引き取ってコインの消失を示します。

コメント
　輪ゴムを使うことを追加することで、パームしているコインを処理する時に、「疑わしい」動きをカバーすることが楽になります。例えば、後述の「毛糸玉の中に飛び込むコイン」で、パームしているコインを密かに毛糸玉に入れる秘密のチューブに挿入するときの自然な理由付けにも使えます。

楽しいコイン・マジック

グラントのコイン消失用のハンカチーフ
（ジーン・グランド）

　これは、「ハンカチーフの中から消えるコイン」用の仕掛けハンカチーフのバリエーションで、「秘密」のコインが出し入れ自由になっている点が異なっています。秘密のポケットに入る物であればコイン以外の物であっても使用可能です。

作り方
(1) 同じハンカチーフを2枚用意して、1枚をテーブルの上で広げます。

(2) 2枚目のハンカチーフの隅を5センチ角で切り取り、1枚目のハンカチーフの同じ隅の上に置きます。

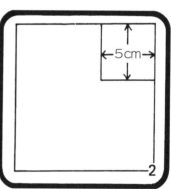

(3) 上辺（A―D）だけを残して他の3辺を縫い付けます（図の点線）。注：ヘム（縁の折り返し）のない辺（A―B、B―C）は、ほつれ留め液を塗ってから裁断するようにします。

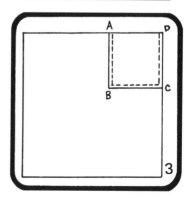

381

(4) 次に、開いているA—D辺の内側図の◯印のところに小さな衣服用のスナップを縫い付けておき、秘密のポケットの開閉を自由にしておきます。

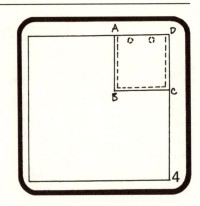

(5) 重要な事：このハンカチーフの価値は、秘密のポケットがいろいろな大きさのコインに対応できることです。また、指輪や折り畳んだ紙幣、または、ポケットに入る大きさの品物などの消失にも使えます。

万能バニッシャー

　さらに用途の広い消失用のハンカチーフです。紹介した2つの特殊なハンカチーフの機能を兼ね備えながら、更に使い勝手の良いものになっています。

効果
　他のコイン消失用のハンカチーフの効果と同じです。

作り方
(A) カラフルな模様のやや派手目な大形のハンカチーフ（一般的なバンダナがお勧めです）2枚を用意して、2枚を重ね合わせます。

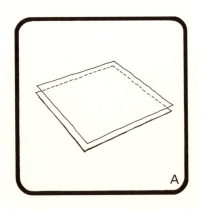

(B)右上隅（B―C）を開口部として5センチ位開けて、4辺を縫い合わせます。

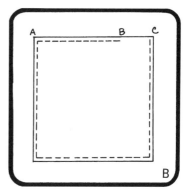

(C)更に、A―X―Cの点線に従って「V字型」に縫い合わせて三角ポケットを作ります。このとき、X点は中央よりやや下になるようにします。

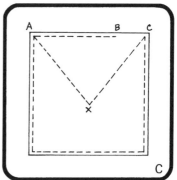

(D)そして、開口部B―Cの内側○印のところに衣服用の小さなスナップを縫い付けて、開閉自在のポケットにしておきます。このポケットの中に、観客から借用する予定のコインと同じコインを入れ、スナップを閉めれば準備完了です。

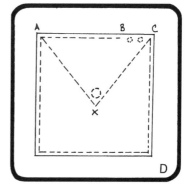

方法
(1)両手で仕掛けハンカチーフの隅AとCを1つずつ持って広げ、軽く裏表を改めます。「秘密」のコインは自動的に真中に留まります。

(2) ハンカチーフを左手の平の上に被せて、秘密のコインが手の平に載るようにします。そして、借用したコインを秘密のコイン（図の点線）の真上に置いて示します。

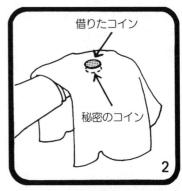

(3) 右手の指先で借用したコインと秘密のコインを重ねて縁を両側から持って、

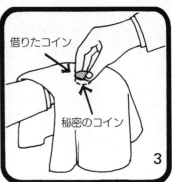

(4) そのまま両手を同時に返えして、右手の上にハンカチーフが被さるようにします。

(5) 次に、左手の指先で秘密のコインとハンカチーフを掴み、同時に右手を軽く広げて、借用したコインをフィンガー・パームの位置に落とします。

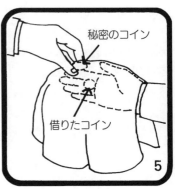

(6) 観客に、ハンカチーフの中にあるコインを持っているように頼んで、左手で掴んでいる秘密のコインとハンカチーフを観客の方に近づけながら、右手を（コインをフィンガー・パームしている）自然にハンカチーフの下から外します。パームしているコインは、一時的に上着の右ポケットに落としておきます。

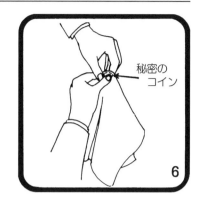

(7) ハンカチーフの垂れ下がっている1隅を掴んで、素早く、鋭く引き下げて観客の手から取り去り、コインが消え失せたことを示します。

コメント
　このタイプの「消失用」ハンカチーフには3つの利点があります。1つは、秘密のポケットに入る物なら、いろいろな物を「消す」ことができます。2つ目は、ポケット中に隠してある物が、ハンカチーフの真中にあるので、方法(3)、(4)のときのように、ごく自然な形で取り扱いが出来る点です。3つ目は、V字形のポケットはハンカチーフの4分の1位の大きさなので、多少大きくても、かさばる物でも対応できる点です。

脚を通り抜けるコイン

効果
　マジシャンは観客の目の前で、まるで魔法のようにコインを右脚に通過させてしまいます。

秘密と準備
　必要なものは、普通のコイン（500円玉とか100円玉など）1枚と、フィンガー・パームの技巧です。

方法
(1) コインを右手の親指と人差指で摘んで示したら、右手を右脚の右側に降ろします。

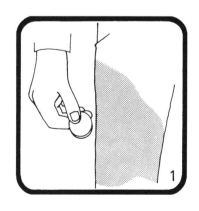

385

(2) 右手のコインを右脚 (膝の上あたり) に当てて親指で押さえ、他の指を放します。

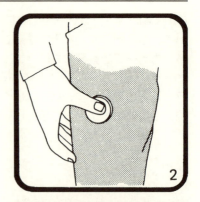

(3) 左手をコインの左横に持っていきます。左右の指で、コインの下にあるズボンの布地をたくし上げるようにしてコインの下に「ひだ」を作ります。

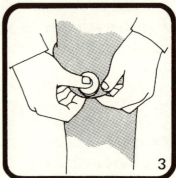

(4) そして、ひだとコインを手前に折り返えすようにして、ひだでコインを覆うようにします。このとき、左手はズボンのひだを摘んでその場に保持し、右手はひだとコインを摘んでいます。

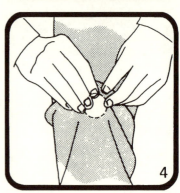

(5) 図4の状態を右斜め後ろから見た図です。

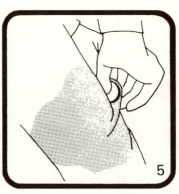

(6)コインをズボンのひだで覆ったらすぐに、右手の親指でコインを右手の中に引きずり込み、中指と薬指の付け根あたりに持っていきます。

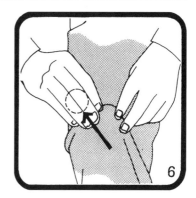

(7)コインを右手にフィンガー・パームしてひだから放し、ゆっくりと右手を右脚の裏側に持っていきます。

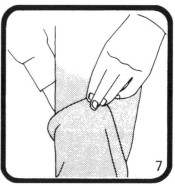

(8)見掛けは、ズボンのひだの下にあるコインを、左手でひだと一緒に押さえているように見えています。

(9)左手をひだから放し、手の甲側でひだを払うようにしてコインが消えていることを示します。

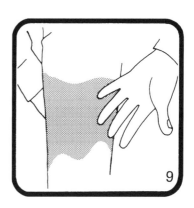

(10)そして、右手の指先にコインを持って、右脚の後ろからゆっくりと引き出してきます。

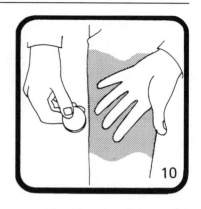

コメント
　ズボンのひだを巧く使ったスマートな消失技法ですが、更に、次のように一工夫して効果を上げることもできます。

消失技法に一工夫

効果
　マジシャンは1枚のコインを示し、それをズボンのひだで覆います。観客の1人にひだの上から触ってもらってコインがあることを確認してもらいますが、コインはすぐに消え失せてしまいます。

秘密と準備
(A)ズボンの右ポケットに、消失で使用するコインと同種のコインを入れておきます。

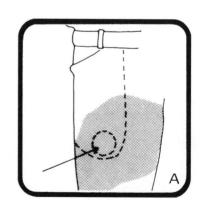

方法

　前述の「脚を通り抜けるコイン」の方法(1)～(5)までを行いますが、下記のように若干扱いに違いがあります。

(1)前述の方法(2)でコインを右脚に当てて親指で押さえるとき、ズボンのポケットの中に準備した「秘密」のコインの真上に置くようにします。

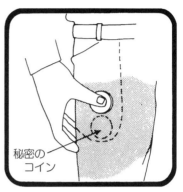

(2)そして方法(3)でズボンに「ひだ」を作るときには、ズボンの中の秘密のコインをひだの中に挟さみ込んでひだを折り返えし、消失させるコインの上に秘密のコインがあるようにします。

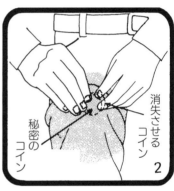

(3)図2の状態を右斜め後ろから見た図です。

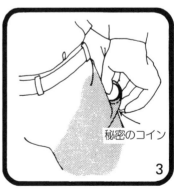

(4)この後、前述の方法(6)を行ってコインを右手にフィンガー・パームします。

(5)ここで観客に、ひだの上からコインに触れてもらい、コインの存在を確認してもらいます。この絶好の機会を使って、右手にパームしているコインを上着の右ポケットに処理してしまいます。

(6)観客の確認が終ったら、前述の手順と同じように、ひだを払ってコインの消失を示し、この手順では、ここで両手を改めることが出来ます。

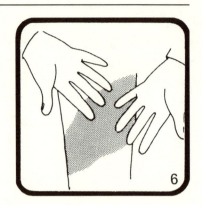

コイン・ア・ゴーゴー

　マジシャンは、観客からコインを借りて、黒色の色鉛筆でそのコインに目印を付けてもらいます。マジシャンはそのコインを左手に握り、魔法の杖の代わりに色鉛筆を使って、観客の目の前でコインを消してしまいます。両手を改め、色鉛筆もしっかりと調べてもらいます。その後、マジシャンは空中を握り、色鉛筆でお呪いを掛けると、目印のあるコインが魔法のように再現します。

秘密と準備
　これは非常に良い即席マジックの1つで、特別な用具は一切使っていません。色鉛筆、または油性のサインペンかボールペンを上着の左内ポケットに準備するだけです。観客から借用するコインは、できれば大きくて見映えのする500円玉にします。そして、習得済みの技巧フィンガー・パームが必要です。

方法
(1)観客からコイン（500円玉）を借りて、色鉛筆で印しを付けてもらいます。色鉛筆は左内ポケットに戻しておきます。

(2) コインを右手の平の上に置いて示します。

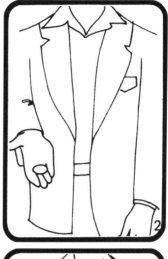

(3) 右手のコインを左手にトスして……

(4) ……また、左手から右手にトス……

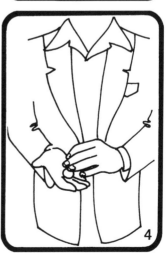

(5)……もう1度左手にコインをトスして、左手で握ります。

(6)右手を上着の左内ポケットに入れて色鉛筆を取り出し、

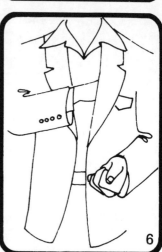

(7)色鉛筆で左拳を指し、手の中のコインは「表または裏」と観客に尋ねます。

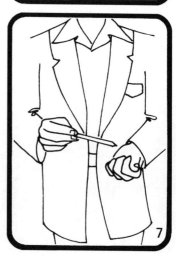

(8) 観客の答えを待って、左拳を開いて答えが正しいかどうかを確認します。ここまでは、トリックには関係のない、よくあるコインの裏表当てゲームのように見えていますが、このことが、この後の不思議の瞬間を一層際立たせることになります。

(9) 観客の答えに関係なく、もう一度試してみたいと観客に伝え、鉛筆を左内ポケットにしまってゲームを再開します。そして、最後のトスのところ（方法5）で、右手から左手にコインを投げる動作で、コインを右手にフィンガー・パームして残し、左手は投げられたコインを握った演技をします。

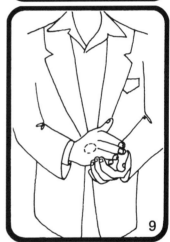

(10) 次に、右手で上着の左内ポケットから鉛筆を取り出して来るのですが、まずフィンガー・パームしているコインを左袖の付け根口に落としてから（コインは袖の中を滑り落ちていって、軽く曲げている左肘の所で止まるようにします）、鉛筆を持ってポケットから出してきます。

(11)右手に持っている鉛筆で左拳を指し、観客に裏か表かを尋ねます。前回と全く同じことを行っているので、観客には、マジシャンの左拳の中のコインの存在を疑う余地は全くありません。

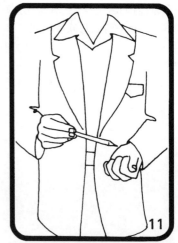

(12)観客の答えを待って、ゆっくりと左拳を開いてコインが無くなっていることを示します。両手を改め、鉛筆を手渡して十分に改めてもらいます。

(13)そして、鉛筆を戻してもらいながら、左腕を伸ばして体の左側に降ろします。

(14)左肘の所に留まっていたコインが落ちてくるので左手で受け止めます。

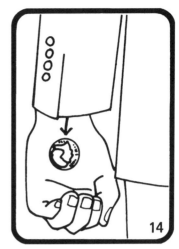

(15)左手を握って体の前に出し、右手の鉛筆でお呪いを掛けます。

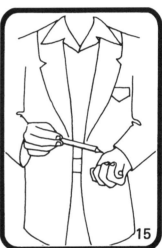

(16)ゆっくりと左拳を開いて、コインが戻ってきたことを示します。観客に返却して、目印のあることを確認してもらいます。

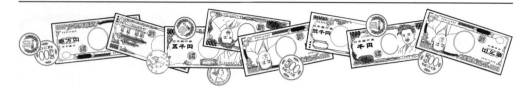

とぎれなく現われるコイン

　空中に漂っているコインを掴んで次々と山高帽子の中に落としていく古典的なマジックの流れを汲んだ現代版で、観客の目の前で、ハンカチーフの中から、次々とコインが現われる素敵な方法です。

効果
　マジシャンは、両手を改めてから胸ポケットのハンカチーフを取り出し、裏表をよく改めて右手に掛けます。左手に何も持っていないことを示してから、ハンカチーフを右手から左手に移すと、銀色に輝くコインが1枚、ハンカチーフの真ん中に現われています。そのコインを右手で取り上げてズボンのポケットにしまい、ハンカチーフを右手に戻しますと、またハンカチーフの真ん中にコインが現われています。2枚目のコインもズボンのポケットにしまいます。同じようにしてマジシャンは、ハンカチーフを手から手に持ち替えながらコインを増やしていき、最後には、ポケットの中に溜ったコインを取り出し、テーブルの上の容器の中にざらざらっと流し込んで見せます。

秘密と準備
　このトリックに必要な技術は「フィンガー・パーム」と手順をスムーズに披露できるようにする為の練習だけです。使う品物は、普通のハンカチーフ1枚と、500円玉12枚。そして、テーブルに置いておく金属製の容器1個が必要です。準備は簡単で、上着のポケットにハンカチーフ、ズボンに左右のポケットに500円玉を6枚ずつ入れておくだけです。

方法
(1) ハンカチーフを取り出し、広げて両面をはっきりと見せて何も無いことを示します。

(2) そして、ハンカチーフを左手に持ち、右手を軽く閉じて、図のように指先を上に向けて構えます。

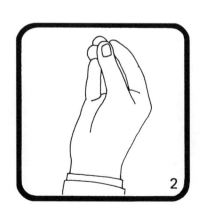

(3)左手に持っているハンカチーフを右手に掛け、右手の指先がハンカチーフの真ん中あたりになるように調整します。

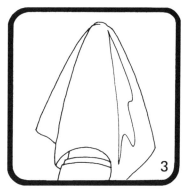

(4)左手に何も持っていないことを示してから、図のように、指先でハンカチーフの真ん中を摘みます。

(5)次の動作は、両手の位置を逆転させて、左手をハンカチーフで覆い、右手をフリーにすることです。図4のように左手の指先でハンカチーフの真ん中を摘んだ状態のまま、両手を一緒にひっくり返して両手の位置を反転させます（図4の手の位置が逆で、ハンカチーフに覆われているのが左手ということになります）。

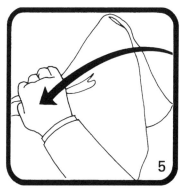

(6)ここで、ハンカチーフの真中に出現した何かを、右手で掴み取った「振り」をして、ご覧のとおりですよという演技で右手（何も持っていない）を堂々と観客に示し……

(7)……躊躇せずに、その想像上の品物をズボンの右ポケットにしまいます。そして、準備した6枚のコインの内の1枚を右手にフィンガー・パームします。

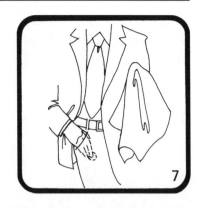

(8)注：この動作は、手に持っている物をポケットに入れることですから、何かを取り出してきたという動作に見えないように演技して下さい。

(9)右手をポケットから出し、フィンガー・パームしているコインを見せないように注意して、ハンカチーフの真ん中を掴みます。

(10)また両手を「反転」させて、コインをパームしている右手をハンカチーフで覆い、左手をフリーにします。

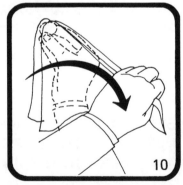

(11)注：まず、最初のコインをハンカチーフの中に「ロード」（秘密裏に品物を運び込む、用語）することができました。

楽しいコイン・マジック

(12)もう一度、ハンカチーフの真ん中に出現した何かを見た演技で、今回は左手で掴みます。

(13)方法(7)と同じように、掴んだ物をズボンの左ポケットに入れ、6枚のコインの内の1枚をフィンガー・パームして左手をポケットから出し、ハンカチーフの真ん中を掴みにいきます。

(14)左手の指先でハンカチーフの真ん中を掴むときに、右手にフィンガー・パームしているコインの縁を布越しに一緒に掴みます。

(15)注：上記の操作をしているときに、左手にフィンガー・パームしているコインが「フラッシュ」（ちらっと見えてしまう、用語）しないように注意して下さい。そして、ハンカチーフの真ん中をただ摘み上げる感じてハンカチーフの中のコインを一緒に持てるようにして下さい。

(16) ここで、方法(5)の動作を繰り返しますが、今回は、ハンカチーフの真ん中に500円玉が出現していることを示します（500円玉は、布越しに左手の指先で摘んでいます）。

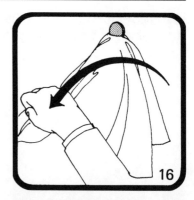

(17) 右手の指先でコインを掴み取り、観客にコインであることをはっきり示してからズボンの右ポケットに入れます。同時に、ポケットの中でそのコインをフィンガー・パームして右手をポケットから出します。出現したコインを持って、それをポケットの中に入れたという単純な行動です。

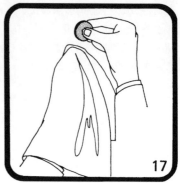

(18) 今度は右手の指先で、ハンカチーフの真ん中と左手にパームしているコインを布越しに一緒に摘み、方法(17)を左手で行います。

(19) 上記の方法(14)〜(18)を繰り返して、次々とコインを出現させては、ポケットに溜め込んでいく演技をします。

(20) 12枚位出したところでハンカチーフを胸ポケットに戻し、両手をズボンのポケットに入れて全てのコインを掴み出し、準備した容器の中に両手のコインを流し落として演技を終ります。実際には、2枚のコインを交互に出現させているだけなのですが、観客には、全てのコインがハンカチーフの中から現われてきたように見えています。

コメント

　もし、観客から借用したハンカチーフで演じているときは、ハンカチーフを返却するときに、この素適なハンカチーフを使って、観客にも同じ結果を得ることを願っていることを伝えるようにして下さい。自分のハンカチーフの場合は、それを胸ポケットに挿し込んでから、ちょっとポーズを取り、次の演技に移って下さい。

　ポケットの中に準備するコインを一種類ではなく、例えば、500円玉の他に100円玉、5円玉などを混ぜておき、まず500円玉を何回か現わした後、右ポケットの中で5円玉に持ち替えて、それらのコインを現わしていくとか、急にアメリカの50セント・コインと

楽しいコイン・マジック

かユーロ・コインを出現させることで、笑いを誘ったり、物語りで演じたりすることもできます。

ハンカチーフに飛び込むコイン

効果
　観客の1人に協力を頼んでマジシャンの横に立ってもらいます。マジシャンはポケットから2枚のコインを取り出します。1枚のコインは銅色の英国のペニーで、もう1枚は銀色のアメリカの50セントで、対照的な色をしています。この2枚を協力者に渡して十分に調べてもらいます。ここでマジシャンはハンカチーフを取り出し、このハンカチーフで銀色の50セントを包み、協力者にしっかりと持ってもらいます。そして、マジシャンは銅色のペニーを持って、協力者が持っているハンカチーフに向かって投げつけますと、ペニーは空中で消え失せ、ハンカチーフの中に浸透してしまいます！ 協力者にハンカチーフを開けてもらって、ペニーが50セントと一緒になっていることを確認してもらいます。

秘密と準備
　このトリックでは、フィンガー・パーム (368頁、図3・AB参照) とフレンチ・ドロップ (364頁参照) の2つの技法が必要です。そして、英国のペニー2枚とアメリカの50セント1枚とハンカチーフ1枚を用意します。日本の皆さんは、10円玉2枚と500円玉1枚を使うことにして次のように準備します。ハンカチーフを折り畳んで上着の右内ポケットに入れ、その前方の掴み易い所に1枚の10円玉を入れ、残りの10円玉と500円玉をズボンの右ポケットに入れておきます。

方法
(1) 観客の1人に協力を頼んで、演者の左側に立ってもらいます (演技中の「偶発的な暴露」の保護に役立ちます)。

(2) ズボンのポケットから500円玉と10円玉を取り出し、協力者に渡して調べてもらいます。

(3) その間に、上着の内ポケットに左手を入れ、まず10円玉をフィンガー・パームしてからハンカチーフを掴んでポケットから取り出します。このとき、フィンガー・パームしているコインをハンカチーフで覆い隠すようにして示します。

401

(4)折り畳んであるハンカチーフの1隅を右手で摘んで取り上げてから、その隅を左手に渡して図のように親指と人差指とで持ちます。

(5)ここで、協力者から500円玉を貰い、右手の指先に持って観客に示してから、左手（親指と人差指の先）に渡します。10円玉をフィンガー・パームしている左手の指先で、ハンカチーフの隅と500円玉を持つことになります。

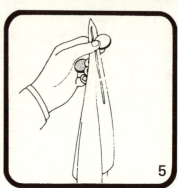

(6)ハンカチーフの垂れ下がっている隅を右手で掴み、スナップを利かせて下に引いて、ハンカチーフを左指先から引き抜き、そのハンカチーフを左手に掛けて覆います。注：500円玉がハンカチーフの真ん中にあるようにします。

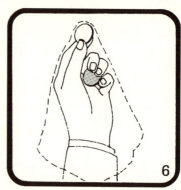

(7)右手の指先で、ハンカチーフ越しに500円玉を掴んで持ち上げます。

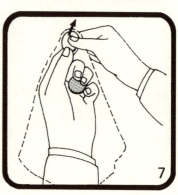

(8) すぐにハンカチーフの中で、左手にフィンガー・パームしている10円玉を布越しに右手の平に押し付けてそこに留めてから、右手の指を曲げてハンカチーフ（と10円玉）を軽く握り、左手をハンカチーフから出し、協力者から10円玉を受け取って他の観客に預けておきます。

(9) 協力者の方に向いて右手を出し、ハンカチーフ越しに500円玉を協力者に右手でしっかりと掴んで貰い、ハンカチーフを握っている右手を手前にずらしながら、ハンカチーフの中にある10円玉も一緒にずらしてきます。

(10) ハンカチーフを床に対して平行になるようにして10円玉をそこに留め、更に右手をハンカチーフの4隅のところまでずらしていきます。

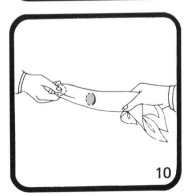

(11) すぐに、左手でハンカチーフ越しに10円玉のあるところを掴み、

(12)右手で持っている4隅のところを、協力者に左手でしっかりと握ってもらいます。

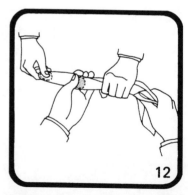

(13)左手をハンカチーフから放し、預けておいた10円玉を取り上げて示します。

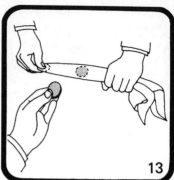

(14)そして、フレンチ・ドロップを行って、10円玉を右手に握り取ったように見せます（得意な消失法を使って下さい）。

(15)右拳を、協力者が水平な状態で持っているハンカチーフの上部に持っていき、手を開きながら500円玉に近いところをやや強めに「ぱちん」と叩いて、協力者が右手で掴んでいる所を叩き落とします。

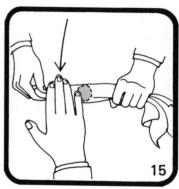

(16) 協力者の右手からハンカチーフの真ん中部分が放れると、ハンカチーフの中の10円玉が滑り落ちてきて、500円玉とぶつかる音がします。観客たちには、10円玉がハンカチーフを浸透して500円玉とぶつかったように見えています。

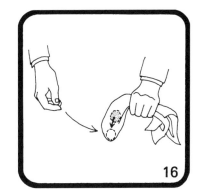

(17) 協力者にハンカチーフを開いてもらい、10円玉が浸透してきて500円玉と一緒にあることを確認してもらいます。そして彼がコインを調べている間に、左手にフィンガー・パームしている10円玉を処理してしまいます。

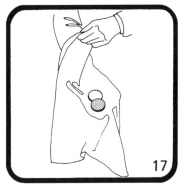

コメント

全ての動作と正確なタイミングを習得するためには練習が必要ですが、その努力は十分に価値があります。

コインのこと：使用する2種類のコインは、アメリカの50セント銀貨とイギリスのペニー銅貨のような「対照」的な色のものが最適ですが、アメリカの1ドル銀貨と50セント銀貨のように大きさが異なるものでも構いません。

縮むコイン

マジシャンは、1人の観客から指輪（宝石などの飾りの無いシンプルな物が良い）を借り、別の人から500円玉を借ります。そして、この2人にマジックのお手伝いを頼み、マジシャンの両側に立ってもらいます。マジシャンはポケットからハンカチーフを取り出し、借りた500円玉をハンカチーフの真ん中に置いて包み込みます。ハンカチーフの4隅を揃えて指輪の中に通していって、指輪で500円玉をハンカチーフの真ん中に閉じ込めてしまいます。そして、ハンカチーフの4隅を2人の人に2隅ずつ（片手に1隅ずつ）持たせ

て、ハンカチーフをぴ～んと張って水平に広げてもらいます。そして、マジシャンは両手をハンカチーフの下に入れて指輪と閉じ込められた500円玉を握ります。2人の人にゆっくりとハンカチーフの4隅を引っ張ってもらうと、不思議なことが起こります。500円玉が、ゆっくりと指輪をくぐり抜けて出てきます。そして、指輪はハンカチーフから外れ、自由になった500円玉は、ぴ～んと張られたハンカチーフの真ん中に載っています。マジシャンは、指輪と500円玉を観客に返却して謝礼を述べ、ハンカチーフをポケットに戻して演技を終えます。

秘密と準備

このトリックで使用しているものは、ハンカチーフ、500円玉、指輪、全てが普通の日常品です。この他は、376頁で紹介した「ハンカチーフを通り抜けるコイン」を演技だけですから、準備は必要ありません。

方法

(1)指輪と500円玉を2人の観客から借り、その2人にマジックを手伝ってもらうことにします。

(2)演者は、ポケットからハンカチーフを取り出してから、借用した500円玉を示します。ここで、「ハンカチーフを通り抜けるコイン」の方法(1)～(10)までを行って、500円玉をハンカチーフの真ん中に包み込みます（実際は、500円玉はハンカチーフの外側で包み込んでいます）。

(3)500円玉を包み込んでねじったハンカチーフの4隅を、図のように揃えて持ちます。

(4) そして観客に、揃えた4隅の先端から指輪を通してもらいます。このとき、左手でしっかりとコインを保持し、その上のねじってある所を右手で持って、ねじりが「解けて」500円玉が見えてくることがないようにします。

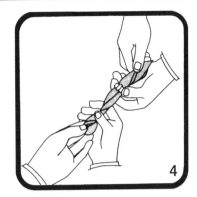

(5) ハンカチーフに通した指輪を、包まれた500円玉にしっかりと当るところまで滑らせいくように観客に頼みます。こうすることで、500円玉はハンカチーフの真ん中に閉じ込められ、500円玉の包みが解けることも防せげます。

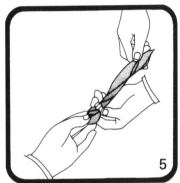

(6) そして、2人の観客にハンカチーフの4隅を持ってもらって、図のように水平に広げてもらいます。

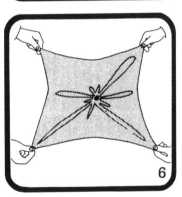

(7) 注：500円玉は、指輪よりかなり大きいので、ハンカチーフに閉じ込められた500円玉を取り出す方法は全く不可能に見えています。

(8)ここで、ハンカチーフの下に両手を伸ばし、左手の親指と人差指で指輪を掴んで、少し持ち上げるようにして500円玉の包みを緩めて500円玉を右手で取り出します。

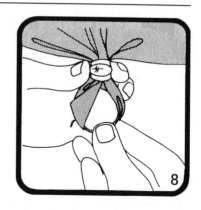

(9)注：これ以降500円玉が指輪をくぐり抜ける方法(17)に至るまで、指輪があったところを左手の指で持ち続けて、500円玉を抜き取ったことを観客に悟られないようにします。

(10)取り出した500円を右手にフィンガー・パームしてから、親指と人差指でハンカチーフから指輪を引き出し、左手の薬指の付け根に置いて保持します。

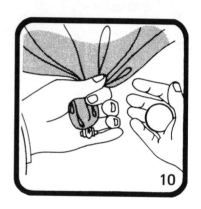

(11)注：くどいようですが、もう一度言います。指輪が掛っていたところを左手の指で持ち続けていて下さい。

(12)右手（500円玉をフィンガー・パーム）をハンカチーフの下から出して、500円玉が閉じ込めてあるハンカチーフの真ん中辺りに右手をかざします。

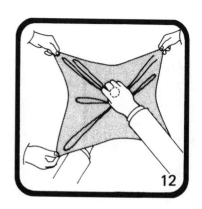

楽しいコイン・マジック

(13)ここからがこのトリックの正念場です。フィンガー・パームしている500円玉を、密かにハンカチーフの真ん中にある「穴」(観客が500円玉を指輪で閉じ込めてあると思っている穴)の中に落とします。このとき、ハンカチーフの下で左手の指の握りを緩めて、落ちてきた500円玉を巧く「穴」に入れます。

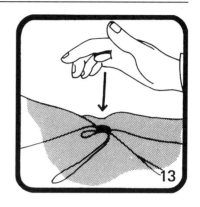

(14)図13では、解り易くするために右手がハンカチーフから離れていますが、実際の演技では、右手がハンカチーフに軽く触れている状態で500円玉を落とします。

(15)500円玉が穴の中に入ったあら、すぐに左手で500円玉の上を元通りに閉じます。右手はハンカチーフをゆっくりと撫でながら弛みを延ばしていきます。

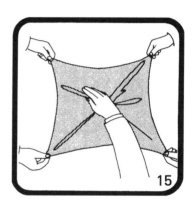

(16)チェック:観客から借用した指輪は、ハンカチーフの下にある左手の薬指の付け根で保持され、500円玉はハンカチーフの真ん中にある「穴」の中に入っています。そして「穴」は、左手の親指と人差指で閉じていて、見掛けは、開始時の図6と同じ状態になっています。

(17)ハンカチーフを持っている2人の人に、ゆっくりと4隅を引っ張ってもらうのに合わせて、穴から500円玉が静かに現われてくるようにして、小さな指輪の中を、大きな500円玉が縮みながら脱け出ている様子に見せます。

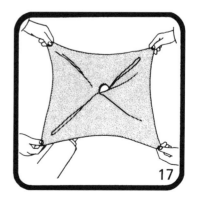

(18)500円玉が完全に脱け出て、ハンカチーフが2人の人の間で「平ら」になったところで、指輪を持った左手をハンカチーフの下から出し、ハンカチーフの上にある500円玉の隣りに、指輪をぽんと投げ出すように置きます。この後、ハンカチーフ、指輪、500円玉を改めてもらってから、それぞれの人に返却し、感謝を述べて終ります。

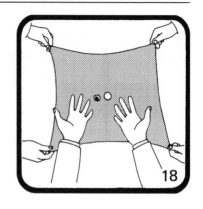

コメント

　このトリックは、「ハンカチーフを通り抜けるコイン」の素適な改案の1つで、コインがハンカチーフを浸透する代わりに、指輪の中を縮んで通過するという効果になっています。このトリックには、秘密の操作の大部分を広げたハンカチーフのカバーの基で行えるという利点と使用する小品の全てが借用した物で良いという簡便性もあり、理想的な即席マジックと言えます。大勢のグループの前で演じる時には、2人の人が広げているハンカチーフの観客側の縁を少し下げて斜めに「傾ける」ようにして、大勢の観客にハンカチーフの上面が良く見えるようにするのと共に、ハンカチーフの下から覗かれる心配を払拭しておきます。

移動するコイン

効果

　マジシャンは、テーブルを前にして椅子に座って演技をします。まず6枚のコインを、テーブルの上に3枚ずつ2列に並べます。そして、左列の3枚を左手に、右列の3枚を右手に握ります。お呪いを掛けると、右手の中のコインが1枚ずつ見えない飛行をして、3枚全て左手に移ってしまいます。

秘密と準備

　この古典的なスライハンド・マジックを演じるには、クラシック・パームの習得が必須です。その他には、7枚の同種のコインが必要ですが、読者の手に合わせて、クラシック・パームし易いサイズのコイン（500円硬貨とか、アメリカの50セント硬貨等）を選んで下さい。7枚のコインは、上着の右ポケットに入れておきます。

楽しいコイン・マジック

方法

(1) 上着の右ポケットから右手で準備した7枚のコインを取り出しますが、その内の1枚をクラシック・パームして、残りの6枚をテーブルの上に置きます。そして、図のように3枚ずつ2列に並べます（ⒶⒷⒸとⒹⒺⒻの2列とパームしているⒼの7枚）。

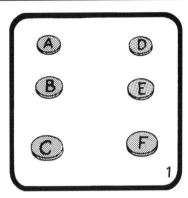

(2) 7枚目のコインⒼを隠し持っている右手の指先で左列のⒶコインを取り上げます。

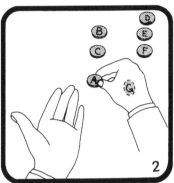

(3) このとき、観客が演者の前に座って見ている場合は、右手の指先に持っているコインⒶを、次のようにして観客に示します。右手の平を自分の方に向けて指先を上に向け、Ⓖコインを隠してⒶコインを示します。しかし、観客に囲まれているような状況下では、右手の甲を上にして手の平をテーブル面に向けて操作して下さい。

(4) 1枚目のコインⒶを左手に投げ入れます。

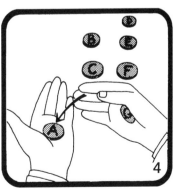

411

(5) 右手で次のコイン⑧を取り上げます。

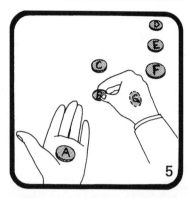

(6) 2枚目のコイン⑧を左手に投げ入れます。

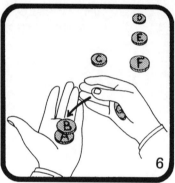

(7) つづけて、右手で左列の最後のコイン©を取り上げます。注：ここまでの操作（方法(1)～(7)）の間、右手にパームしているコイン⑥をフラッシュ（ちらっと見えてしまう）させないように「角度」に気を配って下さい。

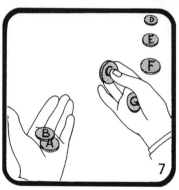

(8) 今までと同様に、3枚目のコイン©を左手に投げ入れたように見せて、密かにパームしているコイン⑥を同時に左手に投げ入れます。

楽しいコイン・マジック

(9) 素早左手を閉じてコイン (4枚) を握り、手を返して左拳の甲を上にします。観客は、1枚ずつ左手の中に入れた3枚のコインを左手で握ったと思っています。

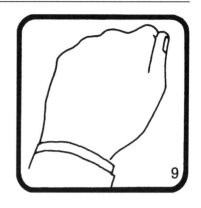

(10) 注：図8では、コイン⑥の上にコイン⑥が載っているように描いてありますが、このことには特に意味はなく、どちらのコインが上になっても構わないので、両方のコインを左手に投げ入れたらすぐに左手を閉じます。

(11) 左列の3枚のコインを左手で握った (と見えているが実際は4枚) ところで、今度は右列の3枚のコイン (Ⓓ Ⓔ Ⓕ) を右手で取り上げ始めます。まず列の上にあるコインⒹを取り上げて、

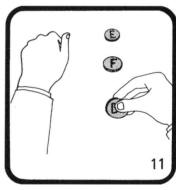

(12) 右手の平の上 (クラシック・パームの位置) に置いて示します。

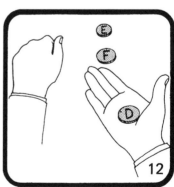

(13)右手でコイン⒟を握り、手を返して甲を上にします。このとき、指先でコイン⒟を押し付けてクラシック・パームします。そして、右手の指先でコイン⒠を取り上げ、それをコイン⒡に重ねて2枚一緒に取り上げ、

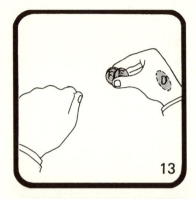

(14)指先の方で握って、パームしているコイン⒟と2枚のコイン（⒠⒡）とを分離して右手を握ります。
注：この時点で観客は、マジシャンが左右の手に3枚ずつコインを握っていると思っています。

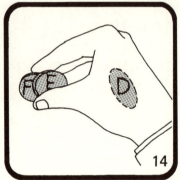

(15)ここで演者は、右拳から左拳の方に何かを「投げこむ」動作をします。そして、左拳を若干緩めて拳を上下に振って手の中のコインで「がちゃ」と音をさせます。今1枚のコインが左拳の中に移動したことを観客に伝えます。

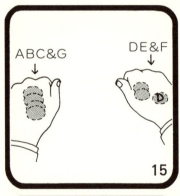

(16)右手は、⒟コインをクラシック・パームしたまま指を軽く伸ばして手を開らいて指先で持っていた2枚のコインをテーブルに置き、

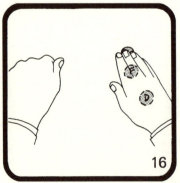

(17) コインをずらして広げ、2枚に減っていることを見せます。

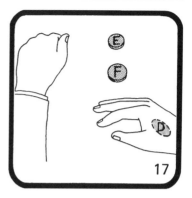

(18) すぐに左手も開らいて4枚のコインをテーブルに置き、

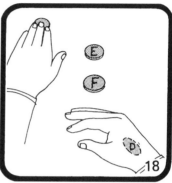

(19) コインをずらして広げて、コインが1枚増えていることを示します。

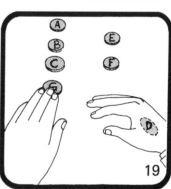

(20) 左手を返して何も持っていないことを示します。

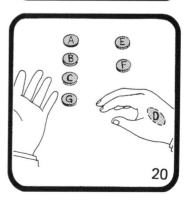

(21) そして、また方法(2)〜(9)までを繰り返します。

(22) 左列の4枚のコインを1枚ずつ右手で取り上げて左手に投げ入れていき、4枚目のコインと一緒にクラシック・パームしているコイン⑩を左手に投げ入れて左手を握ります。

(23) つづけて右列の2枚の内の1枚を取り上げてクラシック・パームの位置に置き、もう1枚を取り上げて方法(13)(14)のように、2枚を分離して握ります。

(24) 右拳のコインを左拳の方に「投げこむ」動作をして、左拳のコインで「がちゃ」と音を出します。

(25) 右手は1枚のコインをクラシック・パームしたまま、もう1枚のコインをテーブルに置き、左手は5枚のコインをテーブルに広げます。

(26) また、方法(2)〜(9)を繰り返えして、左手にコインを1枚ずつ投げ入れていき、5枚目のコインと一緒にパームしているコインを投げ入れ、6枚を左手に握ります。

(27) この時点で、テーブルの上にはコインが1枚残っています。そこで「プルーオフ・ラッピング」技法で、このコインを取り上げたように見せて(実際は膝の上に落とす)、このコイン消し、左手のコインが6枚になったことを示します。次に「プルーオフ・ラッピング」を説明します。

プルーオフ・ラッピング

効果
マジシャンは、テーブルから取り上げたコインを空中で消し去ってしまいます。

秘密と準備
この技法をどの様に使うのかを、前述の「移動するコイン」の最後のコインを右手から左手に見えない飛行させる演技の中で解説します。

方法

(1)テーブルの上に最後に残った1枚のコインを右手の指で覆い、手前に引きずって来て「摘み上げる」ときに、

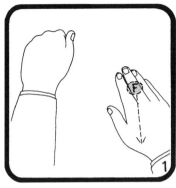

(2)「つまみ上げる」代わりに

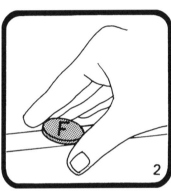

(3)コインをテーブルの縁から外して膝の上に落としながら、右手はあたかもコインを「摘み上げた」ように振る舞って握ります。

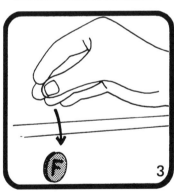

(4)両拳を前に出し、

(5)右拳を左拳の上方に持っていって、指を小刻みに動かして手の中のコインを左拳の中に見えない移動をさせて手を開き、コインが消えていることを示します。

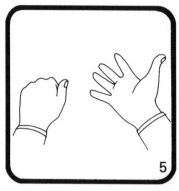

(6)そして、6枚のコインをテーブルの上にドラマチックに広げて終ります。

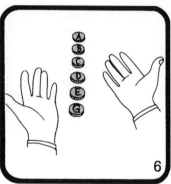

(7)観客に6枚のコインを調べさせている間に、膝の上に落としたコインを拾い上げ、テーブルの上の6枚のコインを掻き集める時に一緒にして取り上げ、上着のポケットにしまってしまいます。

毛糸玉の中に飛び込むコイン

このトリックは、代表的な古典マジックの1つで、習得する価値のあるトリックです。

効果

マジシャンは観客からコインを借り、そのコインに目印しをつけてもらってから、ハンカチーフで包みます。そして観客に、その包みを持ってもらいます。マジシャンはここで、毛糸玉を取り出し、透明なブランデー・グラスに入れて2人目の観客に渡し、全員に見えるように掲げて持つように頼みます。マジシャンは最初の観客のところに戻って、コインを包んだハンカチーフの中からコインを消してしまいます。その後、ブランデー・グラスの中にある毛糸玉の端を掴んで最初の観客渡し、どんどん引っ張りだしてもらいます。毛

楽しいコイン・マジック

糸玉はブランデー・グラスの中でくるくると回転しながら解けていき、巻き込まれていたマッチ箱が現われてきます。ブランデー・グラスを持っている観客にマッチ箱を開けてもらうと、その中に観客の目印しがあるコインがあります。

秘密と準備
(A)次のものが必要です。①太目の編み物用の毛糸、②500円玉1枚とマッチ箱または他の小さな入れ物、③ブランデー・グラスまたは他の透明な容器、④コイン消し用のハンカチーフ（376頁参照）、⑤輪ゴム数本、⑥次の(B)、(C)で解説するコイン・スライド。

(B)厚くて（1〜1.5ミリ厚）堅い板紙またはプラスチックの板を図のような4片に切断して、

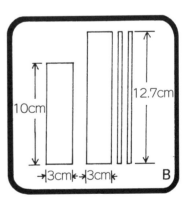

(C)図のように接着して中空のコイン・スライドを作ります。

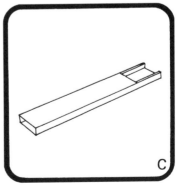

(D)図示した寸法を参考にして、入口に入れた500円玉が、スムーズに滑り落ちる大きさにします。

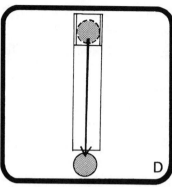

(E)空のマッチ箱の中箱を引き出し…

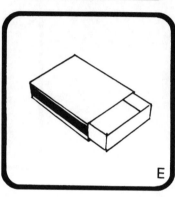

(F)…中箱にコイン・スライドを挿入します。

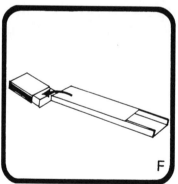

(G)そして、4本の輪ゴムを図のように掛けます。注:輪ゴムの役割は2つあります。1つはスライドをマッチ箱にきちんと止めておくことで、もう1つは、スライドを抜き取った後でマッチの中箱を閉めることです。

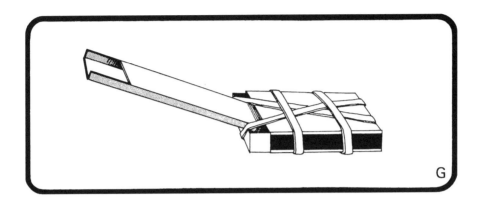

(H)マッチ箱の回わりに毛糸を巻いていって、マッチ箱を真ん中に包み込んだボール状の毛糸玉を作りますが、スライドを抜き取り易いように緩やかに巻きます。

(I)スライド付き毛糸玉を、テーブルの縁りの後ろ、または椅子の背もたれの後ろに図のように取り付けて、観客の目に触れないようにしておきます。

(J)ブランデー・グラスをテーブルの上に置き、コイン消し用のハンカチーフをポケットに入れておきます。以上で驚異的な不思議を上演する準備は全て整いました。

方法
(1)観客から500円玉を借りて、目印しをつけてもらいます。その間に、演者はポケットから準備したハンカチーフを取り出してテーブルに置きます。

(2)目印しをしてもらった500円玉をハンカチーフの中に入れたように見せて、右手に残し、替え玉コインを所定の位置におきます。

(3)ハンカチーフの中の替え玉コインをハンカチーフ越しに観客に持ってもらい、演者の左に立ってもらいます。目印しのあるコインは右手にフィンガー・パームしています。

(4)注：ハンカチーフの中から消えるコイン（345頁〜349頁）を参照して下さい。

(5)ここでもう1人の観客に手伝いを頼み、演者の右に立ってもらいます。

(6)左手をテーブルの上のブランデー・グラスの方に伸ばします。このとき、右手をテーブルの縁に当てて体を支えるようにしながら、左手でブランデー・グラスを取り上げます。この動作の陰で、右手の500円玉をテーブル縁の後ろにセットしてあるスライドの口の中に密かに落とします。そして、ブランデー・グラスを右に立っている観客に手渡します。

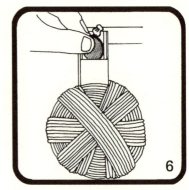

(7)テーブルの方に戻り、テーブルの後ろにある毛糸玉を掴んでスライドから引き離します。

(8)毛糸玉を観客全員に示してから、2人目の観客が持っているブランデー・グラスの中に入れます。

(9)次に最初の観客に向って、ハンカチーフに包んだコインを持っていることを確認してから、ハンカチーフを掴んでぐいっと引いて取り、ハンカチーフの両面を示してコインが消えていることを示します。

(10)次に、ブランデー・グラスの中にある毛糸玉の端を摘んで引き出してきて、最初の観客に持たし、その端をどんどん引っ張っていって、毛糸玉を解くように頼みます。毛糸玉は、くるくる、くるくると転げ回っていき、

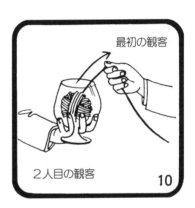

(11)毛糸玉が解きほどかれた後には、マッチ箱がブランデー・グラスの中に残っています。ブランデー・グラスを取り上げ、中にあるマッチ箱をその観客の手の上に落とします。

マーク・ウィルソン　マジック大百科

(12)観客に、輪ゴムを外して中箱を引き出してもらいます。中箱の中にあるコインを取り出し、その持ち主に渡して目印しのあることをチェックしてもらいます。

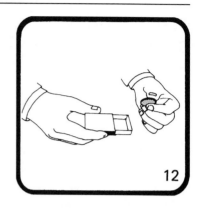

コメント
　見映えの良い優れたトリックの1つです。重要な点をいくつか挙げておきます。
(A)観客には「スライド」の存在を感じさせないこと。

(B)スライドは厚紙でも作ることは出来ますが、プラスチックか薄い金属板で作る方が安全で恒久的です。

(C)マッチ箱の代わりに、蝶番付きの指輪ケースを利用することもお勧めです。

(D)毛糸玉に付いたスライドの存在の発覚を避ける方法の1つとして、紙袋に入れておくことをお勧めします。最初の観客にハンカチーフに包んだコインを持たせた後、テーブルに置いてある紙袋の中に両手を入れ、パームしている500円玉をスライドに落として毛糸玉から取り外し、そして毛糸玉を両手に持って出してきます。この方法だと何の心配もなく、安全且つ自然に毛糸玉を提示することができますから、回りを囲まれている状態でも演技可能になります。

(E)目印しが擦れて掠れたり消えたりしないように、油性のマーカーペンで目印しをつけてもらうようにします。鋭利な刃物で500円玉に「傷つけさる」ことを考えるかもしれませんが、観客にイニシャルを書いてもらったシールを、借りた500円玉に貼り付けるのも1つの手です。

(F)ブランデー・グラスの中の毛糸玉の端を観客に引っ張らせるとき、2人の間を2～3メートル離れてもらうことで、興味深い、そしてドラマチックな映像を提供することができます。

(G)毛糸玉をブランデー・グラスに入れた後、ハンカチーフを持っている観客に、500円玉がハンカチーフの中にあることを確認し、ブランデー・グラスや毛糸玉も、ある程度の距離を保っている状況を強調しておきます。

(H)観客が、マッチ箱から輪ゴムを取り外して、中箱から目印しのある500円玉を取り出し、目印しを持ち主に確認してもらうまで、演者は、マッチ箱にも500円玉にも触れないようにして下さい。

シェル・コイン

特別に「殻状」に加工されたコインのことで、普通のコインの上に、キャップのように覆い被せて（着脱自由）使用するキミック・コイン一種です。アメリカのハーフ・ダラーの愛称で呼ばれている50セント硬貨のシェルが一般的に広く使われています。このシェルには、通常のハーフ・ダラーに被るように若干大き目に作ってある「エキスパンデッド・シェと呼ばれているものと、特別なトリック用のレギュラー・シェルがありますが、この章では前者のシェルを扱います。ハーフ・ダラーのシェル（エキスパンデッド）は日本のマジック・ショップでも入手可能です。

ハーフ・ダラーとクォーター

ハーフ・ダラー・シェルを使ったミステリアスなコイン・マジックの代表的な手順の1つです。

効果

マジシャンは、右手と左手にハーフ・ダラーを1枚ずつ持って示します。左右のハーフ・ダラーを、上にしたり下にしたり、交互に重ね合わせている内に突然、1枚のハーフ・ダラーがクォーター（25セント貨）2枚に変化してしまいます。

秘密と準備

(A)重ねた2枚のクォーターに、ハーフ・ダラーのシェルを被せておきます。

(B)左手に普通のハーフ・ダラー、右手に2枚のクォーターに被せたハーフ・ダラーのシェル（暗色で図示してあります）を指先で摘んで持ちます。右手の人差指をシェルの下に当てて、2枚のクォーターを支さえ、親指をシェルの上に当てて保持し、両手を腰の辺りに下げ、コインを水平にして示します。この状態から手順に入ります。

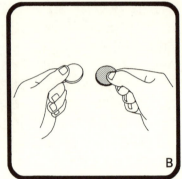

方法

(1)右手のコイン（シェル等）を左手のコインの上に当てます。

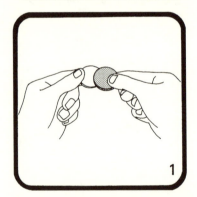

(2)右手の親指で上になったコイン（シェル等）を左に押し、左手の人差指で下のコインを右の方に押して、2枚を左右にずらして位置を入れ替えて持ち替えます。

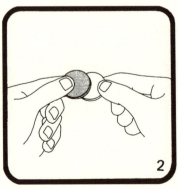

楽しいコイン・マジック

(3)持ち替えたコインを、ちょっと離して示します。左手にクォーターに被せたシェル、右手に本当のハーフ・ダラーがあります。

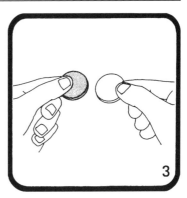

(4)また右手のコインを左手のコイン（シェル等）の上に当て、

(5)方法(2)と同様にして、2枚の左右にずらして位置を入れ替えて、シェル（とクォーター）を右手に戻し、本当のハーフ・ダラーを左手に戻します。

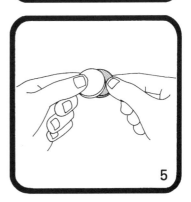

(6)両手を離して2枚のコインを示します。

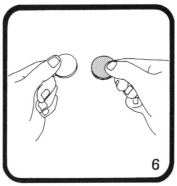

(7)再度右手のコイン(シェル等)を左手のコインの上に重ねるのですが、このとき、左手のコインの右側の縁で、右手のシェルの左側の縁を下からちょっと押し上げるようにしてシェルと2枚のクォーターの間に挿入します。

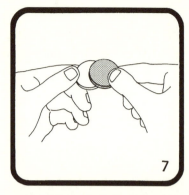

(8)上記の状態を下から見た図です。

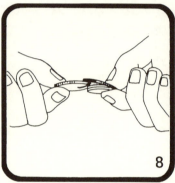

(9)今までと同じように、2枚のコインを左右にずらして位置を入れ替える動作の中で、本当のハーフ・ダラーをシェルの中に滑らせていくと、自動的に2枚のクォーターが右手に入ってきます。

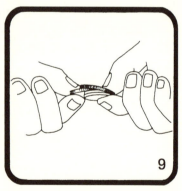

(10)左手のシェルにハーフ・ダラーをきちっと納めながら、右手の指先で2枚のクォーターを持ちます。

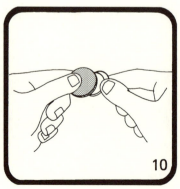

(11)両手を離して、左手のシェル付ハーフ・ダラーと、右手の2枚のクォーターを少しずらして示します。

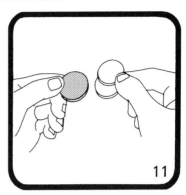

(12)両手を返えして、それぞれのコインの裏面を示して、1枚のハーフ・ダラーが見えない両替機で2枚のクォーターに両替されたことを示します。

コメント

　手順は単純で、数秒で完了し、瞬間にコインが目の前で変化してしまいます。余分なコインを使っていないことが、巧みな手捌きで示され、視覚的な効果によって、びっくりするような現象になっています。

ハーフ・ダラーと半分のドル

このトリックは、前述の「ハーフ・ダラーとクォーター」のバリエーションで、唯一の違いは、2枚のクォーターの代わりに、半分に切断された1ドル紙幣に変わってしまうというコメディー・チックな手順になっています。

秘密と準備
(A) 1ドル紙幣を半分に切断して、その1片を4つ折りにしてシェルの中に納めます。

方法
(1) 左手に本物のハーフ・ダラー、右手にシェル（紙幣付）を持って示します。

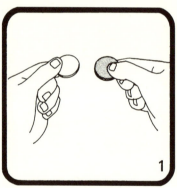

(2) 前述の方法(2)〜(7)を行って、両手のハーフ・ダラーの入れ替えを2回行った後、

(3) 3回目の入れ替えのときに、シェルと折り畳み紙幣の間に本物のハーフ・ダラーの縁を挿入します（図は下方から見た図）。

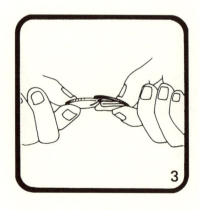

(4)本物のハーフ・ダラーがシェルの中に納まると、折り畳まれた紙幣が自動的にシェルから外れますから、

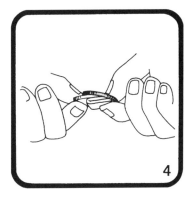

(5)右手の親指と人差指とで紙幣を持って、左手のシェル付ハーフ・ダラーの下から出して来ます。

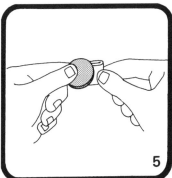

(6)右手の折り畳まれた紙幣を開らいていきます。このとき、左手の中指と薬指で補助して下さい。

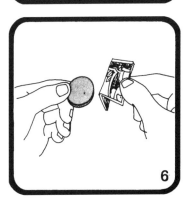

(7)半分の1ドル紙幣を示したところで、前述の方法(12)と同じように、両手を返してハーフ・ダラーと半分の1ドル紙幣の裏表を示して終わります。意表をついた不思議にちょっぴり「お笑い」をまぶしたコイン・マジックを楽しんで下さい。

テーブルを通り抜けるコイン

効果

マジシャンは、テーブルを前にして椅子に座り、4枚のハーフ・ダラーを示します。そして、この4枚のハーフ・ダラーを1枚ずつ、少しずらして重ねて並べてから、右手で4枚一緒にすくい取って持ち上げ、テーブルの上を軽く叩きます。ハーフ・ダラーを広げると3枚に減っています。消えた1枚は、テーブルを貫通して、テーブルの下にある左手の中に落ちています。このようにして、4枚のハーフ・ダラーは、1枚ずつテーブルを貫通してテーブルの下に落ちてきます。

秘密と準備

ハーフ・ダラーのエキスパンデッド・シェルと4枚の本物のハーフ・ダラーを使います。その内の1枚はシェルを被せておきます。シェルは、暗色で図示してあります。

方法

貫通・1

(1) 4枚のハーフ・ダラーを取り出し、テーブルの縁の近くに横1列に並べて置きます。このとき、一番左端にシェル付ハーフ・ダラー（暗色で示してあります）を置きます。

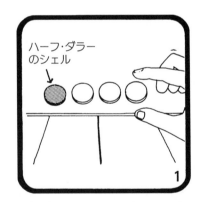

(2) 右手の親指と人差指とで、右端のハーフ・ダラーの両端を図のように挟んで、テーブルの縁まで手前に引いて取り上げ、

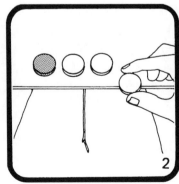

(3) そして、そのまま前方にずらしていって、演者の 20センチ位前に置きます。

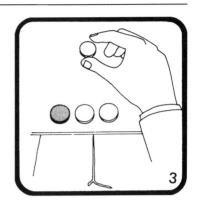

(4) 同じようにして、2枚目のハーフ・ダラーをテーブルの縁まで引いていって取り上げ、1枚目のハーフ・ダラーに少し重なるようにして置きます。3枚目も同様にして、2枚目の上に端が少し重なるように置きます。

(5) そして、最後のシェル付ハーフ・ダラーを、前の3枚のときと同じように、右手の親指と人差指とで両端を挟んで掴み、

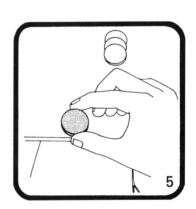

(6) テーブルの縁まで引いてきたところで、シェルの中の本物のハーフ・ダラーを密かに膝の上に落とします。このとき、両股をぴったりと併せてハーフ・ダラーを留めておきます。

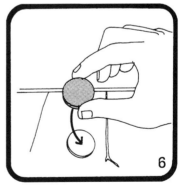

(7)右手は動きを止めずに、前と同じようにシェルを取り上げて、4枚目のハーフ・ダラーとして、3枚目の上に少し重ねて置きます。

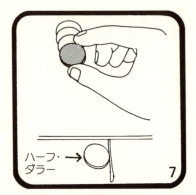

(8)両手を広げて、4枚のハーフ・ダラーに注意を引いてから、

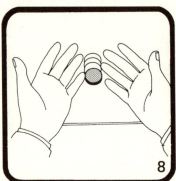

(9)コインを1枚ずつテーブルを貫通させることを告げて、左腕をテーブルの下に伸ばして、コインが落ちてくるテーブルの真ん中辺りに左手を持っていきます。このとき密かにテーブルの下で手首を曲げて膝の上のハーフ・ダラーを取り上げてからテーブルの真ん中辺りに移動します。

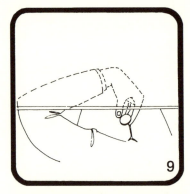

(10)右手の指先で、並べてある4枚のハーフ・ダラーを揃えてひと重ねにします。4枚を重ねることで、シェルは自動的に3枚目のコインに被ります。

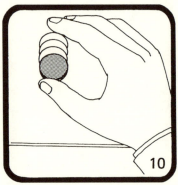

楽しいコイン・マジック

(11)右手で、積み重ねたハーフ・ダラーを傾けて前端を少し上げ、人差指と親指とでしっかりと掴んで取り上げます。右手を振り上げ、ゆっくりと下に降ろしてきて、重ねたハーフ・ダラーの端でテーブルの上を軽く叩きます。「4枚のハーフ・ダラーの内の1枚が、今テーブルを貫通しました」と言います。

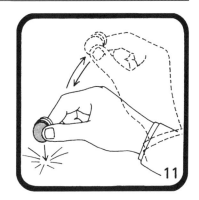

(12)すぐに右手のハーフ・ダラーをテーブルの上で広げ、ハーフ・ダラーが3枚しかないことを示します。このとき、シェルと中のハーフ・ダラーとが分離しないように注意して扱って下さい。

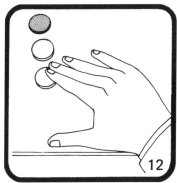

(13)左手をテーブルの下から出し、持っているハーフ・ダラーを示し、「これはこちらに退けておきます」と言って、そのハーフ・ダラーを脇に置きます。

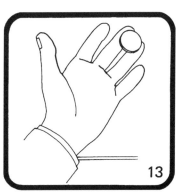

貫通・2
(14)方法(1)と同じように、今回は3枚のハーフ・ダラーを、テーブルの縁近くに横1列に並べます。シェル付ハーフ・ダラーは左端に置きます。

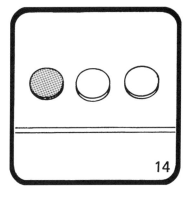

435

マーク・ウィルソン　マジック大百科

(15)そして、方法(2)～(12)の操作を3枚のハーフ・ダラーで行います。操作を要約すると：右端から1枚ずつずらして取り上げ、演者の真ん前に持って行って、少しずつ重ねて置き、3枚目のシェル付からハーフ・ダラーを膝の上に落としてシェルだけを重ね、左手をテーブルの下に伸ばしながら、膝の上のコインを左手に持ちます。そして、3枚を積み重ねて取り上げ、テーブルの上を軽く叩いて2枚目のハーフ・ダラーを貫通させます。

(16)右手のハーフ・ダラーを広げ、2枚しかないことを示します。左手をテーブルの下から出して、2枚目のハーフ・ダラーが貫通したことを示し、脇に置きます。

貫通・3
(17)今、テーブルの上に2枚のハーフ・ダラー（1枚はシェル付）がありますから、この2枚を方法(1)のようにテーブルの縁近くに並べて置きます（シェル付きが左です）。

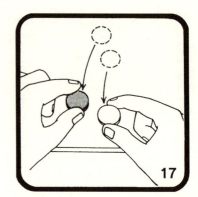

(18)各手に1枚ずつハーフ・ダラーを持ち、同時にテーブルの縁まで引いてきて、左手のシェルからハーフ・ダラーを放して膝の上に落とします。

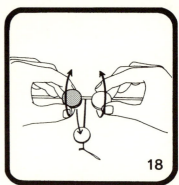

(19)2枚のハーフ・ダラーを取り上げ示します（左手の1枚はシェル）。

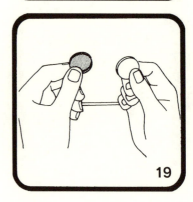

(20)左手のシェルを右手に移し、2枚が少し重なるようにして右手に持ち、

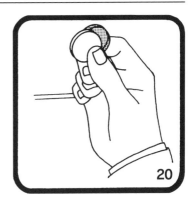

(21) 2枚のコインをテーブルの上に、図のようにシェルを右端に重ねるように置きます。

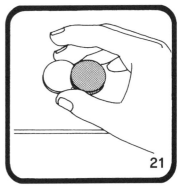

(22)右手を開いて手の平を上にして2枚のコインの右側に置きます。シェルから2センチ程離して下さい。

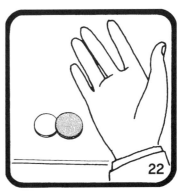

(23)ここで、右手を返して2枚のハーフ・ダラーの上に手を伏せ、その手を少し左の方にずらしてシェルをハーフ・ダラーに被せてしまいます。同時に、右手を小刻みに動かしてハーフ・ダラーをテーブルに擦り込んでいるような演技をします。

(24)手の平が上に向くように右手を返し、ハーフ・ダラーが1枚になっていることを示します。

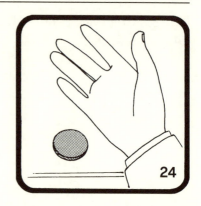

(25)左手をテーブルの下から出し、3枚目のハーフ・ダラーがテーブルを通り抜けてきたことを示し、脇に置きます。

貫通・4

(26)テーブルの上に残っている最後のハーフ・ダラー（シェル付）を、右手の親指と人差指で掴んでテーブルの縁まで引いてきます。

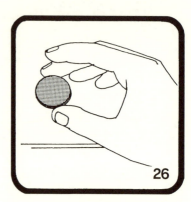

(27)前と同じ様にシエルの中のハーフ・ダラーを膝の上に落としたら、今までのようにテーブルに置かずに、そのまま取り上げて示します。

(28) そして、このシェルを、右手のフィンガー・パームの位置に置いて「これが最後に残ったハーフ・ダラーです」と言って、右手の上にあるハーフ・ダラー（実はシェル）を観客に示します。

(29) フィンガー・パーム・バニッシュ（367頁参照）を行って、右手のシェルを左手に渡します（実際は右手にフィンガー・パームされています）。ハーフ・ダラーを握っていると思われている左拳に注意を向けて「最後のハーフ・ダラーがテーブルを通り抜けるところを、しっかりと見ていて下さい」と言います。

(30) そして、通り抜けてくるハーフ・ダラーを受け取るために、今回は、右手をテーブルの下に入れながら、シェルを膝の上に置き、代わりにそこにあるハーフ・ダラーを取り上げます。

(31) 左拳を振り上げ、手を開きながらテーブルの上をぴしゃっと鋭く叩きます。すぐに手を上げて、ハーフ・ダラーが無くなっていることを示します。

(32) 右手をテーブルの下から出し、手にしているハーフ・ダラーを示して、脇に置いてある3枚と一緒にして演技を終えます。膝の上に残っているシェルは、時機を見計らって処理します。

コメント
　この華麗な手捌きをスムーズに演技できるように、練習に練習を重ねて習得に励んで下さい。シェルの扱いにも気を配り、決して他のコインの上に落として重ねるようなことはしないで下さい。本物同士のコインがぶつかるときの音とは全く違います。

テーブルを通り抜けるコイン
4枚目の貫通の別法
（デビット・ロス）

　これは、4枚目のハーフ・ダラー（実際はシェル）をテーブルに貫通させるときの別の方法です。普通のコインでも使える優れた方法です。

方法
(1) 前述の方法(26)、(27)でシェルの中のコインを膝の上に落とした後、シェルを演者の前、テーブルの縁近くに置きます。

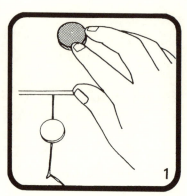

(2) このシェルに右手を伏せて当て、前方に押し出すように見せて、実際は、シェルをその位置に止めたまま、手だけを前方に動かします。このとき、4本の指をしっかりと閉じて行います。

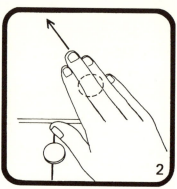

(3) 以上の操作で、観客はコイン（シェル）は演者の右手の指の下にあると思いますが、実際は手首の近くにあります。

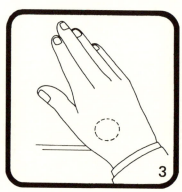

楽しいコイン・マジック

(4)ここで4本の指を大きく開いて、指の下にある筈のコイン（シェル）が消えたことを示します。右手はその状態のままで、左手をテーブルの下から出して、4枚目のコインも貫通したことを示します。

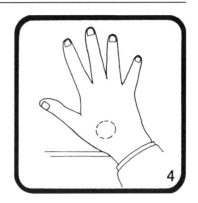

(5)左手のコインを他の3枚のところに置きながら、右手を手前にずらして、手首の近くにあるシェルを膝の上に落とします。

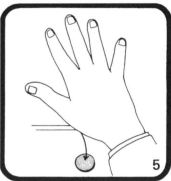

(6)右手の平を上にして、両手に何も持っていないことを示します。

コイン・ロール

　この技巧は、厳密にはマジックのものではなく、装飾的な手技、マニプレイションと呼ばれているものの1つですが、コイン・トリックの演技の中で、然り気なく手練の技を誇示したり、単調な手順を印象深いものにするときに有用な技です。

効果
　軽く握った手の上に有るハーフ・ダラーが、くるくると回転しながら、指から指へと移動していった後、小指のところで拳の中に入り込みます。そのハーフ・ダラーが親指に載って現われ、また次の回転が始まります。見事なプロフェッショナルな手練によって、ハーフ・ダラーは丸で生きているように見えてきます。

方法
注：コインの回転を説明する為に、コインの相対する縁をA、Bと呼ぶことにします。

(1)右手の親指と人差指の側面で、コインの縁Aを挟んで持ちます。

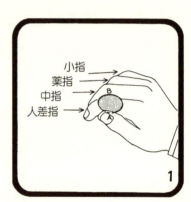

(2)親指を放してコインを人差指の背の上に載せます。

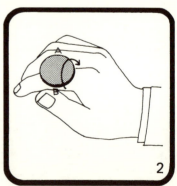

(3) 中指を持ち上げてコインの縁Bに当て、押し下げるようにして縁Aを持ち上げます。

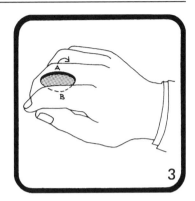

(4) 人差指で縁Bを押し上げて、コインを中指の背に載せます。(3)〜(4)と動きを止めずに行うことで、コインは半回転して中指に載ってきます。

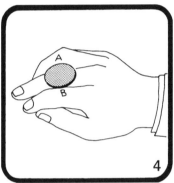

(5) つづけて、薬指を縁Aに当てて押し下げて縁Bを持ち上げながら、

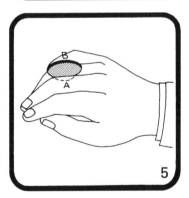

(6) 中指で縁Aを押し上げてコインを半回転させて薬指の背に載せます。

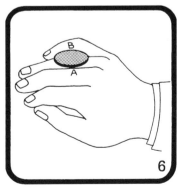

(7) つづけて、小指を上げて縁Bを押し下げながら、コインを薬指と小指の間に挟み、

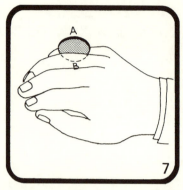

(8) 小指を動かして、コインを薬指と小指の間を通して降ろしてきます。図のように、コインの大部分が手の平側に突き出ているようにします。

(9) すぐに親指を小指側に伸ばしてコインの下面に当て、

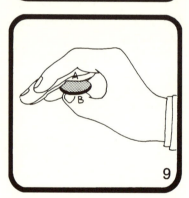

(10) コインを放して親指の腹の上に載せて、人差指の付け根の辺りに運んできます。

(11) そして、人差指の側面に押し当てて、上記の手順を繰り返します。何回でも繰り返すことができます。

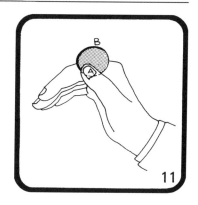

(12) 一連の動作を何回でも繰り返すことができます。

コメント

　練習を繰り返すことで、リズム感の有るスピィディさと、柔軟な指の動きを習得して下さい。読者の手のサイズにもよりますが、ハーフ・ダラーの代わりにクォーター（日本だと10円硬貨か500円硬貨）の方が適している人もいます。全ての「動き」については、方法欄で詳しく説明してありますが、読者の手に適した技巧を開発することもできます。演技者の中には、多くの練習を通して得た手捌きで、複数枚のコインを1つの手の上で転がしたり、右手か左手にコイン・ロール渡しをしたり、両手で同時にコイン・ロールをする人もいますが、これらの変化技の習得には相当量の練習が必要になります。しかし、コイン・ロールの練習は、テレビを見ていたり、ラジオを聴いたり、何か他のことをしているときでも、空いている手で、いつでも何処ででも練習できるという利点があります。もしコインを落としたとしても誰れの邪魔にもなりません。一旦習得してしまえば、座ってコインを指の回りでくるくると転がしているだけで「注目の的」です！

ロール・ダウン

効果

　マジシャンが指先に持っている4枚重ねのコインが、回転しながら指の間を行ったり来たりしながら、コインは、それぞれの指の間に1枚ずつ挟まれます。

　ロール・ダウンは、フラリッシュの中のフラリッシュと呼ばれており、一旦習得してしまえば、マニプレターとしての手練の技を実証することができます。使用するコインは、ハーフ・ダラー（出来れば銀貨）をお勧めします。大きなコイン程難しく見えるし（実際は大きな違いはありません）、視覚的にも良く、より多くの観客に見せることができます。

方法
(1) 積み重ねた4枚のコインを、右手の親指と人差指の間に、図のように挟んで持ちます。

(2) 中指を手の平の方に深く曲げます。

(3) 手をちょっと左に傾けて、4枚重ねの上の2枚（AとB）を重ねたまま左の方に滑らせて、薬指と小指の間でキャッチします。

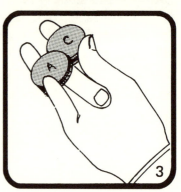

(4) 注：次に進む前に、まず、上記の方法(1)、(2)、(3)を完全に習得することに努めて下さい。

楽しいコイン・マジック

(5) コインAとBを薬指と小指で挟んだところで、中指を上げて、中指の背を両方のコインのBとCの縁に当てます。

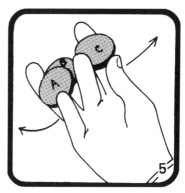

(6) ゆっくりと各指を広げていきながら、親指でDコインを右の方に、小指でAコインを左の方に回転させていき、中指はコインBとCの両方を同時に回転させて（Cは左回転、Bは右回転）4枚のコインを1枚ずつ各指の間に挟んでいきます。

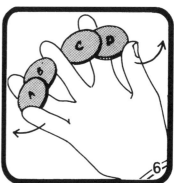

(7) 4枚のコインを、開げた手の各指の間に1枚ずつ挟んで示します。

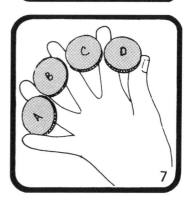

コメント

　4枚のコインを手にして手順を追っていったとき、その操作の難度の高さに後込みするかも知れませんが、練習によって必ず習得できます。目の前で起こる鮮やかな指捌きは、多くの観客たちに即座に評価されることでしょう。

紙幣を使ったマジック

上下逆転するお札

　誰かに、「何かマジックを見せてくれない！」と頼まれたときに、即席で実行するには最適なパズル風味のトリックです。

効果
　マジシャンは2枚のお札（例えば1ドル札と5ドル札、日本だったら千円札と5千円札）を、テーブルの上に「V字」に重ねて置き、1ドル札が5ドル札の上にあるということを観客にしっかりと確認してもらってから、「V字」の頂点から2枚のお札を一緒に巻いていって、巻き終える寸前に、観客に、1ドル札の隅と5ドル札の隅を両手の指で別々に押えてもらいます。ここまでのところ、何ひとつ怪し気なところはありません。ところが、マジシャンが巻きを戻していくと、いつの間にか5千円札が千円札の上に重なっています。

方法
(1) 1ドル札と5ドル札をテーブルの上で図のように1ドル札を上にして「V字」形に置きます。
注：このとき、1ドル札を図のように斜め前方にずらして置きます。

(2) 両手の人差指で、「V字」の頂点にあたるところから2枚一緒に巻き始めていきます。この図2から図9までは、全て観客の方から見た図です。

紙幣を使ったマジック

(3) 2枚のお札を巻きつづけていって、5ドル札の隅がほんの一部だけ見えるところまで巻いたところで一旦停止します。図1のところで1ドル札が若干上にずれている分だけ、1ドル札の隅が図3のように多目に残ります。

(4) ここからが秘密の操作です。つづけて2枚のお札を前方に巻いていきますが、このとき、左手の4本の指を伸ばして、5ドルの隅を覆うようにします。同時に、右手の人差指で1ドル札の隅を指示して、観客に、その隅を指で押えるように頼みます。

(5) 観客が1ドル札の隅を押えたところで、演者は右手の人差指を巻きの中央に当て、前方に押してもうひと転がしさせます。こうすることで、5ドル札の隅は左手の指の陰で巻き上がり、巻きから放れてテーブルの元の位置に戻ります。

(6) 図は、方法(5)のときの、左手のカバーの下での5ドル札の隅の秘密の動きを示したものです。

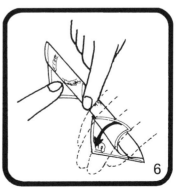

(7)巻きの中央を右手の指で押えたまま、左手を放して5ドルの隅を指示して、観客に押えるように頼みます。

(8)観客が5ドルの隅を押えたところで、両方お札の隅がテーブルにしっかりと観客手によって固定されていることを強調しておきます。

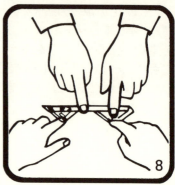

(9)残っている仕事は、2枚のお札を巻き戻して広げていくことだけです。その結果は、5ドルの隅の「秘密」の巻き戻りによって、最初の位置が逆転して、5ドル札は今、1ドル札の上に重なっています!!

コメント
必ず異なる値の2種類の紙幣を使用するということではありません。もし、同じ値の2枚を使う場合は、一方を裏向きにすればいいので、結果は裏表が逆転しているということになります。または、2枚の同じ大きさで、色の異なる2枚の紙片で演じてもいいでしょう。

紙幣を使ったマジック

どこからか現われる札束・1

　オープニング・アクトとして、持って来いの効果です。マジシャンは両手に何も持っていないことを示してから、体の前で両手を合わせると、手の中から1ドル札が次から次えと現われてきます。

秘密と準備
　このトリックを演じる時には、上着の着用が必須です。
(A) 1ドル札5～6枚を揃えて、(B)できるだけ「固く」巻いて、(C)曲げた左肘の内側に置き、(D)左袖の布地をひっぱり上げて、筒状のお札を布で覆い隠します。

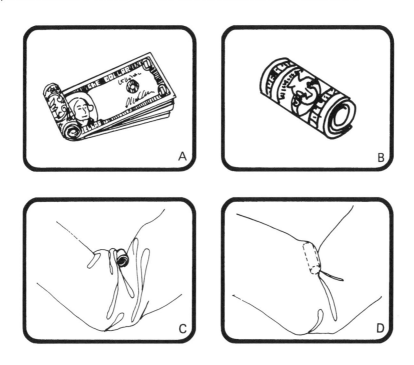

方法
(1)左腕を軽く曲げた状態で登場し、正面を向いて挨拶した後、右肘の内側の袖辺りを左手で掴んで袖を軽く引き上げて、右手を示しながら、同時に袖の中に何も隠していない事を示します。

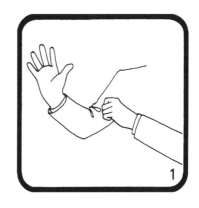

451

(2)次に、右手を左の方に伸ばし、左袖の肘の内側の布を掴んで袖を引き上げて、左手が空であることを示すのと同時に、袖の中も示します。

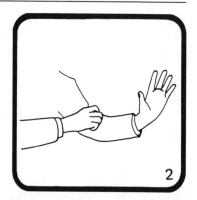

(3)方法(2)の動作の中で、左袖の肘の内側に隠しておいたお札の筒を、密かに右手で取ります。

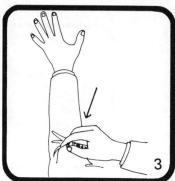

(4)お札の筒は、右手の4指と手の平とで図のように隠し持ちます。

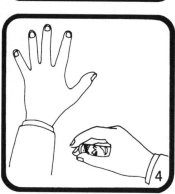

(5)すぐに、両手を体の前、肩の高さの辺りに持ってきて、右手と左手を図のように合わせます。

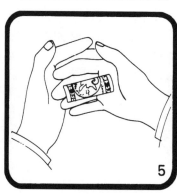

紙幣を使ったマジック

(6)両手の親指でお札の筒を解きながら、お札の束を手の中から出していきます。

(7)お札の筒を半分位解いたところで、左手の親指で未だ解いてない部分を押さえ、左手を勢い良く下に降ろしてお札を開き、右手でお札の束を扇状に広げて示します。

どこからか現われる札束・2

効果
　マジシャンは、ポケットから札入れを取り出し、中から1枚の1ドル紙幣を取り出します。札入れをポケットにしまってから、両手が空で、1ドル札以外には何も持っていないことを示します。マジシャンが1ドル札をポンと叩くと、突然、お札の枚数が倍増します。

秘密と準備
　札入れに紙幣を1枚だけ入れて上着の内ポケットにしまっておきます。そして、筒状に巻いた札束を左袖の肘の内側に隠しておきます（451頁のA、B、C、D参照）。

方法
(1)札束の筒を、軽く曲げた左腕の内側に隠している左手で、上着の右内ポケットから札入れを取り出し、中から1枚の1ドル札を右手で取り出して観客に示しながら左手に持っている札入れを内ポケットに戻します。

453

(2) 1ドル札を左手に持ち換えてから、右手で左袖の肘の内側辺りの布を掴んで袖を引き上げて、左手と1ドル札と袖の中を示しながら、隠してある札束の筒を取って、右手にパームします (前述の図3、4参照)。

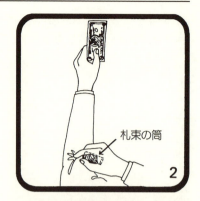
札束の筒

(3) 1ドル札を、札束の筒をパームしている右手に持ち換えます。このとき、札束の筒の前に1ドル札を持つようにして、「秘密」の札束の筒を隠します。

(4) すぐに右袖の肘の内側辺り掴んで引き上げ、見えている1ドル札以外は、手の中にも、袖の中にも何もないことを示します。

札束の筒

(5) 注：観客には、1ドル札以外は何も持っていないように見えています。

(6) ここで、1ドル札の後ろに隠してある札束の筒を解き、

(7) 見えている1ドル札と一緒に扇状に広げて示します。お札のインスタント増殖といったところで、まるで夢の中の出来事のようです。

破いたお札が元通り

効果

　マジシャンは1ドル札の裏表を示してから、その札を真二つに破ってしまいます。その2片を重ねて更に真二つに破って、1ドル札を4片に切り分けます。そして、その4片を一緒にして、今度は小さく折り畳みます。そして、この小さなお札の包みにお呪いを掛けて、包みを開いていくと、4片に破った筈の1ドル札は、元通りの1枚に復元しています。

秘密と準備

(A) 1枚のお札を7等分でジグザグ折りにります。注：1ドル紙幣を使ったことにして説明します。1ドル札は、表は黒インクで印刷され、裏は全て緑インクで印刷していますので、説明の補助として、黒の面（表）緑の面（裏）を使うことにします。

(B)ジグザグに折り畳んだ1ドル札をしっかりと折って平らにし、裏（緑の面）を下にして横向きでテーブルに置きます。表（黒の面）が上になっています。この左側の3分の1を内側に折り、

(C)その上に右側の3分の1を折り畳みしっかりと折ります。これで、見えている面は全て裏（緑の面）になります。

(D)以上のように折り畳むと、約2センチ平方の小さな四角い包みが出来上がります。この包みを、もう1枚の1ドル札の裏面の左端近く（図の位置）に貼り付けます。弱接着用の両面テープを使用すれば、後での分離が楽です。

弱接着の両面テープ

方法
　図は、2枚のお札の位置関係が分かり易いように、タネのお札の方を「暗色」で表示してあります。

(1) お札のタネの包みのある端を左手で、反対側の端を右手に持って、表を観客の方に向けてお札を広げて示します。このとき、左手の親指でタネの包みが開かないように押さえておきます。

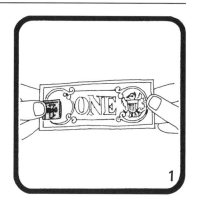

(2) 注：次のようにして、まずお札の裏と表を軽く示してから、方法(1)につづけることもできます。――右手の4本の指で、タネの包を上から覆い隠すようにしてお札の端を持ちます。そして、手を返して裏表を示した後、右手に持っているところを左手に持ち換えて、図1のようにお札を観客に示します。

(3) ここで、示したお札を真二つに破ります（破り易いように、演技の前に折り癖を強くつけておくといいでしょう）。

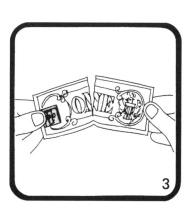

(4) 右手の半片を左手の半片の前方に重ねて揃えます。

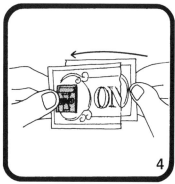

(5)この2片をまた真ん中から破ります。

(6)同じように、右手に持っている2片を左手の2片の前方に重ねて揃えます。タネの包みが付着している1片が一番手前になっています。

(7)注：上記のとき、右手の2片を左手の2片の手前に置いてタネの包みを隠すようにして、4片を小さく扇状に広げて裏表を示してから、手前の2片を前方に置き換えて揃え、次につづけることもできます。

(8)4片の右端の方を、タネの包みと揃えるように前方に折り返します。

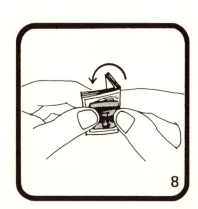

紙幣を使ったマジック

(9)つづけて、左端の方も同じように折り返します。

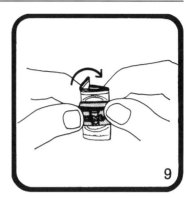

(10)次に、上端もタネの包みに揃えるように折り返します。

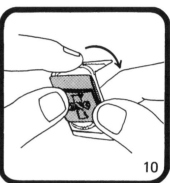

(11)そして最後に、下端をタネの包みに揃えて折り上げます。注：以上で、タネの包みの前方に、全く同じ形態の包みが出来ました。

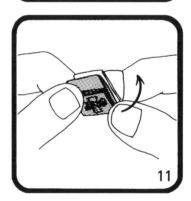

(12)見掛けは、破いた4片で折り上げた小さな包みだけのようにみえていますから、裏を示しているようにして、包みをひっくり還してタネの包みを観客の方に向けます。

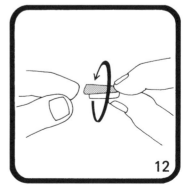

459

(13) お呪いを掛けてから、上下の折り返しを開ききます。

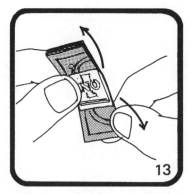

(14) そして、右手の親指と人差指で、ジグザグ折りの一番前にある襞の端を掴み、左手の親指で破いたお札の包みを押さえます。

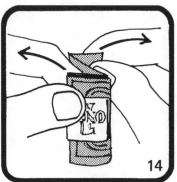

(15) ここで、素早く両手を左右に離してお札をぱっと広げ、破いたお札が元通りの姿に戻ったことを示します。

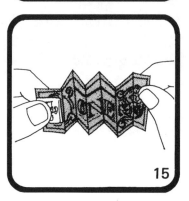

(16) 復元したお札の裏表を簡単に示してから、破れたお札の包みが内側になるように2つ折りにしてポケットにしまいます。

紙幣を使ったマジック

インフレーション
（ピーター・ピット）

　復元するお札のトリックの中でも、超不思議で効果的なトリックです。本物のお札を使いたくないときには、同じサイズの玩具のお札とか、小切手、または同サイズに切った印刷紙などで演じて下さい。

効果

　2枚のお札を示してから、裏と裏を背中合わせにして揃え、はさみで2枚一緒に真二つに切り分けますが、何の怪し気な動きもなしに、観客の目の前で、即座に正常な状態の2枚のお札に戻ってしまいます。

秘密と準備

　説明は1ドル紙幣を使うこととして行います。

(A) しわの無い新品の1ドル紙幣を2枚用意して、裏面（緑の面）を上にしてテーブルに置きます。

(B) 各1ドル札の裏面中央に、1センチ位の幅でゴム糊（自転車タイヤ用の糊で、ホーム・センター等で入手可能）を均一に薄く塗布します。これが乾燥したところで、もう一度塗って再び乾燥させます。

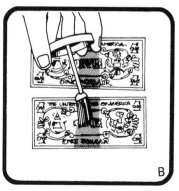

461

(C)次に、ゴム糊を塗布した所に、タルカン・パウダー(化粧用の白粉でも良い)を振り掛けてから、指先か柔らかい刷毛で、糊の帯全体に斑なく塗り広げておきます。このようにゴム糊の表面を処理したことで糊の表面の接着力が無くなり、2枚のお札の糊面同士を合わせても接着しなくなります。この2枚のお札を重ねて札入れに入れて準備OKです。

方法
(1)札入れから準備した1ドル札を取り出し、裏表をよく改めます。そして、裏面と裏面を合わせます(このとき、表向きで上に重なっている方を「札A」、裏向きで下にある方を「札B」と呼ぶことにします)。

(2)2枚の1ドル札をきっと揃えて、ゴム糊を塗布した部分をぴたっと合わせます。

(3)左手の親指と他の指とで、2枚のお札を図のように挟んで持ち、1ドル札の真ん中を鋏で一直線に切断します。どこから見ても2枚の1ドル札を真半分に切断したことに疑いをはさむ余地はありません。

紙幣を使ったマジック

(4)鋏を脇に置き、右手で切断した1ドル札の右半分（札Aの半分と札Bの半分）を持ち、残りの左半分（札Aの半分と札Bの半分）を左手に持ちます。

(5)両手に持った2枚の半分ずつの2枚を、片手だけで図のように札Aと札Bの端を分離して、

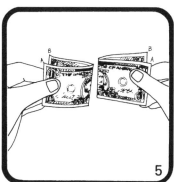

(6)それぞれ親指と人差指で札Aの端を持って札Bの端を放し、軽く振って開らきますと、切断した筈の端が、切り口のゴム糊同士がくっついて、元の状態に復元したように見えます。

コメント

　自転車用のゴム糊を使用して、解説した通りに行って、鋏で一直線に切断することで、パウダーの下にある切り口のところの糊同士が接着します。最初に、紙幣サイズに切った新聞紙で試してみて下さい。そのときに、ゴム糊とタルカン・パウダーの量も知ることができます。そして、方法(2)と(3)を順守して下さい。

463

6枚はいつでも6枚

　もし、手元のお札の中の何枚かを消費しても、手元のお札は元のままだったら!?それは本当の魔法でしょう。それが「6枚はいつでも6枚」のトリックです。このトリックの面白いところは、同じことを何回か繰り返して演じてみせるところです。

効果

　マジシャンは上着の内ポケットから出した札入れから、何枚かの1ドル紙幣を取り出します。観客のために、1枚ずつ数えると6枚有ることが分かります。そして、その中の3枚を数え取ってテーブルに置きます。ここでマジシャンは、6ドルの中から3ドル使ったので、手元に残っているのは3ドルです。そうですね!と観客に言って、注意を喚起してから、手元の1ドル枚をもう一度数えると、6枚残っていることが分かります。そこで、また1枚ずつ3枚数えてテーブルに置きますが、残りはやっぱり6枚です。こういった事が、テーブルの上に相当な数の1ドル札が展示されるまで続いていきます。

秘密と準備

　ステージ用の実物代の玩具の紙幣を使って次のような仕掛けを作って準備します。

(A)秘密は、特別な封筒紙幣の存在で、次のように作ります。まず紙幣（表向き）の1つの隅を図の点線で切り落としたものを4枚作ります。

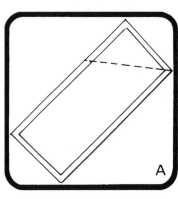

(B)次に、普通の紙幣を裏向きでテーブルに置き、その横に、隅を切り落とした紙幣の1枚を表向きで置きます。

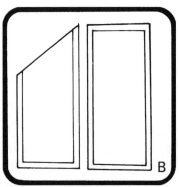

紙幣を使ったマジック

(C)長い縁をきちっと合わせて、セロテープで接着します。

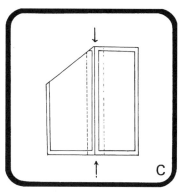

(D)そして、隅を切り落とした紙幣を普通の紙幣の上に折り畳んで、下端の短い縁をセロテープで継ぎ合わせます。このとき、まず普通の紙幣の下端の縁に、セロテープを巾2分の1位余して貼り、余った所を折り上げてから、その上に隅を切断した紙幣を折り畳んで袋状になるように貼り合わせます。

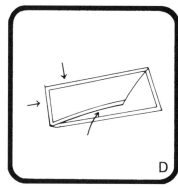

(E)普通の紙幣3枚を同じ方向に向けて揃え、方法(D)で作った紙幣の「封筒」の中に装填します。

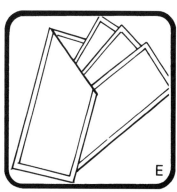

(F)更に3枚の「紙幣封筒」を作り、それぞれに3枚ずつ普通の紙幣を装填します。

(G)以上のように準備した4枚の紙幣封筒（切り込みが手前）の前方に、2枚の普通の紙幣を同じ向きで付け加えます。

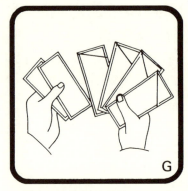

(H)上記の束を揃え、切り込みを手前にして札入れに入れ内ポケットにしまっておきます。

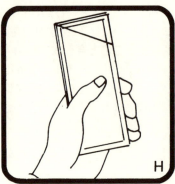

方法
(1)札入れから紙幣の束を取り出して左手に持ちます。上（手前）から1枚ずつ、ゆっくりと数えながら右手に取っていきますが、元の順序を変えないように数え取ります。

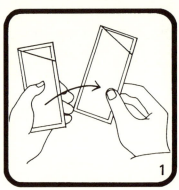

(2)数え終ったところで、紙幣は6枚で全て右手に持っていることが分かります。注：手前の4枚が特別の紙幣封筒です。

(3) 右手の札束を揃えて左手に持ち替えます。

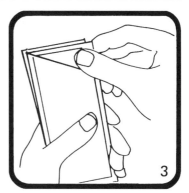

(4) 次に、一番手前の紙幣封筒の中にある3枚の紙幣を、1枚ずつ右手で引き出してきて、「1、2、3枚」と数えてテーブルに置きます。

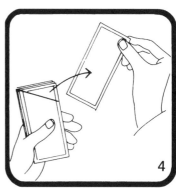

(5) 以上のように行うと、束の手前に空になった紙幣封筒が残りますから、この封筒を右手で束の前方（観客側）に移して指を鳴らします。「お札を入れ替えてお呪いを掛けると、たちまち、手元に残っているお札が倍増します」と言って、

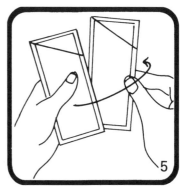

(6) 方法(1)と同じように、1枚ずつ、ゆっくりと右手に数えていって、紙幣が6枚有ることを示します。

(7) 前と同じように、元の順序を変えないように右手に数え取りますから、手前から、3枚の封筒（紙幣を装填）、次の2枚が普通の紙幣、そして一番前に空の封筒の順で右手にあります（図は分かり易いように広げて描いてあります）。

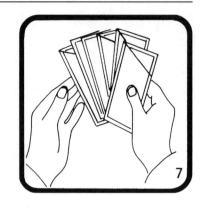

(8) 以上の操作を、残り3枚の封筒から装填した紙幣が無くなる迄、同じ演技を何回も繰り返えすことになりますが、他のトリックとは違って、反復することによって観客の興味は高まり、演者の術中にはまってくるという珍しいトリックです。

コメント
　このトリックは非常に効果的な割りには、小道具はとても安価で、その上、多くの観客に見せることも可能です。このトリックの演技の核は物語りにあり、その内容とその口上によっては、観客の反応は大きく変わります。次にその良い例の1つを紹介しておきます。
　「ある週刊誌で、マーク・ウィルソン・コース・イン・マジックの広告を見ました。そこには、1－2－3－4－5－6枚の1ドル札の中から、1－2－3枚の1ドル札を取り除いても、1－2－3－4－5－6枚の1ドル札が残っているというトリックが学べるとあったので、早速コース・イン・マジックを注文し、1－2－3－4－5－6枚の1ドル札の中から、1－2－3枚の1ドル札をを取り除いても、手元には、1－2－3－4－5－6枚の1ドル札が残っているというトリックを学べることを楽しみに待っていました。そして、マーク・ウィルソン・コースが届いたので、解説を読みながら、1－2－3－4－5－6枚の1ドル札の中から、1－2－3枚の1ドル札を取り除いても、1－2－3－4－5－6枚の1ドル札が残っているトリックを完全に習得しました」今手元には、3枚の空の封筒と1枚の紙幣を装填した封筒と2枚の普通の紙幣が残っています。手順を続けて「ここで私は、皆さんにこの素敵なマジックの秘密を教えることにしました。実は初めに、1－2－3－4－5－6－7－8－9枚の1ドル札を持って始めるのがトリックの秘密です！」の口上に合わせて、封筒の中の3枚、そして空の封筒、普通の札2枚、空の封筒3枚をテーブルに数え出していって、コメディー・タッチで終ります。このとき、最後の9枚目に数える封筒の切り込みのある面を下にしてテーブルに数え出した8枚の上に置き、切り込みが観客に見えないようにします。

紙幣を使ったマジック

レモンに飛び込む紙幣

　THE BILL IN LEMON（レモンに飛び込む紙幣）は、古典を発展させた近代マジックの代表的な作品の1つで、芸術的な不思議さは、何人かの著名なマジシャンによって支持されています。このマジックには、いくつかの異なる方法がありますが、このコースでは、特別な手練を必要としない、初心者にも手練者にも好まれる巧妙な方法を紹介します。

効果

　鉢の中に有る3個のレモンの中から、観客に選んでもらった1個を紙袋に入れて、観客の1人に持っていてもらいます。次に、1ドル札を借りて、お札の通し番号を小さな封筒の裏に書いて、1ドル札を折ってその封筒の中に入れて封をして、2人目の観客に持っていてもらいます。マジシャンは、今まで行ってきたことを1つ1つ説明して観客の確認をとった後、封筒を持っている人に封をあけてもらって、お札を取り出すように言います。そうすると、封筒の中にはお札はなく、その代わりに、1ドル借り受けました。と書かれた借用書が入っていることが分かります。次にマジシャンは、最初の観客に果物ナイフを渡し、袋の中に入っているレモンを取り出して真二つに切ってもらうと、中に固く巻かれた1ドル札が入っています。そのお札を広げて通し番号を照らし合わせると、封筒に書き留めておいた番号とぴったり一致しています。借用したお札が、封筒の中から、選ばれたレモンの中に、魔法の空間を通って移動したのです。

秘密と準備

　この魔法を実行するには、次のような物が必要です。小さな封筒（名刺用の縦型、不透明の物が最適）1ダース、レモン3個を入れる器1つ、1ドル紙幣1枚、借用書1枚、果物ナイフ1丁、紙袋または透明なビニール袋1つ、輪ゴム数本。

封筒の準備

(A) 1枚の封筒の裏面下端に、準備した1ドル紙幣の通し番号を記入します。図中の区別の為にこの封筒に〇印しをつけておきます（実際は〇印しは付けません）。

469

(B)次に、もう1枚の封筒（×印）のフラップ（折り返しのふた）を切り離します。

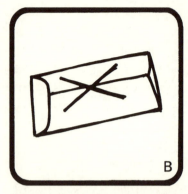

(C)封筒（○印）と封筒（×印）との違いを見比べた図です。

(D)1ドル借用しますと書いた借用書に自分のサインを記入して、折って封筒（○印）に入れておきます。

(E)上記の封筒（○印）を残りの封筒（10枚位）の束の裏面の上に裏向きで置き、

紙幣を使ったマジック

(F)その上にフラップの無い封筒（×印）を置きます。

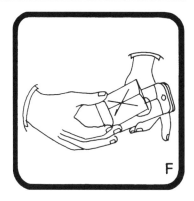

(G)封筒の束をきちっと揃えて輪ゴムで留めておきます。この状態で見ると、上から2枚目の封筒（○印）のフラップが、一番上のフラップの無い封筒（×印）のフラップのように見えています。

レモンの準備
(H)レモンの先端にある小さな突起部をナイフの先で慎重に抉り取ります。抉り取った部分は後で必要になるので捨てないで下さい。

(I)次に、くり抜いたところに滑らかで丸い棒を慎重に突っ込んで穴を整えて、筒状に巻いた紙幣を収納するスペースを作ります。このとき、突き過ぎて反対側の皮を傷付けないように注意して下さい。

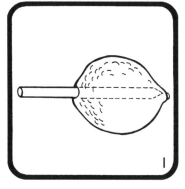

(J)注：レモンの穴は、巻いた紙幣が収容できる細さでいいので、鉛筆とか丸箸でも大丈夫です。このとき、レモンの中の房を突き刺さないように気を付けて作業して下さい。

(K)レモンに穴を空けたら、準備した1ドル紙幣を細く筒状に巻いて、

(L)レモンの穴の中に完全に押し込みます。そして、取り置いておいた突起部を元通りに接着します（模型飛行機用の接着剤使用）。切り口にぴったり合わせて接着して無傷の状態に見えるようにします。

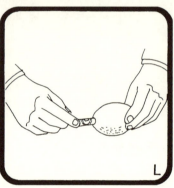

(M)以上のように準備したレモン（×印）を、他の2個と見比べて、外見ですぐ見分けられる特徴を見付けておきます。

(N)注：もし必要なら、ボールペン等で、小さな印しを付けて下さい。

(O)レモンの小鉢、封筒の束、鉛筆、果物ナイフ、ビニールの小袋をテーブルの上に配置して準備完了です。

方法

(1) まず、小鉢の中にある3個のレモンの中から、お札入りの特別なレモンを、「マジシャンズ・チョイス (478頁参照)」で観客に選んでもらいます。演者はビニールの小袋を取り上げ、袋の口を開けて、観客が選んだレモンを入れてもらいます。袋の口を絞るように閉じて観客に手渡し、レモンが逃げないようにしっかりと握っていて下さいと頼みます。

(2) 次に、他の観客に1ドル札を借ります。そして封筒の束を取り上げて左手に一緒に持ち、一番上にある封筒に、お札の通し番号を記入しておくことを説明して、借用したお札の番号を書いている振りで、実際は、レモンの中に入れてあるお札の番号を封筒 (×印) の下端に書きます。この後、封筒 (×印) はすぐに正しい番号を記入してある封筒 (○印) と密かにすり換えてしまうので、適当な番号を書いても構いませんが、観客がちらっと見てしまうことを想定して、最初3文字位は正しいものが書けるように心掛けて下さい。

(3) 記入が終ったら、お札を折って、フラップの無い封筒 (×印) の中に挿入します。一番上の封筒にお札を入れているところを皆に見えるようにしますが、封筒がずれてフラップ無しに気付かれたりしないように注意して下さい。

(4) 注：封筒 (×印) にお札を挿入するときの封筒の取り扱いを練習によって身に付け、スムーズに封筒にお札を入れることを心掛けて下さい。そのとき、封筒を束ねている輪ゴムの強さにもよりますが、取り外しておいた方が無難です。

(5) お札を封筒 (×印) に入れたら、一番上のフラップ (実際は、2枚目の封筒のフラップ) を右手の親指と人差指で掴んで封筒の束から引き出します。

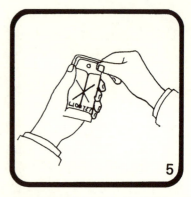

(6) 実際は、封筒 (×印) ではなく、その下にある封筒 (○印) を引き出しているので、封筒の束を少し手前に傾けるようにして、観客に見せないようにします。

(7) こうして、借用したお札を入れた封筒 (×印) と、借用書を入れた封筒 (○印) とを密かにすり替えてしまいます。

(8) 封筒 (○印) を束から引き出したら、

紙幣を使ったマジック

(9)通し番号を書いてある面が観客に見えるように扱います。観客には、お札を入れた封筒を引き出してきたように見えています。

(10)すぐに、封筒の束をポケットに入れて、疑いの種を隠滅してから、封筒（○印）に封をして観客に持っていてもらいます。

(11)このとき、封筒を光の方にかざして、中に入っている紙幣の影（実際は借用書の影）を見せることも出来ます。

(12)ここで、レモンを入れた袋を持っている観客の方を向いて、袋の中のレモンに何か変化があったかどうかを尋ね、その返事の後、今までの行動を要約して、3個のレモンの内の1個を選び、そのレモンを袋の中に入れて観客代表にしっかりと見守ってもらっていたこと等を1つ1つ確認していきます。そして、テーブルに残っている2個のレモンを観客席の誰かに、お土産として投げ渡します。このことは、選ばれたレモンの中から借用した1ドル札が見付かった後に効果が現われてきます。投げられたレモンを撫でたり、嗅いだりして本物確認をしたり、中には、レモンを輪切りにする人もいて、増々謎は深まっていく、ということになります。

(13)次に、観客の1人から1ドル札を借用した事、その1ドル札の通し番号を封筒に記入し、その封筒に1ドル札を入れて封をし、第2の観客に封筒を預けてあることを確認します。

(14)そして、その第2の観客に、封を破って中にあるお札を取り出すように頼みます。

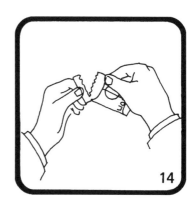

475

(15)すると、お札の代わりに借用書が出てきます。

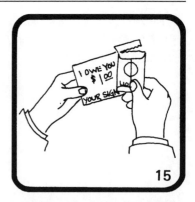

(16)次に、レモンの袋を持っている観客に、レモンを取り出してもらいます。そして、その人にナイフを渡してレモンの胴中を切ってもらい、芯に当たったところでレモンを回転させて周りを切ってもらいます。

(17)レモンを2つに分けて引き離してもらうと、

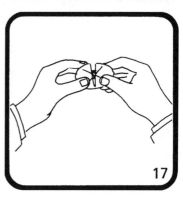

(18)そこには、レモンのど真ん中に深く埋まっている筒状に巻かれた1ドル札があります。

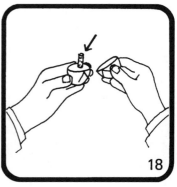

紙幣を使ったマジック

(19) まず、お札の埋まっていない方の半分のレモンを袋の中に捨ててもらってから、お札を抜き取ってもらい、残りの半分も袋の中に捨ててもらったら、その袋を何気なくテーブルの傍らに片付けておきます（これは、観客の誰かが、半分に切ったレモンを取り上げて芯部分を克明に調べたりする危険を避ける為です）。そして、お札を開いてもらって、封筒に記入してある番号とお札の通し番号を照らし合わせてもらいます。そのお札を持ち主に返して、借用書を取り戻します。

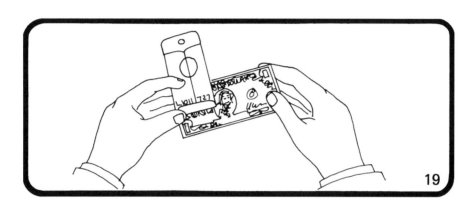

コメント

　お札の通し番号（または最初の3つ位）をどこかに書き留めておくことを勧めます。もう1つの策は、封筒（×印）の真中辺りに番号を書き、そこを巾の広い輪ゴムで隠すようにして封筒の束を留めておくことです。お札と封筒の束を一緒に持ち、×面を自分の方に向けて、観客に見えないように輪ゴム下の番号を記入するという手もあります。やや太目の輪ゴムで緩目で留めておき、演技を通して輪ゴムを装着したままで実行します。

　レモンの代わりにオレンジを使う手もあります。オレンジの方が大きくて柔らかく、お札の装置も簡単です。試してみて下さい。

　ご覧の通り、間違いなく偉大なマジックの1つで、この魔法を演ずることで、読者のマジシャンとしての評価は一段と高まります。良く練習をして学び、読者自身のタッチを加えて「魔法」を手に入れて下さい。そして、この素晴しい秘密を大切にして下さい。

追記：マジシャンズ・チョイス

　多くの物の中から、特定の１つを観客に選らばせてしまう手管で、フォース（強制法）の一種です。今回は３個の中の１個を選らばせるやり方で、次のように行います。

　観客に、小鉢の中にある３個のレモンの内の好きな１個を指示してもらいます。このときに、

(1)目的のレモン（×印）だったら、そのレモンを観客に鉢から取り出してもらって袋に入れます。

(2)もし、別のレモンだったら、そのレモンを演者が鉢から取り出してテーブルの脇に片付けてから、

(3)今度は、残っている２個の中の１個を、観客に直接取り出すように言います。

(4)それが目的のレモンだったら、袋に入れてもらい、残っているレモンを演者が取り出して片付けます。

(5)また、別のレモンだったら、先程と同じようにテーブルの脇に片付けてもらってから、

(6)最後に残ったレモン（目的のレモン）を袋に入れてもらいます。

　以上のように、相手の行動によって状況をかえていって、目的のものを選ばせるのです。

【著者略歴】

Mark Wilson

マーク・ウィルソン（1929〜　）

1960年、テレビで初めてマーク・ウィルソンのイリュージョン・マジック・シリーズ「マジックランド・オブ・アラカザン」をCBS-TVネットワークで2年間放送、その後ABC-TVネットワークに移り、更に3年間続くロングランによってマジック界にテレビ時代の幕を開けたスーパー・スター。1974年、包括的なマジック教本「マーク・ウィルソン・コース・イン・マジック」を出版。同年マジシャンズ・オブ・ザ・イヤー大賞を受賞。

【監修者略歴】

TON・おのさか（1933〜　）

マジック・キャッスル（アメリカ）ライフ・メンバー、マジック・サークル（ロンドン）ゴールド・スター・メンバー。マジック・アドバイザー、イラストレーター、クリエーター。公益社団法人日本奇術協会参与、名誉会員。FISMオフィシャル・ジャッジ。

マーク・ウィルソン　マジック大百科
【クロースアップ・マジック編】

2018年5月10日　初版印刷
2018年5月20日　初版発行

著　者──マーク・ウィルソン
監修者──TON・おのさか
発行者──金田　功
制　作──magicland.jp　　DTP──小野坂　聡
印刷・製本──中央精版印刷株式会社

発行所──株式会社 東京堂出版
　　　　　〒101-0051　東京都千代田区神田神保町1−17
　　　　　電話 03-3233-3741

ISBN978-4-490-20988-4　C2076　　　　　©2018
Printed in Japan

図解カードマジック大事典	宮中桂煥著 TON・おのさか編纂	B5判700頁 本体6,400円
エリック・ミード **クロースアップマジック**	エリック・ミード著 角矢幸繁訳	A5判180頁 本体3,200円
ジョン・バノン カードマジック	ジョン・バノン著 富山達也編	A5判196頁 本体3,000円
カードマジック カウント事典	ジョン・ラッカーバーマー著 TON・おのさか和訳	A5判260頁 本体3,600円
カードマジック フォース事典	ルイス・ジョーンズ著 土井折敦訳	A5判416頁 本体3,700円
ホアン・タマリッツ カードマジック	ホアン・タマリッツ著 角矢幸繁訳・TONおのさか編	A5判368頁 本体3,200円
ジェイ・サンキー センセーショナルなクロースアップマジック	リチャード・カウフマン著 角矢幸繁訳	A5判184頁 本体2,800円
カードマジック事典 新装版	高木重朗編	A5判378頁 本体2,800円
ビル・スイッチ 千円札が壱万円札に	ジョン・ロヴィック著 滝沢敦訳・TON・おのさか編	B5判392頁 本体4,500円
世界のカードマジック	リチャード・カウフマン著 壽里竜和訳	A5判296頁 本体3,600円
世界のクロースアップマジック	リチャード・カウフマン著 TON・おのさか和訳	A5判336頁 本体3,500円
ブラザー・ジョン・ハーマン カードマジック	リチャード・カウフマン著 TON・おのさか和訳	A5判400頁 本体3,900円
デレック・ディングル カードマジック	リチャード・カウフマン著 角矢幸繁訳・TONおのさか編	四六判432頁 本体3,900円
ラリー・ジェニングス カードマジック	リチャード・カウフマン著 小林洋介訳・TONおのさか編	A5判334頁 本体3,800円
アロン・フィッシャー カードマジック	アロン・フィッシャー著 小林洋介訳・TONおのさか編	A5判172頁 本体2,800円
ロン・ウィルソン プロフェッショナルマジック	リチャード・カウフマン著 角矢幸繁訳	A5判238頁 本体3,200円
コインマジック事典 新装版	高木重朗 二川滋夫 編	A5判212頁 本体2,400円

〔定価は本体＋税となります〕